许卫红 著

唤醒秦帝国

我在秦始皇陵
发掘兵马俑

中国出版集团有限公司　现代出版社
China Publishing Group Co., Ltd.

图书在版编目（ＣＩＰ）数据

唤醒秦帝国：我在秦始皇陵发掘兵马俑 / 许卫红著.
北京：现代出版社，2025. 4. -- ISBN 978-7-5231
-1373-8

Ⅰ．K878.9

中国国家版本馆CIP数据核字第2025P0W665号

唤醒秦帝国：我在秦始皇陵发掘兵马俑
HUANXING QIN DIGUO: WO ZAI QINSHIHUANGLING FAJUE BINGMAYONG

著　　者：许卫红

选题策划：鼎之文化　高连兴
责任编辑：姚冬霞
特约编辑：鼎之文化　戈旭皎
责任印制：贾子珍
出版发行：现代出版社
地　　址：北京市安定门外安华里504号
邮政编码：100011
电　　话：(010) 64267325
传　　真：(010) 64245264
网　　址：www.1980xd.com
印　　刷：三河市中晟雅豪印务有限公司
开　　本：710mm×1000mm　1/16
印　　张：19
字　　数：300千字
版　　次：2025年4月第1版　2025年4月第1次印刷
书　　号：ISBN 978-7-5231-1373-8
定　　价：88.00元

版权所有，翻印必究；未经许可，不得转载

自序一
千年之约不敢爽

古人说"书中自有黄金屋",考古发现的快乐无异于读书所见的"黄金屋"。手下一动铲,就是跨越千年。坐在探方(考古发掘的单位)边,就像奔赴与古人的千年之约。这种缘分何其珍贵,又怎敢爽约?

最初,本书定名为"千年之约",有三个关键词:精心、精彩、精致。女儿说:你要说的事是三精产品吗?

其实,"三精"是指精心的工作态度、精彩的工作内容和精致的工作成绩。精心源于对这个职业的热爱,是主观自律;精彩是对千年文明遗产的感叹,是客观存在的事实。"三精"的历程,浓缩起来只是一个故事:2009年年初至2011年岁末,3年的时间里,20余人每天只在进行秦始皇兵马俑一号陪葬坑第三次考古发掘。

再好的"精",没人懂也是白搭。作为一名考古工作者,自己以为的"精",希望得到理解,引起共鸣,至少能有更广泛层面的一些反响,而不是唱独角戏。一次演说如果没有掌声,甚至台下听众全是茫然,演讲者该是多么尴尬,该会有多大的挫败感、羞耻感。但愿我所负责的兵马俑一号陪葬坑第三次发掘,不至于如此惨淡落幕。

于是,在枯燥乏味的学术性发掘报告之外,我要把发掘的点滴记录下来,说说我们的发掘是怎么回事,其中的"三精"又是怎么回事。作为亲历者,如今回首兵马俑一号陪葬坑第三次发掘中经历的那点事,虽然已成往事,却也历历在目,让人五味杂陈。

自序二
这是你的亲生孩子，却是我的养子
——和李郁老师文

2015年，我的第一本考古科普读物《说说秦俑那些事：秦始皇陵兵马俑一号坑第三次发掘记事》出版发行，并被评为国家新闻出版广电总局首届中国传统文化优秀推荐读物。同年年底，三秦出版社李郁老师从编辑的角度，发了一篇名为《出一本好书实属不易》的"博文"，回忆了这本书稿能变成正式读物的前后经过。为和李郁老师文，2016年2月26日，我写了一篇日志，今特列为序二。

在参加兵马俑一号坑发掘时，我曾呛过不少来宾，因为经常要回答类似"1+1=2"的问题（原谅我这样说）。秦始皇陵兵马俑，名气大，热闹了几十年，多少内容被看懂？多少人知道"世界第八大奇迹"这样干巴巴的文字中包含的鲜活内容？在履行一些推辞不掉的任务时，我会提前约法三章：第一不许问坑里陶俑是不是真的，第二不许问这些陶俑值多少钱，第三不许问有多少件是彩色俑。事实上，尽管有三条生、冷、倔的约定，但不犯忌的情况还是很少，隐约间我觉得自己除了"凶人"之外，还得去做点什么。

"写吧，至少写给我看。"女儿说。

2013年，我开始写，虽然几易其稿，但心情愉悦而轻松。轻松是因为工作时每天都要写发掘日记，很多内容复制、粘贴一键就能搞定。愉悦是因为这是我想干的事，文稿点击发送打印机的瞬间，"无债一身轻"的感觉真好。我迫不及待地请申茂盛老师"赏阅"。"好不好？""还用我说吗？没看到我一气看完，都没有瞌睡吗？"

又交给女儿看。反馈回来的稿件上竟然密密麻麻地批注了很多意见。最深刻的一句是："这段太专业！你以为我懂，其实我真不懂。话说，作为外行，你不解释一下，这些专业知识我为啥要懂？"

脸红。考古人用纳税人的钱在自娱自乐，还要责怪他们对自己的工作不理解，女儿的话戳中了我。我总以为兵马俑这么著名，为何你们了解得那么肤浅？其实这是一种不自觉的傲慢。隔行如隔山，他们为何要懂？为何不懂？要懂，是因为这个东西是古代文明中的精彩。不懂，是我们专业的人没有解释清楚。

一年后，在咸阳遇到了三秦出版社的李郁老师。因为只有一面之缘，交情不深。也正因交情不深，所以才能心无芥蒂地畅聊。他说，我来想办法争取出版立项。2014年夏季，他说"成了"。这时我已经到了陕西省考古研究院，正在渭河北岸找秦咸阳城。

出版局立项需要两份专家推荐信。我想请时任陕西省文物局局长赵荣先生和秦始皇帝陵博物院原院长吴永琪先生帮忙。从大学毕业直到后来参加野外考古工作，吴院长看着我走过了青葱岁月，兵马俑一号坑第三次发掘启动据说也是他"钦点"我来领衔，为此还承担了不少压力。尽管他不分场合黑脸训我次数最多，书稿中还有一些"记仇"的私货，然而请他写，我心里没啥顾忌。因为他了解我，对我的工作应该也还满意。而劳烦赵荣局长，我确实有点忐忑。无论是学识还是官位，赵局长是"大牌"，我几次拿起电话又不敢拨出去。在李郁老师的鼓励下，我才硬着头皮发出了短信。两位领导欣然允诺，让我心里的石头落了地。

赵局长写道：

> 让文物活起来，让公众了解文物背后的历史，了解考古发掘的目的，分享考古职业的魅力，通俗性的考古读物是一种非常重要的途径。同时，考古工作者也有责任向同行及公众解释他们做了些什么，以及为什么要这样做。
>
> 许卫红也毫不避讳地在书中提到了自己承受的一些压力、彷徨，甚至涉及一些具体操作的失误，这些内容却从另外一种角度很好地反映了考古职业的严谨、科学。

吴院长写道：

> 这样的书稿，在目前介绍兵马俑知识的图书中，还是寥寥无几甚至是空白，这种角度的呈现和解剖显然能给人带来一种亲切感。

2014年7月，校稿、定书名，选择纸质、开本，李老师反复征求我的意见。我觉得劳神，总是以"您看着办"搪塞。我们反复修改，为了让读者一目了然，每一章节的名称我们也要多次探讨。年底，李老师送来了样书，"孩子"被他养成了。他说，这本书虽然是你的亲生孩子，却是我的养子。

中国人不习惯自夸和宣扬。书发行之后，并没有刻意推广。意外的是马上引起了媒体的注意，曲江集团小小博物家"蛋哥"和我取得联系，对我说："许老师，看到书我激动得想哭，终于有人能为我们一般人写一本能读懂的考古书了。"

我也想哭了。他随后发来了两张照片，一张是一位小姑娘写的读书笔记，一张是一位小男孩儿躺在病床上捧着书在读。

这种感动伴随着我整整十年了。

不久前，复旦大学高蒙河教授发了一条微博：早在20世纪50年代初期，上海怡兴印务局出版了朱彤所著《大众考古学》一书，但遗憾的是这本书出版七十多年了，作者的公共意识和大众情怀至今在很多专业的考古学者身上都还没有到位，作为一级学科的考古学只为专业甚或自己服务，不为社会发展和普惠民众服务，是当代很多考古学者的软肋和缺能。

为了那份保鲜了十年的感动，为了自己能少点高老师所指的"软肋"和"缺能"，在老同学申茂盛先生的帮助下，我再次修订《说说秦俑那些事：秦始皇陵兵马俑一号坑第三次发掘记事》——我的第一本考古普及读物。

现在与读者见面的这本书，严格意义上说不是新书。经过岁月的打磨，经过十年的沉淀，我仍觉得每章每节都有新意。

目录

引子 ⊙ 001

第一章 千秋功业长埋尘土 ⊙ 005

第一节 大秦的来历 ⊙ 006

第二节 秦始皇其人 ⊙ 010

第三节 秦始皇之死 ⊙ 013

第四节 秦始皇陵的「陵若都邑」⊙ 017

第五节 地宫里的百川江河大海 ⊙ 022

第六节 胡亥的罪证 ⊙ 025

第七节 毁誉参半秦始皇 ⊙ 029

第二章 新一轮发掘开始了 ⊙ 035

第一节 98？「就挖」！⊙ 036

第二节 盛大的开工仪式 ⊙ 043

第三节 备受关注的「寻史之旅」⊙ 047

第四节 无心插柳的挖掘模式 ⊙ 050

第五节 过程坎坷，但永不言弃 ⊙ 053

第六节 考古日记不是盗墓笔记 ⊙ 060

第七节 洗土寻宝 ⊙ 064

第八节 「唤醒」兵马俑 ⊙ 069

第九节 我们没有磨洋工 ⊙ 075

第三章 兵马俑坑里有故事 ⊙ 079

第一节　兵马俑的主人 ⊙ 080

第二节　遇见与发现 ⊙ 084

第三节　为什么陪葬兵马俑 ⊙ 088

第四节　兵马俑塑造团队 ⊙ 092

第五节　普通工具塑成世界奇迹 ⊙ 095

第六节　给陶俑相面 ⊙ 102

第七节　兵马俑塑造有缺陷 ⊙ 108

第八节　谁是破坏兵马俑的真凶 ⊙ 113

第四章 秦国军队的"真面目" ⊙ 119

第一节　军种与兵种 ⊙ 120

第二节　将军俑名不副实 ⊙ 124

第三节　秦军战马 ⊙ 131

第四节　胡马依北风 ⊙ 136

第五节　秦军兵车 ⊙ 140

第六节　胡人造车 ⊙ 145

第七节　秦军指挥器 ⊙ 148

第八节　大秦战鼓 ⊙ 153

第五章 秦军装备 161

第一节 黄沙百战穿金甲 162
第二节 不戴头盔与免胄礼 168
第三节 皮盾的礼仪性和实用性 172
第四节 皮盾只是『普品』 179
第五节 长兵器上的精致 185
第六节 秦军有『强弓劲弩』 191
第七节 弓弭与距末 197
第八节 秦剑『锋披天下』 203
第九节 铜剑不仅是兵器 207

第六章 人间烟火气最抚凡人心 213

第一节 多彩兵马俑 214
第二节 多巴胺穿搭风 218
第三节 蚕丝绕指柔，不止为霓裳 222
第四节 秦国的女性 230
第五节 男人的『将军肚』 235
第六节 爱玩是人的天性 240
第七节 秦人取名 245

第七章 被记住的时代不应只有兵马俑

第一节 秦代精品工程 252

第二节 考古研究注重实事求是 258

第三节 秦人为什么能统一天下 262

第四节 一花独秀不是春 267

第五节 还原历史的本来面目 271

尾声 Are you ready 279

后记一 285

后记二 287

引 子

兵马俑坑其实是三座地下建筑,并不是"坑"。

据推算,一号坑大约有陶质兵马俑6000件。建筑最东端有一条长廊,站立着三排武士,穿战袍,手持兵器,是前锋;俑坑的南、北两侧和西端,各有一排武士面外而立,侧翼和后卫起到防止敌人从左右两侧和后方袭击的作用;俑坑的中部是由木车和步兵组成的38路纵队,构成军阵的主体。前锋、后卫、左右翼及主体的组合,形成车步联合方阵。方阵是军队屯聚的常见形式,锋锐、本固,坚如磐石。

二号坑预计出土陶马470余匹,各类武士俑900余件,以及木质战车80余辆和大量的金属兵器。最东端有弩兵,有立姿和跪姿两种造型。南半部64乘木车列于8条过洞内。

一号坑

一号坑平面长方形,总面积约为1.4万平方米,象征秦军车、步兵组成的联合军阵。

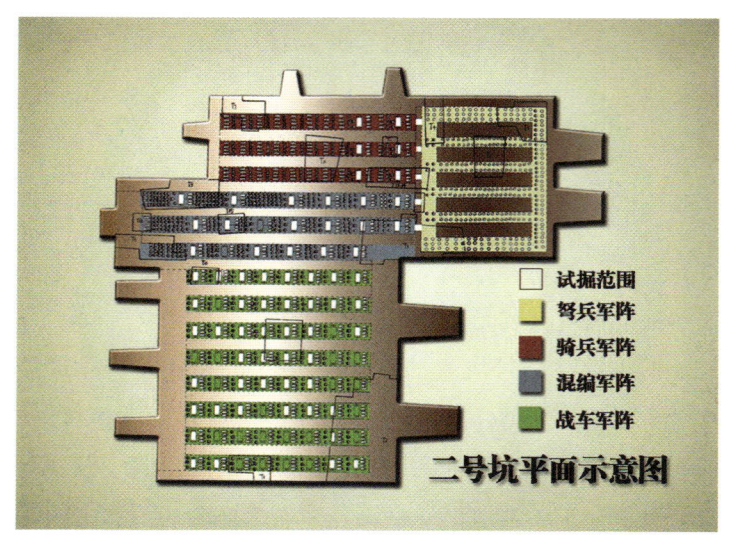

二号坑平面示意图

二号坑位于一号坑北部，平面呈曲尺形，总面积约为6000平方米，象征车、步、骑组成的联军编队。

中部是由19辆木车、264名步兵和8名骑兵组成的混合编队。北半部共有骑兵108名，四马一组，骑士立于马的左前方，代表着铁骑取代车战的新军种。车兵、步兵、骑兵组成的联军编队，是二号坑的阵形内容。

三号坑被认为是军事指挥机构的形象，分为南厢房、车马房、北厢房三个单元。北厢房平面形状似汉字"且（jū）"（"且"本义指雄性生殖器，以此表达祖先崇拜），有帷帐、鹿骨，被认为是举行占卜、祷战仪式的场所。车马房凸出，正对门道，似有出行寓意，一车四俑配置，显示了与其他俑坑一车三俑的不同。南厢房平面形状似汉字"土"，与"社稷"有关。64件披甲俑，分布在两侧厢房，面对面横队排列，中留通道，似为军中仪仗兼卫队。三号坑面积虽小，但地位重要，实战寓意不强。

三座俑坑总计有多少件文物？我只能说出"7000余件"——没全部发掘，只是根据已有工作情况，按照陶俑

三号坑平面示意图

三号坑位于一号坑西北部，平面呈"凸"字形，似为秦军仪仗兼卫队，也有学者认为象征军社。

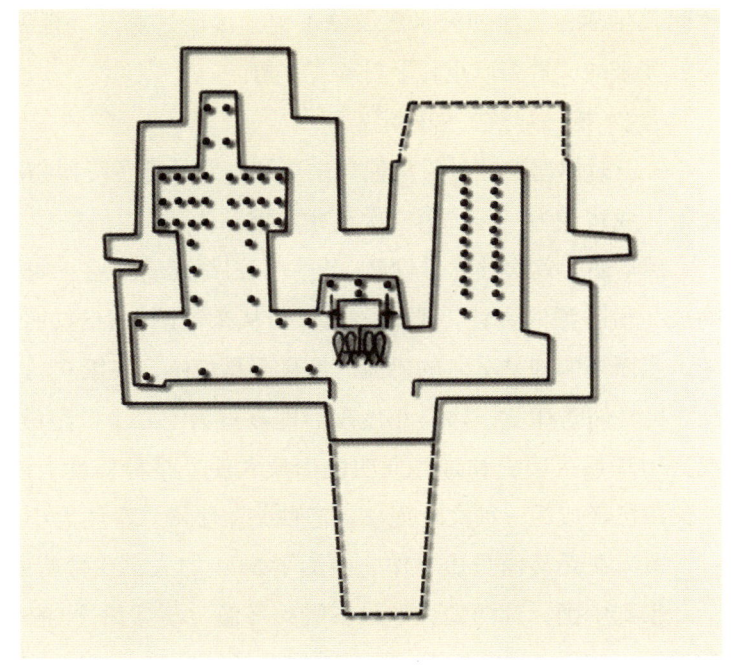

的分布密度估计出来的。不必死抠数字，只需明白几个关键点：一号坑是步兵，二号坑是多兵种混编，三号坑是领导机关或精神寓所。

7000余件秦代军人的形象在这里聚集，其中有持兵器的武士，有木车，还有一些尚待确认的木干遗迹，考古工作者猜想是旗[①]。

左竖旗，中有车，右立持戈的武士，是"阵"。这些元素兵马俑坑里都有，所以称为"秦代军阵"恰如其分。

我与三座俑坑的缘分，始于1989年。二十年弹指一

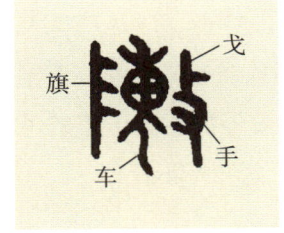

"阵"字拆解图

---

① 王学理：《指挥系统与指挥权：秦俑阵营里透漏的信息》，《文博》1988年第3期。

挥间，生活、工作如流水般波澜不惊、缓慢且重复，直到2009年新年将至，一个突如其来的"被委以重任"打破了平静。

"我？挖一号坑？您确定？"

午饭时偶遇院领导，从他口中获知：秦始皇帝陵博物院即将启动首次独立考古发掘，我将成为一号坑第三次正式发掘领队。

兵马俑，首次独立，领队，每一词组都充满诱惑。如果说美好的事情可以被比喻成一份香甜的蛋糕，那么，当一份从未试图拥有过的蛋糕突然摆在面前时，伴随诱惑而来的却是莫名的恐慌。惊喜亦是惊吓，午饭立马味同嚼蜡。

兵马俑陪葬坑，1974年发现后即被誉为"二十世纪最伟大的发现"，被广泛地视为中华悠久历史和灿烂文明的形象大使。某种程度上说，海内外人士对兵马俑的关注已经成为一种文化现象，这种关注使得"秦俑无小事"。

作为在兵马俑身边工作、生活了20年的人，我常听的一句话是："不到西安，不算来到中国；到西安，如果不看兵马俑，不算到过西安。"但与此同时，我也常听到另一句话："来西安如果不看兵马俑挺后悔，来看之后更后悔，只有一群灰突突的泥娃娃。"

秦俑无小事。众目睽睽之下，即将进行的发掘过程几乎无秘密可言，我如何做才能保证工作无瑕疵？观众慕名而来却因为根本没看懂失望而去，在实现考古成果转化方面，我又能做出哪些贡献？

> 不诱于誉，不恐于诽，率道而行，端然正己，不为物倾侧，夫是之谓诚君子。（《荀子·非十二子》）

2009年1月到3月，我经常独自绕着一号坑展厅一圈一圈地溜达。尽管二十年来无数次来过这里，但此时才感受到我们彼此间的亲近。看着停滞了数十年的考古现场，看着游人如织的参观场面，我对自己说，干吧，不干怎知行不行！

第一章

千秋功业
长埋尘土

秦始皇陵建于秦王政元年（前246），秦二世二年（前208）竣工，历时39年，是中国历史上第一座规模庞大、设计完善的帝王陵寝。

据初步统计，目前在秦始皇帝陵园附近已发现各种陪葬坑180余座，从空间分布上观察，以帝陵为中心，由内向外可分为四个层次——地宫之内的陪葬坑、内城之内的陪葬坑、内外城之间的陪葬坑、外城以外的陪葬坑，构成了秦始皇帝陵园一套完整的外藏系统。四个层次反映了陪葬坑与秦始皇的亲疏远近关系，兵马俑坑属于陵园外最外层埋藏，距离主人约1695米，距离陵园的外城墙1225米。

事死如事生，事亡如事存。正是缘于这种丧葬传统，秦始皇陵为我们提供了一把金钥匙，开启了历史之门。公元前3世纪的中国历史缓缓浮出水面，诸多历史疑云随着考古研究的不断深入，逐渐消散。

第一节　大秦的来历

> 太史公曰：秦之先为嬴姓。其后分封，以国为姓，有徐氏、郯氏、莒氏、终黎氏、运奄氏、菟裘氏、将梁氏、黄氏、江氏、修鱼氏、白冥氏、蜚廉氏、秦氏。然秦以其先造父封赵城，为赵氏。（《史记·秦本纪》）

中国上古时代有姜、姬、姚、嬴、姒、妘、妊、妫共八个大姓，嬴姓是其中之一。嬴姓家族枝繁叶茂，共有十三氏，秦氏位列之一。此"嬴"非"赢"，虽然两字有时可以互通，但作为姓，嬴和上古时代五帝之一少昊氏有关。这个联系牵扯秦族的起源地、以鸟为图腾的信仰崇拜以及秦、赵共祖等诸多问题，所以马虎不得。

嬴 → 嬴
女   贝

"嬴"与"赢"

蜚廉是秦人远祖之一。关于这个人，史书记载毁誉参半。《史记·秦本纪》说："蜚廉生恶来。恶来有力，蜚廉善走，父子俱以材力事殷纣。"汉代司马迁的笔下，蜚廉、恶来父子俩各有特长，凭真本事效力于商王。《史记·殷本纪》又说恶来喜欢背后说人坏话，人缘不好。后代文献也说："武王爱周、召、齐、毕，所以王天下。殷纣爱飞廉、恶来，所以丧其国。"（《魏书》）"周公诛飞廉、恶来，天下大悦。"（《辽史》）飞廉即指蜚廉，父子俩助纣为虐，祸国殃民，死有余辜。

2008年，清华大学收藏了一批战国竹简，学界称为"清华简"。经碳-14测年证实，竹简是战国中晚期楚国遗物，在秦代之前被埋入地下。简文《系年》篇提到了周武王伐商、秦国兴起的经过：

……飞廉东逃于商盖氏，成王伐商盖，杀飞廉，西迁商盖之民于邾吾，以御奴且之戎，是秦之先，世作周危（卫）。周室既卑，平王东迁，止于成周，秦仲焉东居周地，以守周之坟墓，秦以始大。（《清华简·系年》）

我读秦人往事，无论是传统文献，还是新出土简牍，总会想起这句话：选对关系，跟对人，做对事。跟不对人，做事没有起步的平台，要成功没那么容易。所谓识时务者为俊杰，做事不加判断，一股脑儿地去硬干、盲干，累是很累，辛苦也是真辛苦，结果可能是铩羽而归。

早期秦人真有这样的经历。商盖氏属于奄国，居今山东曲阜一带。邾吾，即今甘肃天水甘谷地区。戎即西戎，又称犬戎，是中原王朝的顽敌。在殷商大势已去的关键时刻，蜚廉没跟对人，又不识时务，以卵击石，虽矢志抗周不屈而死，有忠君的一面，但付出了惨重的代价，令人扼腕叹息。成者王侯败者寇，他被杀后，族人不得不西迁沦为"御奴"。

驾车的奴仆，位卑微，还得充当炮灰，为周王室抵挡外部入侵更是付出了血的代价，但跟对人，做对了事，总有翻身的机会。公元前824年，周宣王任命秦仲为大夫，秦仲跻身贵族行列，随后受命率军进攻西戎。公元前822年，秦仲在与西戎的交战中战败阵亡。在西周王室危难之际，其他诸侯大国袖手旁观之时，公元前771年，秦襄公挺身而出，率军救周，力战犬戎，次年护送周平王东迁洛阳，被封为诸侯，得以立国。然而，周王室给予的回报堪称空头支票，受封"岐西之地"几乎全都被戎人和狄人占领。秦族既是被委以重任守护周故地，也是弃子，继续被边缘化。公元前766年，秦襄公率军攻伐西戎，在岐山附近死于军中。

从秦仲的西垂大夫到秦襄公的诸侯王，"秦之始大"是一部血泪史，最后的成功近似"草根逆袭"。

祸兮福所倚，福兮祸所伏。迁居西部的嬴姓部族，干扰少了，清清静静抓发展。邾吾一带水草丰茂，是马匹繁衍的理想场所，尤其附近盛产盐卤。今甘肃礼县东北部盐官河两岸，遍地流淌着卤水，马饮了之后容易长膘。也正是仰仗养马的一技之长，部族最终得以绝处逢生。

关于嬴秦氏发展过程的记载和考证已有很多，但至今很多问题尚无定论。比如蜚廉的父亲中潏，为商王"在西戎，保西垂"，这个"西垂"是山西临汾盆地还是甘肃东部？西迁邾吾山的人是从山东还是从山西而来？西迁的时间是商代晚期还是西周早期，抑或是西周中期？

这些问号一时半会儿消除不了，越来越明确的一点是：秦人东来，日出西山[1]。在甘肃礼县县城旁的西山遗址、北边的鸾亭山遗址、东边15公里的大堡子山遗址，在甘谷县城西20公里的毛家坪遗址，在清水县城北侧的李崖遗址，在陕西西部千河与渭河交汇处的魏家崖遗址，考古发现了越来越多的早期秦人活动痕迹，

---

[1] 史党社：《日出西山：秦人历史新探》，陕西人民出版社，2013年。

这说明陕西关中西部和甘肃东部是大秦帝国崛起之地。

这些遗址的发现令考古学家兴奋不已。例如，西山遗址有至今所见时代最早的秦人城邑，最有可能是历史文献记载的"西犬丘"所在。附带陶水管道的夯土建筑、城墙，显示当时秦人已经具备一定的经济实力，城邑具有因地制宜的防御功能。

提起鸾亭山遗址，考古人可真是满纸辛酸史，一把伤心泪。遗址最初发现可追溯到民国时期。20世纪90年代后期至21世纪初，和其他古文化遗址一样，鸾亭山遗址受盗墓风潮侵扰，遭到盗掘，十多批极为精美的金玉器及青铜重器在肮脏的文物交易黑幕下悄然外流。

2004年，抢救性考古发掘工作开始进行，发现了西汉时祭遗址。时祭是秦人独创的祭祀天地祖宗和农神的仪典，汉朝继承并据此开创了后代封禅和郊祀天地的祀典。通过古代文献的钩稽和出土遗址及遗物的比对，确定鸾亭山遗址是秦襄公于公元前770年所立的西时。

秦国立国之初只是西部边陲的一个小国，经过数百年

秦人早期世系表

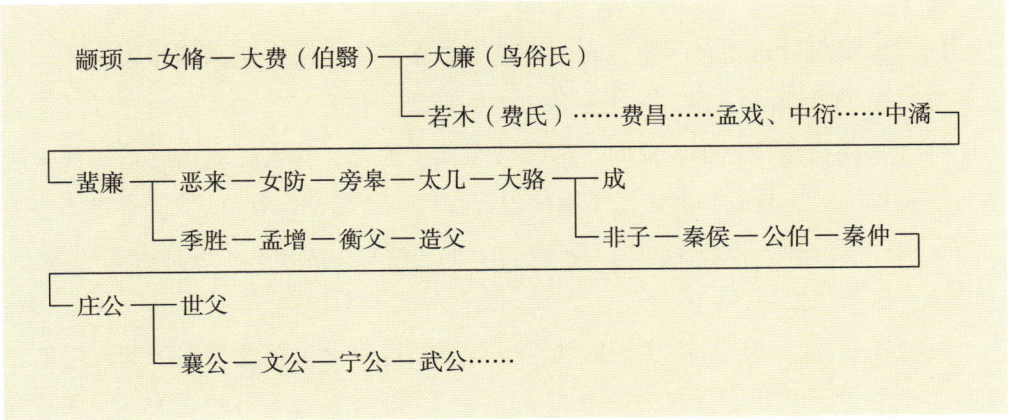

的打拼，春秋时期终于在关中平原站稳了脚跟。公元前677年，秦国迁都至雍城（今陕西宝鸡凤翔）。之后，虽然国势起起伏伏，与其他诸侯国之间的关系忽冷忽热，但随着秦穆公扫荡西戎位列春秋五霸之一，秦国成为东方诸侯不可小觑的大国。进入战国时期，在秦简公、秦献公、秦孝公的励精图治下，通过"商鞅变法"的改革，秦国迎来了又一个强盛期。

在秦国国力逐步走向全盛时，嬴政接管了这个强大的王国。

第二节 秦始皇其人

> （嬴政）以秦昭王四十八年正月生于邯郸。及生，名为政，姓赵氏。年十三岁，庄襄王死，政代立为秦王。（《史记·秦始皇本纪》）

从蜚廉到恶来，再到非子，始有秦氏。非子善养马，为周孝王在汧水（今千河）、渭水之间经营马场，公元前905年，得封地于秦，即嬴秦。蜚廉还有一个儿子季胜，后代有造父，为周穆王驾车，因功封于赵城（今山西省洪洞县赵城镇一带），得赐赵氏。秦始皇名嬴政，又赵政，有人说是因为秦赵一家，姑且作为一说。我个人更赞同的是另一种说法。

公元前259年，赵地邯郸降生了一个不怎么受欢迎的新生命——秦国质子秦异人的儿子。

异人为安国君与夏姬所生。安国君姬妾众多，专宠来自楚国的华阳夫人。安国君共有20多个儿子，没有一个是华阳夫人所生。排序王子中间没啥存在感的异人，作为人质被派往赵国。此时，两国关系几度恶化，异人在赵国的日子甚为窘迫，受尽屈辱，于是成为商人吕不韦的投资目标。所谓"奇货可居"，在吕不韦的投资、运作下，异人投靠华阳夫人，改名子楚，被立为太子，最终成为秦庄襄王，为儿子政拿到了入场券。

政的母亲赵姬，出身有说是歌姬，也有说是富家女，总之是在子楚人生低谷期跟了他并生下了儿子。在丈夫逃回秦国之后，赵姬在吕不韦的庇护下，携子继续留在赵地邯郸六年之久。这个时期，秦赵之间战事正酣。长平之战、邯郸之战，让赵国数十万将士命丧秦军之手，赵国家家缟素，遗属咋能善待这位来自仇国又没爹庇护的孩子？因此，嬴政为赵政，随母家赵氏，有大人们的思忖，有隐匿身份之意，毕竟保全性命要紧。并不是有些学者认为的"秦赵本同源，都是嬴族"。

秦庄襄王短命，35岁便撒手人寰。公元前247年，嬴政年13岁，登基成为秦王。无疑，他继承了一份优质资产，秦国国力强大，疆域辽阔，正在向统一大业的目标进发。

> （秦）并巴、蜀、汉中，越宛有郢，置南郡矣；北收上郡以东，有河东、太原、上党郡；东至荥阳，灭二周，置三川郡。（《史记·秦始皇本纪》）

倚仗先辈创下的基业，嬴政在位共计37年。从王到帝，他内修庶政，干掉了嫪毐、吕不韦两大集团，将国家军政大权牢牢掌握在自己手里。又外拓疆土，凭借秦国强大的军事实力和财力，发动了一系列兼并战争，至公元前221年，先后消灭韩、赵、魏、楚、燕、齐六国，于在位26年时完成了统一大业，建立了中国历史上第一个统一的、多民族的封建专制中央集权王朝。

秦始皇之前，政权塔尖上的人物职位不是"皇帝"。神话时代是三皇五帝，两周时代大佬是周王，春秋战国时期各国诸侯初期为"公"，后来纷纷称"王""君"，嬴政创造出"皇帝"这个新头衔。从此，"皇帝"就成为中国封建社会最高统治者的称谓，直至1912年2月12日清朝皇帝溥仪下诏退位。

很多人和我一样，想看看秦始皇的相貌吧？中国古代帝王画像最早出于唐代阎立本，现在流传的各种秦始皇画像都是臆测。臆测，想象，真实度不高。

战国军事家尉缭认为：

> 秦王为人，蜂准，长目，挚鸟膺，豺声，少恩而虎狼心，居约易出人下，得志亦轻食人。我布衣，然见我常身自下我。诚使秦王得志于天下，天下皆为虏矣。不可与久游。（《史记·秦始皇本纪》）

郭沫若先生据上面这段话分析，秦始皇有生理缺陷。蜂准就是塌鼻梁，挚鸟膺就是现代医学的"鸡胸"，豺声表明气管炎。其胸形、鼻形变异与气管炎常发显示他是个软骨病患者。

但按照唐朝张守节《史记正义》和司马贞《史记索隐》的解释，蜂，一作"隆"；蜂，虿也，高鼻也。长目是大眼睛，而挚（鸷）鸟膺的意思是指"鸷鸟，鹘。膺突向前，其性悍勇"。根据这个解释，就会发现嬴政有高高的鼻梁，长长的眼睛，健美的胸脯，彰显着男子汉的霸气和侵略性，说话也是铿锵而有金属之音。

秦始皇有发达的胸肌，体魄强健。如果有气管炎甚至哮喘，再加上软骨病等疾患，不仅不能躲过刺客荆轲近距离的突然袭击，也无法应对繁重的公务。另外，从遗传学的角度来看，秦始皇的太祖奶奶宣太后——昭襄王时期的芈八子，凭色诱义渠王入秦生下二子，姿色应该很不错；他的父亲庄襄王子楚，得宠于父王宠妃华阳夫人，长相至少不会猥琐；生母赵姬，虽然在《史记·吕不韦列传》中，一会儿说是"邯郸诸姬绝好善舞者"，一会儿又说是"赵豪家女"，但姿色肯定艳丽惊人，否则子楚也不会对她一见倾心。

《太平御览》皇王部记载，秦始皇帝"虎口，日角，大目，隆鼻，长八尺六寸，大七围，手握兵执矢，名祖龙"，总之相貌雍容轩昂，是古代相书中典型的帝王之相。

身高长八尺六寸，约等于2米，按照秦代一尺约合23厘米，我感觉"虚高"了。秦律记载，秦人成年最低身高标准平均值是男子1.5米，女子1.39米。根据体质人类学测算公式，考古工作者对关中地区出土的秦人遗骨进行过身高复原，男子最大值低于1.7米，女子最大值低于1.6米。秦始皇陵陪葬的所有陶俑种类，如兵俑、百戏俑、文官俑等，都属于艺术作品，并不能代表秦人的真实身高。

一个人的品性对事业的影响一定大于相貌，毕竟干事业需要的是实力。初并天下时，秦始皇发表了一篇精彩演说，充分说明了他的个人实力。通篇演说概括度高，逻辑严密，理足辞胜，叙述富于变化，遣词用字准确而文采斐然，就像秦王扫灭六国、并吞八荒一样漂亮，干净利索，不拖泥带水，虽得意扬扬，却不忘形。终篇总结，他说：

> 兴兵诛暴乱，赖宗庙之灵，六王咸伏其辜，天下大定。（《史记·秦始皇本纪》）

意思是说，统一战争取得全面胜利，我有何德何能，这是秦国多少代先贤长期流血奋斗的结果啊！由此可见他低调、谦虚，并不如尉缭所说。

不论秦始皇长相如何，品性如何，他乃是中国历史上一位大人物，对此毋庸置疑。明代思想家李贽称秦始皇为"千古一帝"。

第三节　秦始皇之死

> 五载一巡守，群后四朝。敷奏以言，明试以功，车服以庸。（《尚书·舜典》）

作为天子，每五年就要出巡一次，去考察各地诸侯的治理情况，这是先秦时代天子的一项重要工作。秦始皇成为皇帝之后，迫于形势的需要和履职的责任感，而非热衷游山玩水甚至被曲解的炫耀，打破了"五载一巡守"的规定，在11年里出巡5次。舟车劳顿，也挺辛苦。

出巡的阵仗一定不小。"大驾光临"的顶格车队，由81辆车组成的排场一定有过。旅途中也曾险象环生。公元前218年，秦始皇东巡时遭人行刺，身后的一辆副车被刺客张良用重锤砸得粉碎。所到之处，招惹的"羡慕忌妒恨"更少不了。

刘邦说："嗟乎，大丈夫当如此也。"（《史记》）

项羽说："彼可取而代也！"（《史记》）

出巡声势浩大，兴师动众，也不是秦始皇非得如此，这是一种规定，所以乾隆下江南叫"微服私访"。汉代学者蔡邕说："天子出，车驾次第，谓之卤簿。"（《独断》）卤簿是我国封建社会帝王制度的重要组成部分。一般解释为"仪仗队"，实际上卤簿所涵盖的内容比仪仗队要丰富得多。制度实施初期，专门为帝王的重大活动服务，到了汉代以后，后妃、太子、王公大臣皆有卤簿，各有定制，并非为天子所专用。

> 天子车驾次第谓之卤簿，兵卫以甲盾居外为前导，皆著之簿，故曰卤簿。

（《康熙字典》）

"卤"通"橹"，意思是"大盾"，引申为对帝王的防护保卫措施，包括武器装备和护卫人员的有组织的行动。"簿"是册簿，把随行、安保的一切准备形成文字典章。车辆、保卫人员一系列事务按规模、数量、等级形成文字整理成模板。出巡时得按仪程照章办事，照章的用车一项则有大驾、法驾、小驾之分。

大驾属车八十一乘，法驾半之。属车皆皂盖赤里，木辖，戈矛弩箙，尚书、御史所载。最后一车悬豹尾，豹尾以前比省中。（《后汉书·舆服志》）

忽然，我明白了现代人常说的欢迎词：大驾光临，荣耀之至。原来，"大驾"是出行的最高规格，有属车八十一乘，由公卿奉引，太仆御、大将军参乘。

秦始皇的车队究竟是什么样？秦始皇自己乘坐的马车又该是怎样不同凡响？在秦始皇陵出土的一些文物中，我们或许可以找到答案。

1980年，秦始皇陵封土西部一座编号为78LYL3的陪葬坑进入局部发掘，出土了一组青铜铸造的铜马车。两辆铜马车装在同一个"集装箱"里入坑埋藏，与兵马俑入藏地下室方式不同，但写实逼真的风格一样。

铜马车按照真实御车二分之一的比例缩版打造。两车前后放置。前高车编为一号，前行开道。后安车编为二号，供人坐卧。驷马并驾，各配御手，车零件一应俱全，扬鞭策马的驾车工具、安全停泊的轫、以防不测的护身武器、登车攀拽的拉绳，配件一样不缺。车盖以及车舆内外彩绘精美纹样，辅料耗费14千克的金和银。

这两组车被誉为"世界马车史上的里程碑""世界上没人能买得起的最贵豪车"。文字难以表述其如何高端，养护成本也异常高。我们在位于丽山园内封土西南侧，距离它们出土地点仅约240米的地方，修建了一座智能环境控制的专属展馆——铜车马博物馆。

铜车马博物馆目前包括序厅、三个展厅和观众互动区。向观众展示了铜车马的发掘、铜车马的风采以及铜车马上的兵器和车马器具，解读铜车马的性质用途、

铜车马

铜车马出土于秦始皇陵封土西侧三号陪葬坑,该陪葬坑除了一组两乘铜质车马,尚有木车和真马多组,至今没有完全发掘。

形制结构、雕塑艺术、彩绘纹饰、铸造技术等，全方位呈现铜车马的历史、文化、艺术、科技。并且通过历史影像和考古研究成果，以及铜车马发掘者袁仲一[①]先生和铜车马修复者吴永琪先生的访谈，将铜车马的发现、发掘与修复的精彩故事呈现给观众。2021年5月18日国际博物馆日[②]，二号铜车马率先搬进了"新车库"。

为保障铜车马的安全稳定，文保人员对展厅环境进行持续性监测与评估，在设备调控下，展柜的相对湿度可以得到有效控制，符合铜车马保存的环境条件。与此同时，一号铜车马的保养维护工作一直持续了3年，在对面临断裂的辔绳进行粘接、对彩绘起翘部位进行回贴、对酥粉锈蚀部位进行彻底清除等一系列工作完成之后，2024年4月18日，第四十二个国际古迹遗址日，一组两乘铜车马再聚首。

铜车马是秦始皇车队的缩影，向天下展现了世间最雄壮的巡游仪仗。但对于秦始皇来说，也许更希望它们永远不被启用——他更想长生不老。

公元前210年，秦始皇第五次出巡。临出发前，小儿子胡亥提出要跟着一起去。自古皇帝爱小儿，这要求不过分，秦始皇答应了。没人预测到这是他的最后一次出巡。最终，秦始皇病逝沙丘平台（今河北平乡东北），终年50岁。

阴谋家想象出胡亥弑父的剧情。他们认为胡亥提出的随行绝非一时兴起，秦始皇之死实质上是一场宫廷政变，政变的导演是赵高，而扶苏、蒙恬、蒙毅、李斯、胡亥都是受赵高支配的牺牲品。至于赵高怎样做到使秦始皇病逝，这正是历史上的缺页。

考古学研究原则之一是以证据说话，没有证据的历史缺页不可贸然填补。"沙丘政变"确有其事，秦始皇途中染疾和胡亥、赵高没有关系。我们所能确定的是：由于暑天高温，在返回咸阳城的路途上，载始皇遗体的辒辌车上散发出阵阵恶臭，胡亥等人指示随行车上装载鲍鱼遮人耳目，混淆腐尸的气味。

回到咸阳后，朝廷发布治丧公告，胡亥继承皇位，是为二世皇帝。

---

① 袁仲一，中国秦始皇兵马俑博物馆原馆长，秦始皇帝陵博物院荣誉院长。
② 1977年，国际博物馆协会为促进全球博物馆事业的健康发展，吸引全社会公众对博物馆事业的了解、参与和关注，向全世界宣告1977年5月18日为第一个国际博物馆日。这一天世界各地博物馆都将举办各种宣传、纪念活动，庆祝自己的节日，让更多的人了解博物馆，更好地发挥博物馆的社会功能。

"九月，始皇葬骊山。"骊山是秦岭的余脉，远望山势如同一匹骏马，故名。而文献记载的骊山，特指秦始皇的陵园——"丽山园"，位于骊山北麓。

丽山陵园范围很大。1962年，考古人员绘制出了陵园第一张平面布局图，经过数十年的考古探索，目前确定的陵区文物保护范围以封土为中心，东西、南北各约7.5千米，面积为56.25平方千米，"相当于近78个故宫"。这个"相当于"之所以要加引号，是因为我强烈反对这样的比较，它会造成人们对秦始皇骄淫奢侈的误解。

保护范围不等于陵园面积，只是现在我们能看到的和秦始皇陵有关的秦代遗存。有一些形成于陵园修建过程，比如修陵人墓地、防洪堤等，并不是陵园本体。根据考古发现，秦始皇陵园的本体内容由内而外包括：内城垣以内——有地宫、封土、礼制建筑、御用机构以及后宫人员；内、外城垣之间——有府库、武库、宫廷厩苑，百戏、珍禽异兽等各种代表三公九卿机构的陪葬坑，以及陵园管理机构飤官。这两层是陵园的主体，总面积只有2.13平方千米。外城垣之外，包括兵马俑陪葬坑、青铜水禽坑、马厩坑、陪葬墓，属于最外层次。

秦始皇想必也非常钟爱自己的铜车马，因此把它们埋到了比兵马俑更贴近自己的地方。

第四节　秦始皇陵的"陵若都邑"

> 世之为丘垄也，其高大若山，其树之若林，其设阙庭、为宫室、造宾阼也若都邑。（《吕氏春秋·孟冬纪》）

世人建坟造墓，高大得像山，坟墓上种上树木，茂密得像树林，墓地修建墓阙、庭院，建筑宫室，建造东西石阶，像都邑一般。这句话浓缩出四个字：陵若都邑。

陵墓若都邑，说明帝王陵墓的设计和建造与都邑有极大的相似性。从西汉长安城和帝陵比对结果来看，两者近似。比如西汉大多数陵墓在陵区的南部，帝陵在西，后陵在东。而长安城内皇帝所居的未央宫在西南部，皇太后所居的长乐宫在东南部。又陵墓居陵园中央，陵园四面各辟一门，正门在东，和未央宫的主体建筑——前殿在宫城中央、四面各辟一宫门、东门为正门的布局，也非常相似。

那么，西汉之前的秦代也是如此吗？这个问题要辩证地来看，不能教条地将都城里的建筑物都和陵园一一对应。所谓陵墓若都邑，我觉得可以理解成中国古人丧葬观的另外一种提法——"事死如事生，事亡如事存"，生前有什么，死后一律安排上。秦始皇陵即是如此。

首先，礼制建筑安排。在封土的北侧及内城北部西区有一组大型宫殿群。南北长约750米，东西宽250米，占地面积约为18.75万平方米，建筑密集，规模宏大。南端大型的夯土台基式建筑为寝殿，北端院落式建筑共11排为便殿。其中，单体建筑形式有别，可能意味着使用功能的区分。

其次，服务机构安排。在陵园西侧，西城门以北的内外城垣之间的地区，发现了三处夯土建筑遗址。一号建筑遗址可能是骊山食官。"丽山食官"是丽山园的食官，掌管寝园祭祀的膳食之事。二号、三号建筑遗址是主管陵园事务官员的寺舍，名曰园寺吏舍。

最后，四周守护警卫安排。在始皇陵园外城垣的西侧有两处建筑遗址，北侧还有一处，在外城垣外40米。有的遗址内出土有兵器，可能是与武备有关的守卫官兵的寺舍，相当于宫城四周的庐舍，是园寺吏舍的一个组成部分，不过由于职责的不同，不居于城垣内，而居于城垣外[①]。根据这几处遗址所处的位置分析，类似的设施不会仅此三处，在陵园外城垣的东侧、南侧也应该有类似的建筑，在布局上才均衡、对称，形成四周拱卫之势。

这些安排属于陵之"园"，而最关键、最核心的部分还是陵之"墓"。陵墓由封土和地宫两部分组成。封土位于陵园内城的南半部，一层一层的黄土经过砸击，形成覆斗形土冢。顶部略平，中腰有两个缓坡阶梯，总体三层台状。经实测，顶部平台东西长24米，南北宽10.4米，面积为249.6平方米。原封土的底部近方形，南北长515米，东西宽485米，周长2000米，面积为249775平方米。两千多年来，

---

① 袁仲一：《秦始皇帝陵考古发现与研究》，陕西人民出版社，2002年。

经雨水的冲刷，以及历年农民平整土地的切削，始皇陵现存的封土堆较原封土已大大缩小。现存封土南北长350米，东西宽345米，周长1390米，底部占地面积为120750平方米。从飞机上向下俯视，看到的是一个正方形锥体，所以美国人叫它"黄土金字塔"。

> 其高五十馀丈，周回五里有馀。（《汉书·刘向传》）
> 秦始皇葬骊山，起陵高五十丈。（《三辅故事》）

这个"黄土金字塔"有多高呢？秦时1尺约为23厘米，陵高50丈，即115米。关于始皇陵封土的现存高度，由于测点的不同，有43米、46米、51.7米、55.05米、71米、76米、107米等各种说法。在陵园北边界中部吴西村测得高度为107米，在封土北边沿中部测得51.3米。袁仲一先生建议使用51.3米，因为此数值不含因地形高低而形成的落差。

这个高度与文献上说的"陵高五十丈"相差很远。有人就提出秦始皇陵是个半拉子工程，在覆土工作还没有完工之前，秦王朝就覆灭了，五十丈是设计高度，并没有完全实现。更听过这样一个说法：秦始皇终年虚岁51，所以封土高51.3米代表着1岁年龄1米封土。

比起这样的说法，我觉得封土内部有台阶状墙式夯土，更令人咋舌。这是考古钻探第一次得知的新情况：封土下有四面墙，墙外侧均有九级台阶，东墙、北墙内侧已发现六级台阶，南墙及西墙尚不清楚。夯土墙东西长约145米，南北宽约125米，高30余米。或许夯土墙对应着都城的城墙。

秘密连连。正常情况下，当时都城应该有墙，宫亦应该有墙。封土堆下倒金字塔形的墓室即同于生之宫室，所以墓室也应该有墙。考古工作者挥舞起探铲，既辛苦又兴奋：墓室外围的宫墙，东西长约390米，南北长约460米，南、北墙宽约4米。

传说在修建宫墙的施工中，为了检测用泥土夯实的宫墙是否坚硬，施工人员会站在远处用弓箭射墙，若箭能插进墙体，修好的宫墙必须推倒重建。通过勘探证

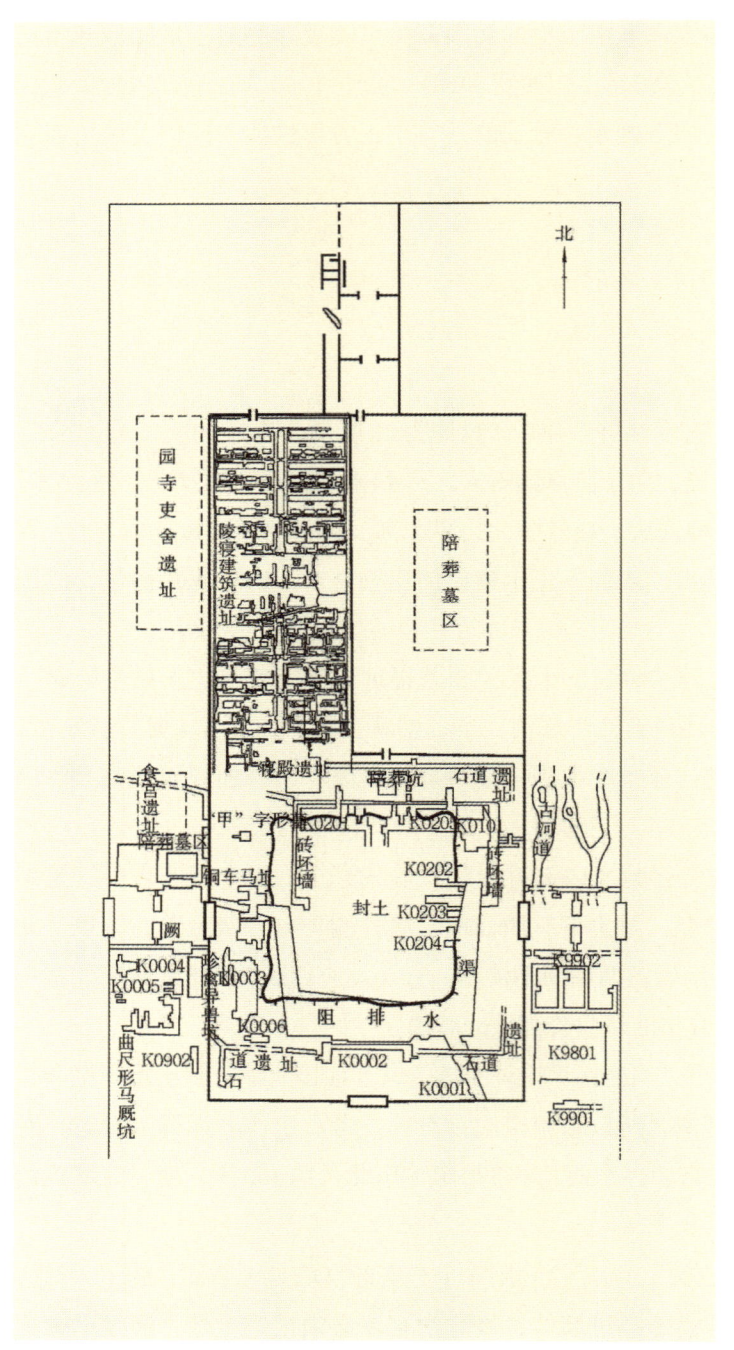

秦始皇陵园遗迹分布图

秦始皇陵园位于骊山北麓的洪积扇上，面积约为27.5万平方米，有四层次的布局，所谓56.25平方千米，相当于近78个故宫，是指遗址保护面积。

明，事实也许真是这样，探铲打眼证明宫墙都是用多层细土夯实而成，每层有5~6厘米厚，相当精致和坚固。宫墙顶面甚至高出了当时秦代的地面很多，向下直至现封土下33米，整个墙的高度约30米，非常壮观。

壮观的是在这道土墙的内侧，又发现了一道石质宫墙。这种构建形式被称为"秦陵式"，是前所未有的发现。石质宫墙东西长约145米，南北125米，厚约8米。关中地区历史上遭受过8级以上的大地震，而秦始皇陵墓室完好无损，这与宫墙的坚固程度密切相关。有一年秦始皇陵区气温降至-12℃，封土堆上的石榴树正常开花结果，而在封土堆南墙外的石榴树冻害严重，不能正常开花结果，差别特别明显。专家介绍说，出现这种情况的原因是"墙外的土壤未经扰动，而封土堆土壤的结构和含水量则已发生改变，又因为墙内地下存有地宫，才使得土壤相对温度较高，从而造成植物长势的差异"。

除了宫墙，研究人员发现在秦陵周围地下存在规模巨大的阻排水渠。长约千米的阻排水渠其实是堵墙，底部由厚达17米的防水性强的青膏泥夯成，上部由84米宽的黄土夯成，规模之大让人难以想象。阻排水渠设计相当巧妙。秦始皇陵园地势东南高，西北低，落差达85米，而阻排水渠正好挡住了地下水由高向低渗透，有效保护了墓室不遭水浸。北京国家大剧院解决水浸问题也是用的这套理论。

多重围墙以及阻排水设置拱卫着一个目标——地宫，这是皇帝灵柩和贵重物品的存放处。当初修建地宫，"穿三泉"，意思是已经至深层地下水，距今天的地表深35米，东西长170米，南北宽145米，主体和墓室均呈正方形。墓室位于地宫中央，墓室东西长约80米，南北宽约50米，高约15米，大小相当于一个标准的足球场或相当于10个标准的篮球场。

有墙，有宫，有出入通道。从商周到汉代，帝王的墓道通常都为4条，分别贯穿东南西北4个方向，这是尊贵身份和地位的象征，而普通官员和百姓的墓道为一条或两条。按常理秦始皇陵的墓道应该为4条，但20世纪90年代考古钻探只发现东西两条墓道。关于墓道的数量问题，专家解释不了，就说秦始皇本来就是个怪人。但最新的考古材料证明，秦始皇陵也是4条墓道，与他的帝王身份相契合。

第五节　地宫里的百川江河大海

> 穿三泉，下铜而致椁，宫观百官奇器珍怪徙臧满之。令匠作机弩矢，有所穿近者辄射之。以水银为百川江河大海，机相灌输，上具天文，下具地理。以人鱼膏为烛，度不灭者久之。（《史记·秦始皇本纪》）

宝贝多，就要保护。不然盗墓贼就惦记上了，"令匠作机弩矢"，意思是地宫中有暗弩，微小而隐秘，牵一发而动全身。把装有箭矢的弓弩一个个连接起来，通过机械联动，丛射，连发，无人操作，但自行警戒。墓门内、通道口等处安置上这种触发性的武器，一旦有盗墓者进入墓穴，就会碰上连接弩弓扳机的绊索，进而遭到猛烈的射击。

设机关，防盗墓，据说被汉唐陵墓继承，并发展到在棺椁内安装轮机以射杀盗墓者。所谓轮机，就是在棺椁内壁安装数个像现代滑轮一样的工具，滑轮一边置弓弩毒箭，绳索通过滑轮连接弓弩与棺椁盖板。盗墓贼一旦揭动棺椁，绳索就会牵动通过轮机，弓弩数箭齐发，让入侵者有来无回。

据说不能当真。目前在已经考古发掘的古墓葬中，并没有发现这种轮机，似乎可以看成是江湖上的又一条神谝。秦始皇陵真真实实存在的机关是：通过物理探测证明，地宫内的确存在着明显的汞异常，涉及面积达12000平方米。

汞，即水银，在全世界的矿产中都有产出，主要来自朱砂（硫化汞），有毒。考古证明地宫存在明显水银含量异常，而且异常区域有一定形状和强弱变化，东南、西南强，东北、西北弱，正好与中国海洋的空间方位大致对应。

秦始皇陵地宫内确实有巨量水银，让很多现代人感到不解。他们问：巨量水银是怎么做出来的？又是怎么存放的呢？但是在这里，我特别想强调这种行为背后的意图。

地宫汞异常的分布方位在东部和南部，正与中国海洋的空间方位大致对应。秦始皇五次出巡，四次莅临海边，他有浓重的恋海情结。蔚蓝的大海、忽隐忽现的海市蜃楼，对于从西北黄土地走出的秦始皇来说，可谓高深莫测。在方士们的鼓噪声

秦始皇陵墓封土区汞异常分布图

引自陈光宇《秦帝国的朱砂水银工业》[1]。秦始皇陵地宫位于陵园南部，其上封土汞含量异常区域与中国海洋的空间方位大致对应。ppb，液体浓度的一种单位符号。

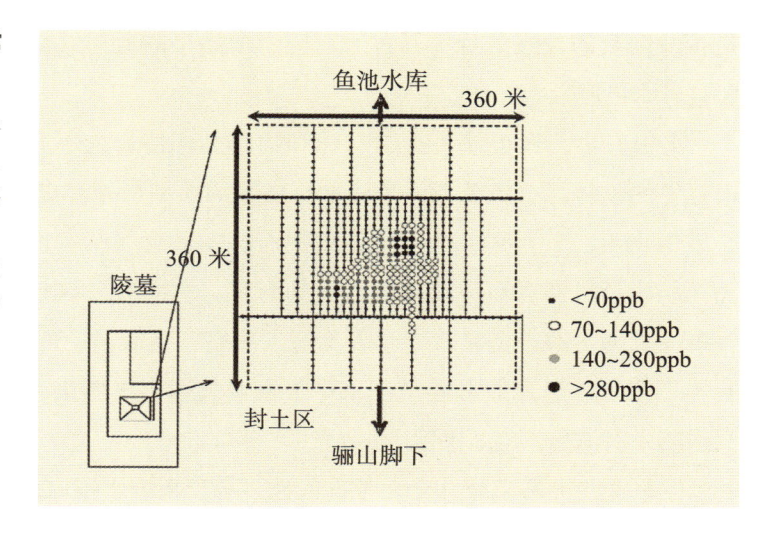

中，"始皇遂东游海上，行礼祠名山大川及八神，求仙人羡门之属"（《史记》）。神仙、长生不死和海，成了秦始皇晚年的心心念。

秦始皇曾经派遣多个方士团队，连续"入海"求仙，虽耗资巨大，数岁不得，但乐此不疲。"海上""神山""仙人""奇药"形成特殊的神奇关系，致使秦始皇反复追寻，至死不懈。"以水银为百川江河大海，机相灌输"的地宫设计，更大可能是作为一种政治文化象征，也特别体现了秦始皇对海洋的关注。这体现了这位帝王对海洋世界的向往，透露出他探索海上未知世界的强烈欲望，似乎陵墓主人对"海"的向往，至死仍不消减[2]。

这是学界的一种新说法。我觉得首先要明确，它不单

---

① ［美］陈光宇：《秦帝国的朱砂水银工业》，《陕西师范大学学报（哲学社会科学版）》2017年3月第46卷第2期。

② 王子今：《论秦始皇陵"水银为海"》，《北京师范大学学报（社会科学版）》2021年第5期。

是营造恢宏的自然景观，其背后对应着秦始皇的万里江山，这是大视界下的一种陵墓若都邑吧。

水银有毒，还可使入葬的尸体和随葬品保持长久不腐烂，又可防盗墓。用水银挥发的气体毒杀盗墓者，是一种反盗墓的典型措施。史料记载，齐景公墓被盗，石室中飞出一只大鹅，鹅回转翅以拨石，一股青气腾空而起，所过飞鸟纷纷坠地而死。西晋时期齐桓公墓被盗，因其中有"水银池"，以致"有气不得入"，经过很多天毒气发散，盗墓者才牵着狗进入墓室，盗取了一堆宝物。飞鸟过之辄坠死，有气不能入，逼真地形容了古墓中水银蒸气逸出之情景。另外，还有记载说吴王阖闾墓中有顽池，顽即水银。

但是这些史书记载已全无考古佐证，至于墓中水银原储量到底有多少，更是无从知晓。《吴越春秋》记载阖闾墓水银池广60步。如果广60步理解为圆池一周为60步，则此池面积不过40平方米，以水银池深度10厘米来保守估算，用汞量当为54吨左右。如果理解为正方形或长方形周长为20米，则池面积不超过25平方米，用汞量也达34吨左右。

如果记载为真，表明最晚在早于秦始皇200年的春秋战国之际，古人已经掌握了由朱砂升炼、制备水银的方法技术，具有制造和处理数十吨水银的能力。当时应该也已经知道水银无论液态或气态均有剧毒，具有杀菌作用，适合长期保存尸体。墓中用水银的做法，秦始皇陵不是首创。

巴寡妇清，其先得丹穴，而擅其利数世，家亦不訾。（《汉书·货殖传》）

秦始皇时期汞矿开采有很大的产业规模。四川地区著名的女矿主巴清，继承了祖传的朱砂矿，并经营有方，深受秦始皇的赏识。因此，当时对于水银化学特性应当已有比较成熟的认识，估计不会没有注意到汞中毒的现象，利用水银这一特性进行防盗设计顺理成章。

我不止一次听到过这样的提问：秦始皇陵什么时候挖？为什么不挖秦始皇陵？2024年4月，吴永琪先生接受某媒体访谈时也被问到这个问题。他说，现代的人不要什么都不怕，我们要对天地、对自然、对祖宗有敬畏之心。我们有什么理由去打扰这位沉睡了两千多年的老人？东西的美，或者说人类的好奇心，往往是你得不到的时候最美。

汞含量异常的考古结果，说明秦始皇陵地宫至今没有遭到大规模破坏，保存较完好。保存完好的地宫为什么要挖它呢？！如果说黄帝是中华民族的人文初祖，每年都要举行国家级大典，秦始皇就是我们的老祖先，是对中华民族做出过巨大贡献的人，我们对他应该怀有一份敬畏之心，路过他的陵墓的时候，即使不能捧花敬献，默默致敬还是应该的，更遑论为了满足自己的一己私利，满足自己窥宝的好奇心去挖开他的陵墓。还是让我们的老祖先静静地安卧在他的陵墓里吧！

2010年10月1日，秦始皇帝陵博物院·丽山园（秦始皇陵遗址公园）盛大开园，从体制上保证了秦陵保护的永续性。为了这种永续的保护，共征土地3386亩，移民1039户。历史应该记住这些为文物保护做出贡献的人们。

第六节　胡亥的罪证

> （胡亥）乃阴与赵高谋曰："大臣不服，官吏尚彊，及诸公子必与我争，为之奈何？"（《史记·秦始皇本纪》）

胡亥靠阴谋手段当上了皇帝，过着荒淫无度的生活。古之立君，或立长，或立贤，胡亥全不占，这皇位能坐长久吗？夜深人静，君臣密语，胡亥坦露心声道："我继位，大臣不服，官员架海擎天，先王王子肯定要与我争，怎么办？"赵高提供了一套以杀人立威为核心的应对方案："乃行诛大臣及诸公子，以罪过连逮少近官三郎，无得立者。"

秦始皇一共有多少子女，史书并无明确的统计数字。《史记集解》在《李斯列传》中附有一段佚文，记载秦二世胡亥是秦始皇的第十八子，同时《史记·李斯列传》记载被残杀于杜地的公主就多达10位，据此估算，秦始皇的子女应不少于30人。一个令人惊悚的事实是，在秦始皇众多的子女中，除秦二世胡亥被赵高发动"望夷宫兵变"所杀外，其他人大多是在秦二世在位期间死于非命。

这场大屠杀，在《史记·秦始皇本纪》中有这样的记载：

> 公子将闾昆弟三人囚于内宫，议其罪独后。二世使使令将闾曰："公子不臣，罪当死，吏致法焉。"将闾曰："阙廷之礼，吾未尝敢不从宾赞也；廊庙之位，吾未尝敢失节也；受命应对，吾未尝敢失辞也。何谓不臣？愿闻罪而死。"使者曰："臣不得与谋，奉书从事。"将闾乃仰天大呼天者三，曰："天乎！吾无罪！"昆弟三人皆流涕拔剑自杀。宗室振恐。

将闾昆弟三人持身严谨，按照正常程序根本就找不出所谓犯罪的证据。但胡亥派出使者告知说致死罪名是"不臣"。这是由皇帝钦定的罪名而非审案的法官所定，也就是不必细论也无法复核的罪名。公子将闾为自己进行了辩护，从三个方面力证自己"吾未尝敢"，从来不敢这样做，而使者蛮横的对答表明了他只是奉命前来执行对三人的死刑，不负责任何法律问题的解释。最终，将闾等三人被无罪屈杀，造成"宗室振恐"的后果。滥杀无辜让宗室成员惶恐不安，人人自危。

胡亥剪除异己，大肆屠杀手足，到底是史家的臆测，还是确有其事？秦始皇陵发现的两处墓地，坐实了胡亥的罪证。

其一是上焦村墓地。共发现墓葬17座，墓穴均为东西向，排列较为规律，南北成列、东西成排分布。发掘了8座，其中"甲"字形墓2座，斜坡墓道洞室墓6座，葬具均为一棺一椁。一座未见人骨，棺中仅一把铜剑。其余7座墓中的人骨，只有一具骨骼完整，其余6具都身首和肢体分离，当为肢解而死。完整的那一具骨骼的上下左右交错，亦似死于非命。7具骨骼为五男二女，平均年龄30岁。8座墓中均程度不同地葬有金、银、铁、陶、漆器等物品，尤其是刻有"荣禄""阴嫚"字样的两枚铜印和一件外形似蟾蜍、刻有"少府"[①]二字的银质器物，显示了这些墓主人有着较为高贵的身份。

---

① 少府属秦代中央设置的九卿之一，掌管皇室财产。

> 二世曰："先帝后宫非有子者，出焉不宜。"皆令从死，死者甚众。(《史记·秦始皇本纪》)

其二是内城。从1980年开始到2011年，连续勘探后共发现了99座中小型墓葬。总体上呈南北向的八列分布，很有规律，说明整体有规划，属于整个陵园建造环节的重要内容。但有部分墓葬未见遗物和遗迹，也就是说没有埋人。这说明安排后宫从死应该是秦始皇陵墓规制的一部分，但是秦始皇并没有要这批人在他死后立刻从葬，秦二世擅自改变父皇的意愿，造成这次历史上血腥的从葬行为[①]。据媒体报道，在墓道填土里发现了不同数量的乱葬人骨，且残缺不全，应该和年轻女性有关系，说明是异地处死，然后胡乱一埋，从葬行为残酷、血腥。

> 公子高欲奔，恐收族，乃上书曰："先帝无恙时，臣入则赐食，出则乘舆。御府之衣，臣得赐之；中厩之宝马，臣得赐之。臣当从死而不能，为人子不孝，为人臣不忠。不忠者无名以立于世，臣请从死，愿葬骊山之足。唯上幸哀怜之。"书上，胡亥大说……胡亥可其书，赐钱十万以葬。(《史记·李斯列传》)

惨案在持续进行。在"公子十二人僇死咸阳市，十公主矺死于杜，财物入于县官，相连坐者不可胜数"的背景之下，公子高权衡利弊，自行上书，请求为父亲殉葬。接到这样的奏报，胡亥大悦，批准了其自请文书，"赐钱十万以葬"。公子高换来了一个"体面"的死法，并且保住了妻小。

体面殉死并被厚葬的公子高，埋在何处了呢？

自2011年开始，考古工作者对秦始皇陵外城西侧展开工作，发现9座高等级贵族墓，其中M1为"中"字形墓葬，即有两条墓道，等级最高。其余墓葬多为"甲"字形墓，即为一条墓道，使用这种规格墓葬的墓主，身份略低于M1。2013年，秦

[①] 秦始皇帝陵博物院：《秦始皇帝陵园从葬墓园考古勘探简报》，《秦始皇帝陵博物院（2013）》，三秦出版社，2013年。

始皇帝陵博物院开始了对M1及附属车马坑的发掘，至今已10年之久。

M1规模很大，出土文物很多，保存很好，被誉为"帝国第一陪葬墓"。该墓的南侧、西侧有壕沟环绕，北侧为断崖，东侧为古河床，形成相对独立的墓园。它是一座大型"中"字形竖穴土圹木椁墓，南北通长109米，东西宽7.5~26米。墓室呈长方形。墓室上口长28.3米，宽26米，深15.5米。墓室东、南、西三侧分别设有生土二层台，墓室上部为夯筑。墓室下部填充木炭层。

这座墓的年代初步判断为战国晚期到秦统一时期，整体显示出非常明显的指向——从属于秦始皇帝陵，与秦始皇帝陵整体规划设计紧密相关。3座附属车马坑出土的5组车马（含羊车），形式形制不同，用途迥异，集中反映了男性墓主生前出行的盛况，对认识墓主的身份也提供了一定的参考。

请注意这句话——"集中反映了男性墓主生前出行的盛况"。我很好奇发掘者判断墓主性别是男性的依据是什么。在人骨情况尚不清晰的条件下，只能是根据随葬品种类，那随葬品都有什么呢？

墓内出土大量陶器、铜器、玉器、铁器以及金银质地的小型明器。陶器器形有茧形壶、缶、罐、豆、盆等。青铜器有鼎、豆、钫、壶、盘、甑、灯以及编钟、琴轸等。玉器有玉圭、玉璧及小玉鼎等。兵器有铁剑、铁甲、带廓铜弩机、铜戈等。小型明器有金银骆驼、舞袖俑、吹奏俑、百戏俑、马俑、骑马俑、猎犬、银盒等。另有金带钩及数量较多的铜半两。林林总总，与墓主性别关联性最强的也许只有兵器。那么，M1的墓主会是公子高吗？由于没出土关键性的文字材料，比如印章，不能妄下结论。

回顾古代的皇位争夺战，夺得胜利的一方往往会对政治对手加以残酷诛杀，此事多见，也就成为"可以理解"的常例，可罗织罪名立意要把自己的大多数兄弟姐妹加以诛杀的，似乎只有秦二世这个特例。

一场大清洗、大屠杀开始了。除了手足至亲、忠诚良将，受波及者不乏职位不高、年龄偏小的近侍之臣。在赵高的建议之下，这批人都被特意"连逮"下狱，必定不会侥幸活命。最终，秦始皇生前所用的近侍之臣到秦二世继位之后，没有一个人出现在朝堂之上、宫廷之内，文献称为"无得立者"。

第七节　毁誉参半秦始皇

被别人贴标签，给别人贴标签，这是一个怪圈。一个人，不是"好人"，就是"坏蛋"。"好人"则高大俊秀，完美无缺，从娘胎里出来就注定是个大英雄；"坏蛋"便头上长疮，脚底流脓，还没出生就带上了劣质基因。其实，生活中哪有什么纯而又纯的"好人"和绝而又绝的"坏人"呢？所谓"圣人""君子"，脑袋里也可能有产生"恶念"的瞬间；"坏人""小人"也可能不经意间会做出"善行"。秦始皇也是如此。

秦代对自己的最高领导人肯定多是溢美之词，对其兵征六国、兼并天下的功绩全盘认可。秦代的大臣李斯、王绾等人评价秦始皇说：

> 昔者五帝地方千里，其外侯服、夷服，诸侯或朝或否，天子不能制。今陛下兴义兵，诛残贼，平定天下，海内为郡县，法令由一统，自上古以来未尝有，五帝所不及。（《史记·秦始皇本纪》）

从汉代开始，则是对秦始皇大肆抨击，全盘否定：

> 宫室过度，耆欲亡极，民力罢尽，赋敛不节……法令烦憯，刑罚暴酷。（《汉书·晁错传》）

直到近代，有关秦始皇暴虐形象的言论数不胜数。例如，秦始皇建立起了秦帝国政权后，"对人民实行残暴的封建统治"；秦始皇"对法治成功的迷惑，贪权专断、崇拜暴力是秦朝迅速灭亡的根本原因"；"秦始皇做了权势欲的傀儡，他疯狂地追求权势和暴力，又以破坏社会生产，摧残文化传统为本质特征，结果导致了秦朝的迅速崩溃"；"秦始皇的骄奢淫暴、喜阿谀奉承的品性与'雄才大略、千古一帝'之称不相符"；"秦始皇惧死求仙、横征暴敛、肆意妄为、骄横跋扈"……没有一个好词。众口铄金，评价一边倒。

书读百遍，其义自见。我读西汉刘向《说苑》这一段：

> 秦始皇帝既吞天下，乃召群臣而议曰："古者五帝禅贤，三王世继，孰是？将为之。"

公元前221年，秦始皇召开了帝国第一次廷议大会，他说道：黄帝、颛顼、帝喾、尧、舜传位让贤，而夏、商、周三王采取世袭，哪种做法对？我将效法它。

这段记载生动有趣。本来秦始皇想玩个沽名钓誉的花活，要借博士们的嘴，说出除了他本人，实在找不出可以接管天下的贤良，那样他就可以落下一个想禅贤的好名声。70位博士都看透了秦始皇的心思，所以没人开口讲话。后来，鲍白令之博士忍不住了，站出来揭穿了秦始皇的鬼把戏。

鲍白令之说："天下公有，禅贤就对；天下私有，世袭就对。五帝是以天下为公的，三王是以天下为私的。""陛下走的是桀、纣的道路，却想像五帝那样禅贤，陛下能做到才怪。"此话一出，秦始皇像被剥去外衣，自然心中十分不畅快。但当鲍白令之列举出大量事实之后，他却只能默不作声，无言以对，接着面露羞惭之色，最后解嘲道："令之这番话是让众人羞辱我。"于是顺水推舟，从此再也不提禅让天下了。这次廷议会上，秦始皇确实很虚伪，但又很讲道理，相当有雅量，并不是一副暴君的做派。

也许很多人以为古代皇帝治国都是一言堂，群臣只有按旨行事，其实这是误解。但凡关乎国家大利害的决定，都需组织廷臣集体商议，即廷议。意见不一致时，应摘要奏闻皇帝做裁决或者遵从多数人的意见，颇有点民主集中制的意味。

如果说对文献的理解可以因人而异，考古出土实证则更事实胜于雄辩。

> 廿六年，皇帝尽并兼天下诸侯，黔首大安，立号为皇帝，乃诏丞相状、绾，法度量则不壹歉（嫌）疑者，皆明壹之。（秦二十六年铜诏版）

这份我戏称为"帝国001号"的公告，全文40余字，简明扼要敲重点：旷日持久的战争成果是"黔首大安"。"黔首"在战国和秦代指代黎民百姓，秦始皇在东

秦二十六年铜诏版

诏文自右向左竖书6行40余字，是统一天下后颁布的第一份诏令的缩小版。

巡石刻的碑文里，除了泰山石刻，多次提到"黔首"，其相关内容均是为百姓提供一些条件，使他们感受到教化。其中琅邪石刻碑文说："徙黔首三万户琅邪台下，复十二岁。"鼓励移民，开荒实边，从事农业生产，优惠政策是免除移民12年的徭役，力度不可谓不大。不难看出，普通百姓在秦始皇心中，绝对不是无足轻重。

但说他心系百姓，我觉得言过其实。黔首是社会的大多数，诏版是面对大众的普法宣传，语言要接地气，句句戳心、针针见血、直击心底才能实现最好的效果，"大安"是最得当的选词——普通百姓如何都能做到位卑未敢忘国，盼望的只是温饱无忧，不打仗，老婆孩子热炕头。向下兼容是为上者的德行，秦始皇懂人性。

令我折服的还有这些秦律：

"者（诸）侯客来者，以火炎其衡厄（轭）。"炎之可（何）？当者（诸）不治骚马，骚马虫皆丽衡厄（轭）鞅鞧辕靷，是以炎之。（睡虎地秦墓竹简《法律答问》）

诸侯国有来客，要用火消毒车马器，以防止寄生虫侵入，从而给秦国人民的生命安全造成威胁。

> 隶臣有巧可以为工者，勿以为人仆、养。（睡虎地秦墓竹简《秦律十八种·均工》）

有技艺的隶臣可以做工匠，不要去做赶车、烹炊的劳役，这是因为有技艺的隶臣可以为政府创造更大的经济价值，不能浪费人才。

公元前220年秦始皇下令修建驰道，一年后新的政务大殿阿房宫开始动工，之后又下令修建长城，修建从九原至云阳的直道以及为岭南战争提供服务的灵渠工程，因此有人称秦始皇是"工程皇帝"。

这些工程上马有无必要？大概无须多言。

修建长城，始于战国中期。由于北方少数民族经常南犯，秦、赵、燕三国苦不堪言，不得不修高墙抵挡骑马人的来犯。秦昭王"筑长城以拒胡"；赵武灵王"变俗胡服，习骑射"，曾打败林胡、楼烦等部，并自代郡沿阴山而西，至高阙，筑长城；燕国将领秦开曾在东胡为质，回燕国后，率军大破东胡，"筑长城，自造阳至襄平"，以稳定局势；直到汉武帝，仍选择修建长城以防止其侵扰。

历史证明，没有长城，即使有大量的步兵和骑兵，秦朝仍解决不了游牧势力随时来犯的问题。秦始皇在占据军事优势的情况下修筑长城，加上一定数量的驻军，防止北方骑兵闪电式袭击，是一种扬长避短的防御方式[①]。当然修筑长城会耗费大量的人力、物力和财力，从短期来看，经济压力较大，百姓怨声载道，但从长远来看，这个投资很值得。

在秦始皇统一六国之前，岭南被称为"扬州徼外之地"，并不在中国的版图之内，中原政权也从未真正统治过这一地区。究其原因，主要在于五岭的绵延千里将中原与岭南几乎隔绝，很少有岭南人翻越五岭进入中原，而中原先进的文化也

---

① 徐为民：《秦始皇何以修建长城》，《群言》2023年第5期。

几乎不能飞跃五岭的阻隔进入岭南。

修建灵渠，有时会被认为是发兵征讨岭南地区的被动之举，是完全出于军事、政治的需要。实际上，在灵渠修建成功后，秦始皇所做的第一件事并非用灵渠来运送军用粮草，而是下令勘察岭南地界，设南海郡、象郡、桂林郡，正式对该地区施行郡县制管理。此后，为了开发岭南地区，秦始皇下令军队在此长期驻守，还以十万计中原移民迁居岭南，实现了岭南文化与中原文化跨越五岭的深度融合。

给人贴标签是过于概括的一种极端形式。秦始皇是我国历史上第一位帝制王朝的皇帝，他开创了中央集权制度，奠定了中国两千多年政治制度的基本格局。对任何一个人，非褒即贬、非黑即白的贴标签都不合适，更何况是秦始皇。

我们能做的，唯有揣着一颗平常心，一颗敬畏心，静静地听他的故事就好——没有他，就没有中华民族统一的开端。

第二章 新一轮发掘开始了

兵马俑陪葬坑共有3座，无论是从面积大小，还是发现时间的早晚，抑或是埋葬的陶俑数量，一号坑都是老大。而我接下来的职责就是要带领队员对它进行第三次发掘。

有记者这样问我："这是您职业生涯的巅峰吗？"当然，被选为兵马俑一号坑第三次挖掘项目的负责人，我深感荣幸，但我不认为这是"职业生涯巅峰"。

从1974年开始，一号坑历经试掘和二次正式发掘，出版了《秦始皇陵兵马俑坑一号坑发掘报告：1974—1984》，遗址内容、性质已家喻户晓，再发掘就像"热一盘剩菜"，比较难吃。这片领地上大学者多如牛毛，著作等身，我何德何能，可以率领团队有所创新，取得突破？开展新发掘，我面临的变数太多。

我们的工作要比一般人想象中难上不知道多少倍，但是给点儿阳光就灿烂，一想到我能够让两千多年前的历史一点点"浮出土面"，顿时感觉豪情满满。

第一节　98？"就挖"！

我参加过许多次野外工作，也常常会遇到诸多困难。做通老乡的工作，顺利进场是其一。遇到不讲道理甚至是胡搅蛮缠的老乡，《中华人民共和国文物保护法》是绝好的挡箭牌。带着虔诚，带着坚定，告诉他说："地上地下的文物都是国家的，今天同意进地，咱们啥事好商量，不让进地，你是和国家作难。"

中国的老百姓大多数人的诉求其实不高，也会很容易满足，积极配合工作。协商赔偿谈判之后，一碟花生米，一碟炒鸡蛋，一瓶烧酒，大家把酒言欢。"老乡，端起酒来！相聚是缘分，我从西安来你们这儿，不是为了挖坟掘墓，是国家派来的，其实我们也难得很。不多说了，都在酒里！"

现在出任兵马俑坑发掘的领队，面对博物馆内济济人才，化解因失落而起的非议，化解非暴力不合作，自量能力不行。

"你怎么还没动静？"电话那端领导似责备。

我不知道该怎样回答。"咋动啊？"纠结的心情其实有很多成分不可明示。

领导显然没有听清楚"咋动"的含义，回答说："具体手续你自己问省局，问国家局。"

兵马俑遗址属于国家级重点文物保护区，发掘管理严格，开始工作必须先向省文物局、国家文物局逐层申报，需要填写发掘总规划、发掘申请书等公文，履行严格的审批手续。

秦始皇帝陵博物院的前身是秦始皇帝陵兵马俑博物馆，2009年首次获得国家文物局考古发掘领队集体资质。有开发房地产的资质，只是政府允许你可以组织盖楼，但事实是不一定有楼可盖，地皮运作是更激烈的博弈。虽然博物馆有了资质，虽然填写了繁杂的审批公文，但申请批不批准还是未知数。

逐层同省局文物处、北京文物信息中心、国家文物局考古司沟通、汇报之后，我在北京高原街的一家网吧，代表单位填报了正式的《一号坑发掘申请》。唯恐失误，我反复登录核对，很是焦虑。

3月19日，国家文物局批准了发掘计划，据说审批过程是一波三折、百转千回。4月9日我从省文物局取回执照，有抱回足球"大力神"杯的感觉。

30年了，兵马俑博物馆自1979年成立终于取得了第一份独立发掘执照，编号很吉利：考执字（2009）第98号。发掘领队是副馆长曹玮，我为执行领队。执行领队是考古界流行的一个合情不合理身份，负责现场的实际工作。2010年之后，我去掉"执行"二字。3年后，我的现场发掘工作完成，申茂盛先生把我替换了下来，开启了他持续13年的领队生涯。

"98"，就挖。无论如何纠结，如何预想了个人的得失，发掘的那点儿事终于可以发生了。动工之前，还有关键性的一步要走：4月26日—28日，发掘方案论证会召开，张忠培、徐苹芳、严文明、徐光冀、刘庆柱等20余位著名考古学家和有关领导聚集临潼。

发掘执照

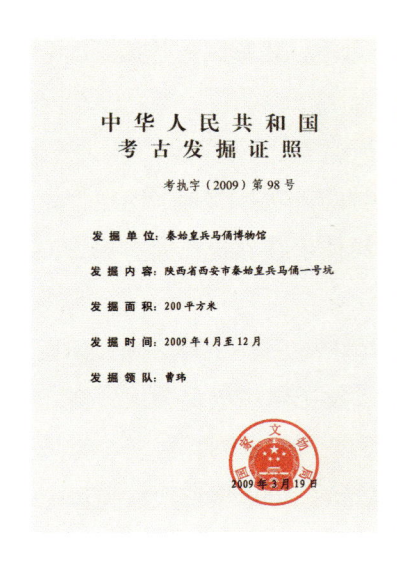

"正式场合发言，总是心跳加速，语速也快，怎么办？"

女儿说："你把我当成大人物，这两天先跟我汇报。熟练了，心就不慌了。"

母亲说："你这几天把我送回养老院吧。我自己能行。"

母亲近些年近乎失能。难得，顷刻间她清醒地给予理解。

文保预案由容波陈述，PPT结尾的动画，是一个超萌的小人冲刺撞线，全场大笑。紧张的气氛似乎有些缓解。

专家们对发掘方案没有一味附和，对遗迹、遗物的保护预案各抒己见，对现代信息技术提取资料的设想，争论激烈，抨击严厉。徐苹芳先生说："电子信息化是否适合考古工地？我觉得还是使用传统手工绘图好。"

毋庸置疑，计算机信息技术的应用，"数字考古"，是考古发展的必然方向。2011年3月21日，国家文物局等部门在长沙召开了一次研讨会，专门讨论考古工地的数字化管理及重要遗迹数字信息采集问题。那次会议上，专家们一方面都肯定数字化考古的价值和重要性，认为数字化是一种趋势，对于考古资料管理、展示以及研究等方面将会产生很大的推进作用；另一方面又提出要实现考古数字化面临的一些现实问题，如成本过高、是否足够实用和安全、是否简单便捷等。此外，大家对于"数字考古"是否要进行标准化建设，以及需要对哪些方面进行标准化建设有着不同看法，对于"数字考古"概念本身，专家也是仁者见仁。在遵守田野考古规程的基础上，把握好考古现实的需求来逐步推进数字化考古则是大家的共识。

一号坑新发掘方案中的电子信息化设想，主要是信息采集和管理方面。当然，我们也明白，数字化考古要走的路还很长，发掘方案的设想只是探索。

张忠培先生被尊称"张大帅"，属吉林大学考古专业师爷辈。大帅性格直爽，批起人来不留情面，尤其是对吉大的毕业生。先生在会下约我谈了几个工作具体细节，对俑坑堆积的地层做了询问。先生认为这里"树大招风，以你的资历，还是做执行领队更好"，不赞成多种遗迹大量提取标本，"提取后，难保存"。

论证会上接送专家的司机是一位老邻居。坐上他的车，我突然想起他说过的一句话："要人看得起，记住就别做让人看不起的事。"

那一刻，我想这位大哥是理解我的。张先生更预测到我作为小人物将要面对的压力。

论证会之后，反复酝酿，最终确定了具体发掘区域为一号坑东北侧，原编号T23的中部，面积为200平方米，包括两条过洞和两条隔墙。长远计划是用5年左右的时间，有目的、逐渐地完成一号坑北侧约2000平方米的发掘，最终贯通东西。

发掘点不是我个人最希望的区域。围棋讲"金角银边草肚皮"，一枚棋子放在不同位置，效率不同。俑坑西南角远离游客参观的主要路线，干扰少，以前又从未涉及过，拓荒有新鲜感，有助于查清俑坑首尾两端建筑形式、陶俑排列的对应，学术意义更强。

人在组织，身不由己。不仅不由己，还得和队友做解释。组织决定发掘区是T23中部，自然有他们的道理。

5月，多方联络后，工人逐步到位，先是一色的娘子军——吴红艳、和西娥、

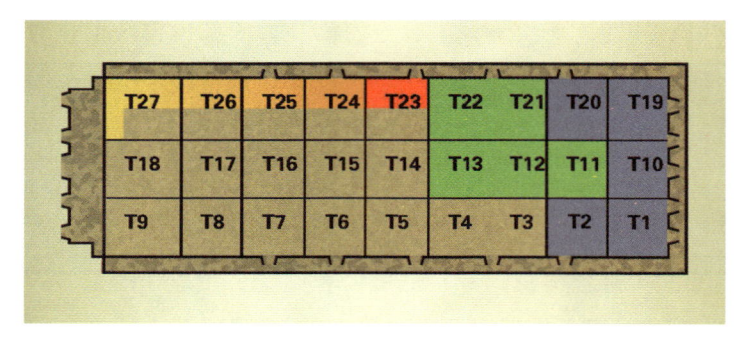

一号坑发掘区域示意图

一号坑经过三次正式发掘。1978—1981年发掘最东部T1等范围，面积为2000平方米；1986—1987年，发掘中部T11等范围，面积为2000平方米；2009—2023年，发掘T23等范围，面积为400平方米。T即考古探方。把发掘区划分为若干相等的正方格，依方格为单位，分工发掘，这些正方格叫"探方"。

杨爱荣、孙秀霞，她们从20世纪70年代开始参加俑坑发掘，是考古队的老人。靳欣艳，大学中文专业毕业生，"80后"，年轻，文化程度高。2010年春，近60岁的杨靖毅从其他工地退下来，没谈待遇薪资，我对杨师傅说了一句话："欢迎加入，你是娘子军中的党代表。"

全国考古工地发掘协助人员一直都有"3860部队"的绰号，工资待遇低，工期不固定，用工来源多是妇女和60岁左右的老年男子，用工困难，没办法。

2010年之后，李杰、孙双贤、孙坤三位高校毕业生加盟，另外，何媛盟、李帅、邓普莹、张燕、陶贝娜、杜学静等学生短期实习，姜宏伟画师做兼职协助绘图。"3860部队"建制基本完成。

很遗憾，李杰、孙坤两位小伙子在能独当一面的时候另觅高枝，"长安米贵，理解万岁"。离别送行，同龄的女孩子颇为伤感。但我很开心他们能飞得更高，也希望未来当他们以观众的身份站在发掘区以外时，指着陶俑能自豪地说，"这个俑是我挖的"。授人以鱼，不如授人以渔，我已经把对文物工作的一种情感传给了他们，这是我的自豪和笃定。

20世纪80年代俑坑发掘停止后,俑坑大部分区域进行了保护性回填,因展厅多年漏水,局部覆盖的塑料布已被水滴穿透,造成大面积霉变。揭开塑料布的瞬间,一个"惨"字是全部感受。

保护性回填,就是用土把已经发掘的地方再覆盖起来,以避免暴露条件下的风吹日晒。所以,我带领工人首先要做的事是把回填土清理运走,这是纯体力活。

就像一所久未居住的房间,一脚踏入便尘土飞扬。工人每天下班的首要任务就是洗脸、洗鼻子。为了不影响参观的正常秩序,回填土只能在晚上游人散尽时清运出坑。眼看开工吉日来临,将回填土全部清运出坑的计划只能改变。

"姐姐们,今天开始,晚上加班一律把自己的老公带来。"

"为啥?"

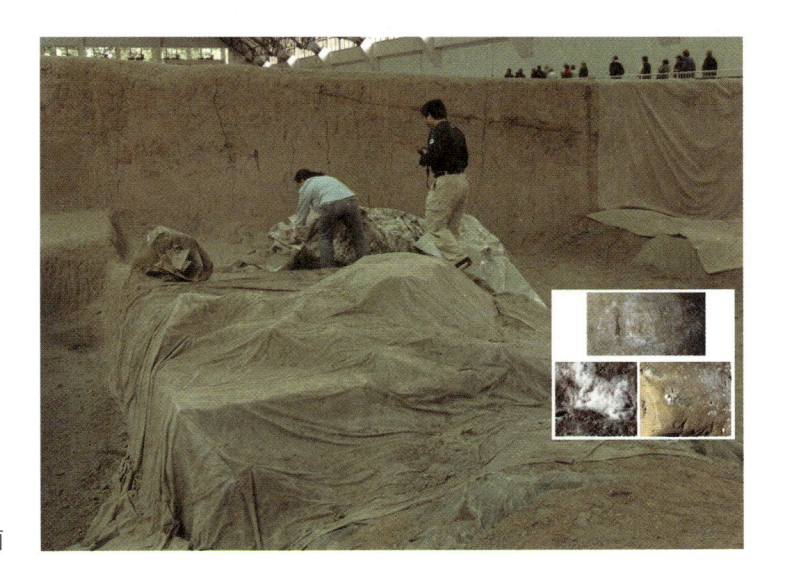

回填土层滋生的霉菌

出土

为了不影响白天游人参观，回填土清运只能在闭馆后进行。

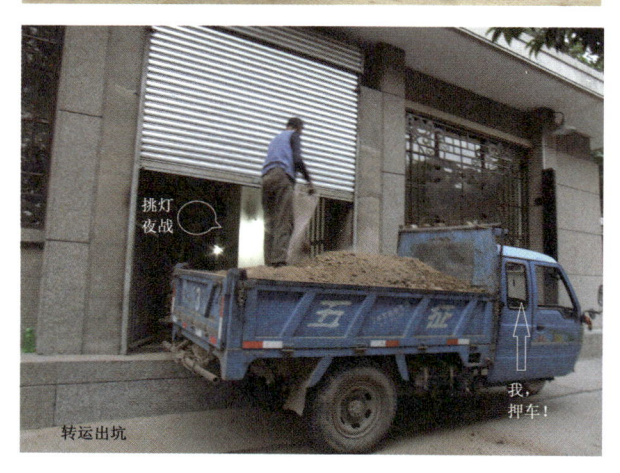

喷水降尘

装袋

装袋

转运出发掘区

挑灯夜战

转运出坑

我，押车！

"干完活太晚,我操心你们回家路上的安全。"

家属来了,当然不能袖手旁观。"姐夫们,站在大门口负责接土袋子吧,明天带上照片办理出门证。每晚都得来,工资按照一次30元算。"壮劳力增加后,每晚拉土400多编织袋。这次的执行领队与很多年前的不同,因为安全制度规定,我执行到必须自己亲自押车运土。这应该能算是兵马俑考古工地的一个奇观了。

5月27日晚10点,淅淅沥沥地下起了小雨,拉土车陷在草坪动弹不得,望着漆黑的夜幕,我的心就像压了一块钢板……憋屈、沮丧,我真想喊一声:请对愿意卖力干活的人多点儿仁慈!

这发自心底的呐喊啥意思?我想有人会懂。

2009年端午节,栏杆外有个童声大声喊:"谢谢你们,你们好辛苦!"我瞬间热泪盈眶。

理解万岁!谢谢家人的体恤,谢谢外围科室的支持,谢谢"3860部队"后方家属的援手,也谢谢端午节时天真孩童的天籁。

第二节 盛大的开工仪式

从2006年起,每年6月的第二个星期六为中国的"文化遗产日",中国文化遗产图标是出土于四川成都金沙遗址的"四鸟绕日"金箔饰,四只神鸟围绕着太阳飞行,代表"天人合一"思想。

2009年6月13日,第四个中国"文化遗产日",年度主题为"保护文化遗产、促进科学发展",秦始皇陵兵马俑一号坑第三次正式发掘启动。保护文化遗产,不是让遗产静止地一直沉睡下去。怎样不沉睡?我从领导的讲话中听出了弦外之音。启动仪式上,分别有景俊海副省长、赵荣局长、吴永琪馆长讲话。吴永琪馆长作为单位法人代表,首先发言道:"当我们躬身于秦俑之侧,扑面而来的竟是中华民族祖先遗留至今的华章光彩。我们应该是与秦始皇在同一个空间观赏兵马俑,只是时间跨越了两千年。"

吴永琪馆长从1978年开始和兵马俑"朝夕相处",已有30年。他被誉为秦俑

中国文化遗产图标

馆的"首席导游",亲自接待并担任讲解的国家元首、政府首脑有60多位。1998年6月,他为时任美国总统克林顿及家人讲解。一开始,克林顿不苟言笑,10多分钟后,克林顿开始进入角色,不断提问,等到后来下坑时,这位美国贵宾已完全变成一个兴奋不已的游客,他说:"我也想在这里做馆长。"

吴馆长曾对记者说:"虽然守护了秦俑30年,与之亲密接触了30年,可是每一次看到,心灵仍受到冲击,感到震撼。不管世事如何变迁,这种来自中华民族古老而伟大文化遗产的震撼,从未改变。"

6月13日,当我听到吴馆长这句"时间跨越了两千年",马上与之产生了共鸣。没有真心的付出,就不会有此番时空跨越之感,不会有此般民族自豪之情。新发掘,我希望是千年之约的旅程。

装订在镜框内的考古发掘执照,由陕西省文物局赵荣局长颁发。对于发掘工作,赵局长强调了"科学、严谨、

启动仪式会场

示范"的六字方针。六字方针，我听出了丰富的弦外之音。

何为科学？科学即反映客观规律的分科知识体系。考古学英文为Archaeology，属于人文科学的领域，在中国是历史科学的重要组成部分。通过发掘和调查古代人类的遗迹、遗物，结合传世文献，研究古代社会的物质精神文明。发掘是学科的研究手段。科学不仅存在于揽月的航天，也存在于入地的考古发掘。

何为严谨？《礼记》说："谨于言而慎于行。"荀子说："君子敬始而慎终，终始如一，是君子之道，礼义之文也。"工作者手下将要触动的是幸存了两千多年的古迹，吃的是祖宗饭，谨言慎行，有始有终，从蛛丝马迹中得出物质、精神文明的精髓。不能瞎干，不能乱说。

何为示范？就是做出榜样，供人们学习。兵马俑，名气大，一次我外出到贵州，和出租车司机一聊，他就把车费免了。出租车司机撂下一句话：春节去兵马俑，找你们！现在为了申遗，各地政府使出吃奶的力气，2012年冬季我路过汉城遗址，只见整村拆迁，到处是残砖碎瓦，为了汉城遗址申遗。兵马俑申遗，填份表一交就齐活，第一批列入世界遗产清单名录，牛！兵马俑博物馆，国家5A级景点，全国重点文物保护单位，近8000件陶俑，上万件兵器，这是千古大帝秦始皇的实力，是老祖宗的光荣。文物大馆等不等于是文物强馆？文物大馆做的考古发掘项目有没有标杆、表率作用？

随着景俊海副省长宣布开工的号令，记者纷纷占据最佳机位，考古人员进入工作区域，一场硬仗要开战了，对我，对博物馆，都再不可能有回头箭了。

从年初筹备到此刻，近半年的时间，"群众演员"每一天都在忙于应对各种突发事件。人员调配不畅时，我甚至曾以内急告急。北京《法制周报》记者黑克的采访问题之一是："许队，你怎么不喜欢喝水？"我不假思索地回答："没法上WC。"2009年6月16日，一位朋友调侃我说："看你开工那天穿的鞋，鞋边真白，一点儿土都没沾，为上电视才买的吧？"我们夜间加班拉土，背起土袋，如大寨铁姑娘；白天清理，挥动手铲，如蚂蚁搬大山。之后的400余天，那双工作鞋的鞋底早已磨透。从执行领队到领队，到发掘报告的主笔，我过得实在不轻松。

首先是面对质疑，强化抗打击的能力。

"她凭啥做领队？"我不止一次听到过这种质疑的转述。虽然可以一笑了之，也可以用外交辞令：最终解释权在国家文物局，但质疑意味着不被接纳、不被尊重，无论对谁都是一种伤害。

考古领队是一种从业资质，首先要具备一定的硬件条件，再提请本单位、省文物局、国家文物局逐层审批。发掘项目期间，所有与项目有关的事宜都归领队负责。权力不大，责任不小，尤其是项目终结后，发掘质量更是试金石。领队不是领导，不是法人，领导是在文件上画圈的，领队是保证圈圈完整闭合的。我的领队资格从2003年起，编号2603038，国家文物局网上平台可查。

其次是从幕后走向台前，改进与公众沟通的能力。

在第三次发掘的启动仪式上，中央电视台、陕西电视台等10余家媒体，对仪式进行全程直播，省内外40多家新闻媒体150余名记者参加了新闻发布会，活动进行得轰轰烈烈，观众频频驻足。央视直播累计时长1小时20分钟。同时，北京、上海、天津、福建、江苏、广东等9家电视台也利用陕西电视台提供的卫星信号进行了直播报道。新闻关注度五颗星。从此以后，我意识到所谓"鸡同鸭讲"，没有智商的高低，只是不同群体之间存在语境障碍。那些诸如"探方""关键柱""层位"一类的术语，我以为像"1+1=2"般简单，但记者听得一头雾水。

然而，最难以克服的问题还是设备的短缺。启动仪式当天，我在现场协助电视台工作，看着直播的拍摄摇臂，真心羡慕，心中暗忖："将来要是能借用一下拍发掘全景照片，那就好了。"

考古发掘中，常需拍摄工作区的全景。一般野外可以动用小型飞机航拍，有时用热气球或氢气球。一号坑发掘现场由于是在室内进行，这些手段全不适用。后来，同伴们在我的忽悠下，爬上大厅顶部钢架解决了这个问题。这是后话。

第三节　备受关注的"寻史之旅"

第三次发掘再次撩动公众心底有关秦俑、秦陵的猜想，也再次点燃了公众对考古的关注与热情，考古工作以从未有过的近距离真实呈现在大众眼前。自19世纪末20世纪初近代考古学传入，近些年，新闻媒体对重大考古发现的竞相报道，也使得越来越多的人对考古产生兴趣。考古学与人民大众的关系，在资讯发达的今天，受到越来越多的重视。第三次发掘启动仪式上媒体的介入，是博物馆进行公共考古宣传的一次尝试。

随着序幕的开启，报纸、网络等媒体转载了相关消息并持续传播。一时间一号坑发掘成了网络热词，似乎我也成了"名人"和"大忙人"。

"你能不能关机啊？"下班回家后，不停有采访电话打进来找我，老父亲抗议了，女儿和姥爷击掌表明了自己的立场。

"最后一个问题：请问发掘被聚焦成'五大亮点'，央视说'值得期待'，您怎么看？"记者穷追不舍。

媒体总结的五大期待，不妨引录如下。

期待一：精美彩绘俑。如果被挖的区域不全被火烧过，人们很有可能会看到精美的彩色兵马俑。

期待二：秦国兵器再现光芒。不久前，秦兵马俑博物馆专家历时一年多，将2000多年前的一件兵器"戟"修复如初，"戟"依然锋利无比。而在一号坑内，除了戟，弓弩、青铜剑等兵器数不胜数，此次发掘还可能发现其他武器。

期待三：能否发现文职"军师"。在一号坑内，6000多件兵马俑全部皆属"武"类，居然没有一个是文职人员，难道偌大的军阵只有"武将"而没有"军师"吗？考古学家、半坡遗址发掘主持人石兴邦说，发掘区域应该是考古专家已经探测好的，应该会有兵马俑出现，也可能会出现"文官俑"。

期待四：是否有"外国人面孔"。既然有"洋劳工"，那么在秦始皇的"军阵"中，也不排除有外国人面孔的可能。

期待五："绿脸俑"能否再现。已经发现的几千个兵马俑中，其中"绿脸俑"备受瞩目，与其他陶俑呈粉色或肉色的脸孔不同的是，该俑至今脸呈绿色，有人戏称是工匠们的"恶作剧"。那么，此次发掘会不会有更多"绿脸俑""蓝脸俑"出现呢？

"发掘不到最后结束的那一刻，工作者真不知道会出现什么，或许正是这种不确定性，才是职业的魅力。"我只能这样回答。

搜狐新闻2009年6月12日进行了一次民意测验，2万多名网民参与了投票，其中"最期待挖出宝物越多越好"的比例居于榜首[1]，"支持打开秦陵（秦始皇地宫）"占了64.2%。泼瓢凉水，尽管支持打开秦陵地宫的得票居高，前文已经说过，大部分考古工作者今生笃定："唯愿不见秦始皇。"对宝物，每个人都有自己的标准。此后3年，不，是整整13年，我、接任者申茂盛老师，以及团队伙伴的所见所得，一直被我们自己挂在嘴边的"俺家宝贝"，不知道对公众来说是失望还是满意。

网络传播显示了"新闻我来评"的威力。2009年6月17日腾讯网转载《南方日报》的一篇文章《专家激辩是否应该大规模发掘兵马俑》，206人发表评论。2009年6月15日网易论坛一篇《秦俑发掘遇难题，彩俑出土5分钟会脱漆》的报道

---

[1] http://news.sohu.com/20090612/n264488838.shtml：《秦兵马俑明日第三次发掘 五大亮点值得期待》。

引起了193条跟帖。

大量的报道将这次正常的考古业务活动与经济发展挂钩，宣称秦兵马俑即将迎来一个"考古和旅游"的双重兴奋期，预言一号坑发掘是"吸金亮点"。

凭博物馆已有的名气，不"炒"已经是世界闻名，地球人都知道"秦始皇陵兵马俑"，再"炒"也不会震惊银河系。对我个人而言，喜欢的是幕天席地的考古生活，更眷恋广阔天地里那些考古处女地的魅力，最难忘丹江边、橘树下，夕阳西下，坐在探方边看守工地时的安逸。名人、大忙人，调侃也好，羡慕也罢，从开始接手这次发掘任务，我根本没有想过以此次发掘而成名。

兵马俑的挖掘工作引起了巨大的关注，在这种环境中开展工作，各方面都有很大压力。这份蛋糕怎样焙烤才能让方方面面都满意？

领导是负责在项目上画圈的，这种压力也要承担。领队是负责把项目的圈画圆的，这种压力必须承担。再说，作为项目的主要负责人，替领导分担压力，也是天经地义的。

考古发掘是为了弄清一些事，解释问号，满足人类的求知欲。古罗马哲学家西塞罗有句名言："不知道自己出生前的事情，我们就会永远停滞于孩童阶段，假使没有历史记载，我们的生活不能与祖先的生活融为一体，人生有何价值可言？"很多古代历史确实没有文字记载，人类要想知道自己出生前的事情，必须寻找实物证据。实物证据唯一的来源是考古工作者从地下发掘出来。

历史信息是无价之宝，作为一名考古工作者，最反感有人问一件陶俑值多少钱。我真的没想过，也不知道行情，研究秦俑一辈子的老前辈肯定也回答不了。鉴宝节目上出镜估价的专家，基本上都不活跃在田野发掘第一线。考古工作者对待自己发掘出的文物，就像是亲手养大的孩子，亲生父母不会把自己的骨肉待价而沽。2006年我在河南卫辉发掘古墓葬，当地村民对考古队的称呼先是"挖宝的"，后来改为"挖古的"，让我很是触动。民众有机会接触一次真正的考古发掘，对考古一定是更加敬重。高调亮相所引起的震动，既是情理之中，又是预料之外。面对质疑，不管受体是对这座"明星式博物馆"，还是久经沙场的主要领导，抑或是从未想过要主持俑坑发掘的小领队，怎样顶住压力、"Hold"质疑？

领导讲话定调，网友众说纷纭，但我明白接下来要做的事得靠自己。启动仪式当天，我的日记首行内容是"6：30至同事家借熨斗，以防大家工作裤边需裁剪"，尾行文字是"新闻发布……直播……累极致"。

开弓没有回头箭，只能是：咬定青山不放松，任尔东西南北风！

第四节　无心插柳的挖掘模式

曲高和寡，一直是考古工作的基调。一号坑第三次发掘过程，采取了发掘与展出同步进行的工作模式，迈出了考古发掘钻出象牙塔、改弦更张的第一步。

实际上，选择这种模式属于"无奈之举"，因为本身具有不可移动的特性，从兵马俑发现之初，同步进行的模式已经大张旗鼓地进行。

1976年5月14日，时任新加坡总理的李光耀来华访问，成为目睹奇迹的第一位外国首脑。当时，博物馆的建馆工程正处于紧张时期，为了满足他的愿望，考古人员将已回填的一部分陶俑重新清理出来。

李光耀总理带着40多辆国宾车队，缓缓进入参观场地，那时候外国人少见，十里八乡都赶来看稀罕。老李看秦俑，临潼人民看老李。李光耀是华裔，围观的群众当时估计挺失望，李老头没啥好看，除了衣着鲜亮。老李没失望，不虚此行。第二天报纸纷纷登载李光耀参观秦俑馆工地的消息和照片，并引用了他对兵马俑的评价——"这是世界的奇迹，民族的骄傲"。这次报道，在国际上引起了极大的震动，国外友人接踵而至。

有朋自远方来，不亦乐乎！1978年9月，身为法国总理兼巴黎市长的希拉克来华访问，在时任副总理邓小平的陪同下，希拉克参观了秦始皇陵兵马俑并从内心发出由衷的赞叹："世界上曾有七大奇迹，秦俑的发现，可以说是'第八大奇迹'了，不看金字塔不算真正到过埃及，不看秦俑不算真正到过中国。"从此"世界第八大奇迹"成为秦始皇兵马俑的代名词。

1979年4月9日，时任中共中央副主席、军委副主席叶剑英元帅出现在发掘工地。疾风知劲草，板荡识诚臣。1917年，叶剑英元帅考入云南讲武堂学习，开始了自己的军旅生涯，在重大关头三次挺身而出力挽狂澜，为党和人民的事业建立了不朽的功勋。也许是出于一种军人的情怀，在参观结束后，他欣然为秦始皇兵马俑博物馆题写了馆名。

1979年9月，丹麦女王玛格丽特二世到西安访问。在一号坑参观时，她突然提出要下坑观赏，通过协商，接待部门破例满足了她的愿望。她兴奋地穿梭于数百件已修复的兵马俑之间，激动地说："我搞了几十年考古，也到过欧洲许多国家的考古工地，从来没有见过这样振奋人心的场面，这里的一切给我留下了永恒纪念。"

玛格丽特二世是一名考古学家。随后到现场参观的泰国公主诗琳通也是一名考古学家。女性贵族从事考古学的还真不少。考古界流行一句俗语"天下考古是一家"，考古工地同行之间互访司空见惯，彼此之间都尽可能提供方便。秦俑坑被称为"考古学家的天堂"，玛格丽特、诗琳通两位贵族莅临发掘现场，"穿梭于"兵马俑之间，应该算是和中国同行之间的学术交流，但社会影响有限。

至1979年开馆前，秦始皇兵马俑博物馆参观人数已达40多万人。特别是附近驻军在奉命组织召开的军委"四七"会议期间，两天之内，各军区、军分区及师以上领导前来参观的共计有2000多人[①]。这种轰动堪比者似乎只有一例：1972年长沙马王堆汉墓发掘。因为出土了"老太婆"——保存完好的女尸，西汉初期长沙国丞相利苍之妻。

脸熟好办事。兵马俑坑发掘工作迅速赢得强有力的政策支持，遗址博物馆建设获得立项，各项经费迅速到位。

对比30余年来秦俑发掘走出象牙塔，实行与展出同步的模式，有非常明显的发展轨迹。当初发掘只是"兼顾"宣传，内容侧重展示考古成果，有点像"亮宝"，受众群体"贵族化"。今日发掘、宣传两条腿迈步，宣传的内容更加侧重学科流程的展示，受众群体"平民化"。买张门票，栏杆之外随便站，再有媒体

---

① 杨正卿：《庆三十华诞 忆创业岁月》，《秦始皇兵马俑博物馆开馆三十周年纪念文集·回顾篇》，三秦出版社，2009年。

不请自来采访，宣传内容越来越多，花样形式越来越多。这些反映了工作的进步性。

当然，万事有利必有弊。发掘、宣传并举的"高调"背后，考古工作者首先不可避免地要面对"潜规则"，因为媒体需要满足民众对兵马俑探秘的兴趣。借助媒体开展的公共考古宏观的实践，尤其是直播现场考古"办公"做结论的治学方式，对考古学无疑是一种伤害[①]。如老山汉墓发掘直播现场，体质学家被要求马上回答出骨骸的性别、年龄，这些都不是科学的做法。说穿了，不过是考古现场的"真人秀"。我和我的同伴经常被"作秀"折磨。虽然不需要现场回答问题，但各种"摆拍"令人厌烦。

同步展出的另外一项内容是配合贵宾接待。这一"同时"模式附属的子项目，不好做，尤其是一级接待。贵宾到达之前，安保部门要清场，这些人也是职责所在，又不知道我们的身份，会对着发掘区呵斥："你们是干吗的！赶快离场！"

被训斥时，伙伴们都把目光转向我。

"第一，有话礼貌地说，我们不是罪犯。第二，专门安排展示发掘情景，你确定要我们离场？"之所以顶撞安保人员，是因为我们太需要被尊重了。

发掘钻出象牙塔，负面的影响不可否认。公众个人的素质和感悟能力良莠不齐，世俗化的导向显然增加了考古工作者的心理压力，使得决策者和发掘者"如履薄冰，战战兢兢"。尽管发掘区的显著位置摆放了"请勿拍摄""感谢静观"等警示牌，但来自一栏之隔的喧嚣，"到此一游，拍照留念"的欲望，使得静心工作成为发掘人员必须修炼的功夫。闪光灯的此起彼伏甚至严重干扰彩绘遗物的影像拍摄。

钻出象牙塔，不足之处多多，如实际的宣传效果。尽管现场展示的考古信息非常丰富，但对非专业人士来说，看懂现场的遗迹、遗物、工作程序十分困难，发掘区更多的考古信息因观众的视线无法到达而被"屏蔽"。仅就现场发掘流程的展示而言，也是不全面的、片段性的。对于流动的游人来说，所遇见的只能是届临

---

① 熊焰：《解析考古新闻"秀"》，《新闻前哨》2002年第4期。

现场的一瞬间情景，发掘所经历的漫长过程只能保存在影像资料和工作者自己的记忆中。这块宣传阵地完全交给导游的从业水平和游人的自我感知，弊端显而易见，展示手段平铺直白，内容残缺，公众难以形成完整的体验，无法取得公共考古实践的应有效果。

对公众的宣传模式，我尝试做点儿改进。我与领导有段对话，或许能体现当时的一些苦衷。

我问："能不能在现场不定期地开展一些公众参与的发掘活动？"

领导答："不能，这里一直游人不断，发掘面要有良好的秩序。"

领导答："不能，这样做的安保隐患太多。"

秦俑陪葬坑的考古发掘，其行政管理体制在国内比较特殊，它隶属遗址博物馆的业务范畴，公共考古实践活动更多是由博物馆其他职能部门分担。有学者在研究博物馆学与考古学间的辩证关系时将两者喻为"一对冲突的孪生胞"（The Conflict between the Museum and Archaeology），如何把公共考古学和博物馆学融合在一起，有待正确认识。

英国考古学家M.约翰逊（M. Johnson）曾经说过，考古学家和废铜烂铁收集者之间的区别在于，我们要用一套法则将现象转化成对过去有意义的解释。过去和现在之间有一条鸿沟，需要考古学家建立一座连接的桥梁，这座桥梁就是用来阐释的理论与方法。完成秦俑遗址保护由发掘到展示的完美结合，建立"同时"模式下的桥梁，真正钻出象牙塔，任重道远。

第五节　过程坎坷，但永不言弃

工欲善其事，必先利其器。（《论语·卫灵公》）

发掘期间，高科技设备奇缺。根据政府财政规定，超过千元的设备购置必须在前一年10月前上报预算，来年3月后经省财政审批，之后才能通过政府采购置办。

2008年10月前,秦始皇帝陵博物院还没有获得国家文物局批准的集体发掘资质,谈不上申报一号坑发掘项目发掘预算。2009年3月前,秦始皇帝陵博物院刚刚获得集体发掘资质,没人能预料一号坑第三次发掘申请是否能获得国家文物局批准。只能说这是一个创造奇迹的时代吧,有了设想,申报一路绿灯。然而,财政预算与政府采购不在开启绿灯的路上。

面包会有的,一切都会有的!我们一定要有革命乐观主义精神。遇到困难时,我脑海里总会浮现出电影《创业》中铁人王进喜说的那句话——有条件要上,没有条件创造条件也要上!

队友小白自己动手改制超低度三脚架,吭哧吭哧地在小板凳上钻眼,大功告成后,特意在凳面上留言:"现场需拍摄,及时联系137……"小白邀我观赏杰作。我不敢和他那双纯净的眼神对视。对不起,我没有能力解决大家工作的必需品。我弄不来高配的相机,弄不来超容量的移

自制低空架

小白本名赵震,专门负责发掘现场拍摄。2020年,他受邀成为《国家宝藏》节目的国宝守护人时说,拍陶俑就像在拍人像,看着陶俑的眼睛仿佛"能感受到他的呼吸"。

动硬盘,更弄不来互联网。但我确信,物资、理解、支持……一切都会有的。

工利其器很重要。2010年,在馆领导的关注下,一号坑发掘所需的设备逐步到位。5DII相机、双核苹果、取色器,系列办公用品慢慢配发到位。翻看现场发掘照片,从最初的富士,到后来的佳能、5DII,高科技就是高科技,效果显然不一样,电视台摄像说"视频有胶片机的质量"。在一次汇报工作成绩时,我还从馆长那里"讹"了一台索尼笔记本。

王于兴师,修我矛戟,与子偕作!(《诗经·秦风·无衣》)

一驾马车重曳下前行。说实话,我没有精力和一切人事矫情,拉上这驾车,不前行也不行——拦路虎已经纷至沓来。

揭开以前发掘后覆盖的塑料布,映入眼帘的是一处遗迹堆积异常区。这个堆积异常区,是一道划分地层堆积的试题,直到8月28日才找到了准确的答案。先是发现了石块堆积,后来继续下挖,出现了明确的、形状规则的长方形洞口,我才恍然大悟:这是一处后期破坏的遗迹单位,考古学术语是"扰坑"。

"发现扰坑一处,编号H1,包含物有原属于俑坑埋藏的器物。"我在日记中写道。从前到后,对H1的发掘历时一年半,文字记录前前后后有三句大喘气的话。考古发掘有时需要"大喘气",现场办公是草率的代名词,这不是自辩的托词。

H1出土遗物的来源包括两部分:其一原本属于俑坑,有易燃、易腐朽的漆木质器物,这些物件在被扰动时尚未发生质变,保存了比较完整的状态,没腐烂,还能拿起来,说明被扰时间距俑坑填埋时间不远;其二为扰坑回填时混入的杂物——石块、席子印痕的烧土块和陶俑残片,是后来人一看没用的废弃物。

这是目前为止兵马俑坑遗址发现的最早的地层破坏关系之一,和二号坑的焚烧点同时期,早于打破一号坑建筑的墓葬。从H1包含物分析,盗扰时间在秦末汉初,俑坑建设完成不久。填埋时间不好说,因为第一拨人也许把坑没填满,草草了事,土虚,一下雨又是一个坑,第二拨人还得再垫土,再填,如此反复,具体次数难以明确。

H1面貌

H代表灰坑。考古发掘中把古人开挖的坑状遗迹统称为灰坑。

我一直没怀疑过前辈们进行的发掘会出现地层划分失误，甚至忽略了兵马俑坑遗址中会包括地层打破、叠压关系。无独有偶，再观察以前的发掘区，申茂盛先生在东部的土台上发现半个车轮，木质辐牙轮廓尚可辨，说明木车是在尚未腐朽亦未被焚烧前发生了移位。

十分庆幸有领导们运筹帷幄，我只需要面对地层堆积出现的异常。由于采取了发掘与文保同步的模式，四名文保人员加入，为发掘现场保驾护航，我减负不少。相对于开始时发掘设备的不完善，文保仪器确实显得高端。

遗迹、遗物长期处于一个深埋、无光、缺氧、潮湿度相对稳定的平衡体系中，已经待习惯了，发掘出土后，它们突然换了新环境，"水土不服"现象会非常严重，紫外光、环境中飘浮的大量微生物孢子、昆虫虫卵等都会造成其"跑肚拉稀"。为了减少遗物因环境突变遭到破坏的情况，现场进行应急的稳定性处理，使其得到及时的科学抢救性保护，使遗物实体及其所携带的各类信息全面、安

移位的木车轮

车轮是战车的一部分，当初应陈放于过洞军阵中。现存位置的异常是人为扰动造成的结果，反映出俑坑建成不久，即发生过某些破坏事件。

全、完整地保存下来。

发掘与文保同步，强调"以防为主，防治结合"的理念。为了防止和减少文物"水土不服"，主要工作内容有两条：一是设法控制环境突变，二是及时对出土遗迹、遗物进行稳定性处理。因此，文保人员就像是"120"急救中心的急诊医生，迅速输氧，挂针，通过实施现场应急抢救，为进一步诊治抢夺时间。

正式开工后不久，发掘现场安装了 Testo Saveris 环境监测系统。系统硬件包括三部分。一种像烟盒大小的仪器，下端有探头，上端有发射天线，专业名是德图 Testo Saveris 无线探头和以太网探头。一种外形似收音机，表面有 LED 的显示屏，顶上也有一根天线，是 Testo Saveris 基站，实现数据的收集和传送，并可以通过 LED、SMS 短消息和继电器输出的方式发出警报提示。还有一种是功能模块路由器，能使用无限长时间，也能用电池来运作。在一个系统中，最多能用15个路由器，每个路由器能转发

呵护

文保专家容波（右）对陶俑彩绘实施现场保护。

最多5个无线电探头的信号。

看着文保组安装的这些仪器，"土行孙"们很是好奇。

"这个'心脏'不错，能看时间，到点下班，一目了然。"

"文保玩的是高科技，发掘啥时也能摆脱'掘地三尺'的'土行孙'呢？"

"别Out了，'863'物探不就是考古的高科技吗？机器人也能钻进埃及法老墓室。"

"863"项目是2003年科技部组织的一次考古勘察项目，利用遥感与地球物理综合探查技术探查地宫布局、陵区建制，取得的科学数据与传统的洛阳铲核对，有一定的准确性。但这种技术对兵马俑坑的发掘没用。

调试好设备，负责人容波最后强调了环境控制的重要性，并叮嘱说："桌上的仪器，可千万别叫人瞎动。"

稳定性处理，包括对遗迹、遗物的杀菌和预加固。一号坑陈列大厅每天人流量大，空气对流性差，夏季5月闷

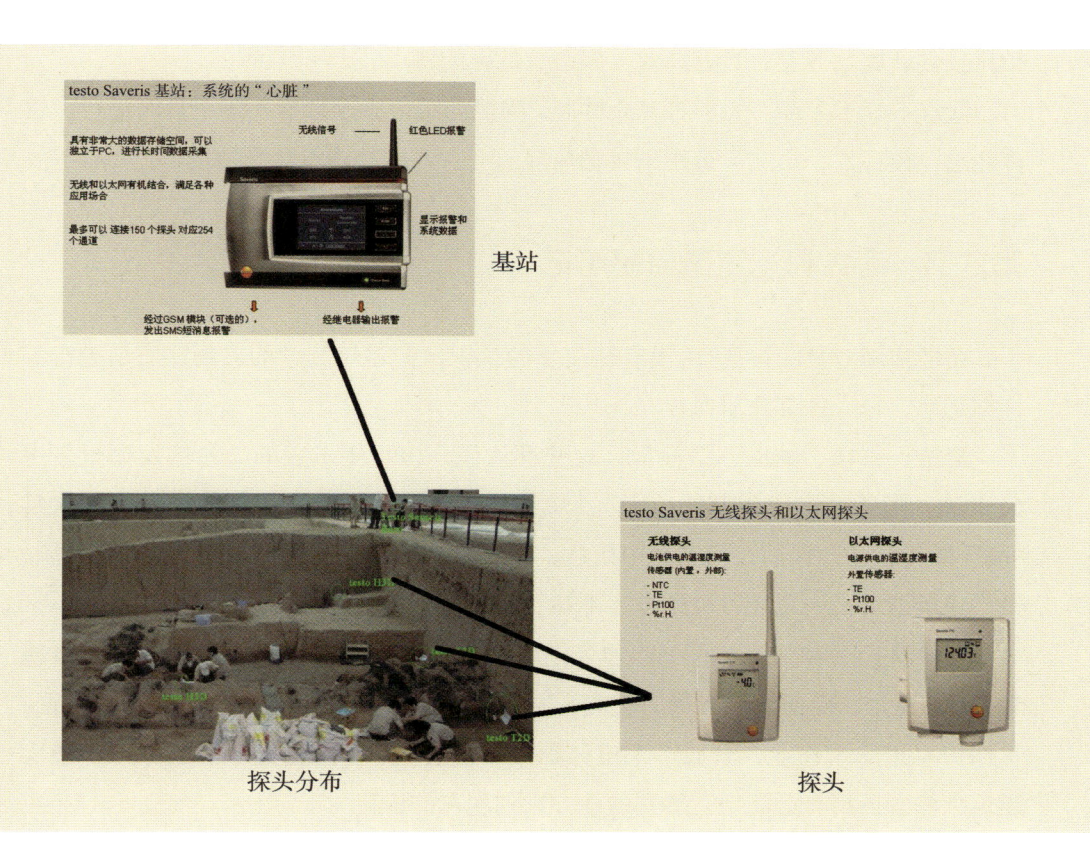

testo Saveris 基站：系统的"心脏"

具有非常大的数据存储空间，可以独立于PC，进行长时间数据采集

无线和以太网有机结合，满足各种应用场合

最多可以连接150个探头 对应254个通道

无线信号 —— 红色LED报警

显示报警和系统数据

经过GSM模块（可选的），发出SMS短消息报警

经继电器输出报警

基站

探头分布

testo Saveris 无线探头和以太网探头

无线探头
电池供电的温湿度测量
传感器（内置、外部）：
- NTC
- TE
- Pt100
- %r.H.

以太网探头
电源供电的温湿度测量
外置传感器：
- TE
- Pt100
- %r.H.

探头

Testo Saveris 环境监测系统

第二章　新一轮发掘开始了　　059

热潮湿，发掘面很容易生霉，喷洒了几天复配防霉剂，现场大量的霉菌很快得到抑制。

工作人员说："复配防霉剂研制历时8年时间，获得2005年国家文物局文物保护科技创新奖二等奖，具有高效、广谱、低毒的特点。"

低毒不等于无毒，为了对观众负责，喷洒防霉剂必须选择下午下班时进行。也许经过一夜挥发，第二天近距离接触药剂的考古人员身体不会受到侵害。

第六节　考古日记不是盗墓笔记

在最初面对H1时，尽管没有层位学的认识，但对于其中的遗物，还是进行了详细记录，每一件都入册保存。

箭镞、铁锸、铁凿、铁栓板，这些都认识，1998年发表的一号坑发掘报告中公布过。陶釜，古代陶制的"锅"，炊具，敛口、圆唇、圜底，作为另一种炊具"鬲"的代替品，以前在秦墓葬中挖过。唯独那件摆放在表面的大石件，在秦陵园、秦代建筑遗址……总之，没见过，不知石件是不是从H1里挖出的以及干吗用的。

石件斜长残40厘米、厚10.5厘米，内有圆形和半圆形透雕，直径分别为6.4厘米、12.8厘米，断面上有大量的凿痕，显然经过人为加工。1974年一号坑开始发掘，早期曾有过露天作业，解放军来过，翻斗车来过；后来又修建了陈列大厅，屡次建筑维修。谁都有可能把它从别的地方搬到现在的位置。

我们认真登记，放在了发掘面旁。同伴电话转述领导的训斥："就不是坑里的东西，赶快扔了去！"继而问我："怎么办，扔不扔啊？"

考古发掘遇到的任何物件，扔或存，这不是考古人要考虑后才能回答的问题。

"疯了？肯定不能扔！"

"卫红，给你看份日记。"9月10日，袁仲一老师一大早从西安赶来，掏出一张发黄的日记纸。纸上写道："T23（方）由北向南数第三隔梁上发现的石雕，附近有红陶残片（绳纹）及木迹。"字下附草图。

"这是一件建筑石构件，是1979年在地层中挖出来的。"他补充说。

石构件不是俑坑里的东西,却是H1中的东西,对H1填埋时间的判断具有一定的作用,不能随便丢弃。袁仲一老师,秦俑坑兵马俑考古发掘的掌门人,此次一号坑第三次发掘的顾问。老人家尽管年近八旬,对这次发掘从始至终倾注心血,我终生难忘。

"好记性不如烂笔头",这份跨越了30年的日记,成为一件宝贵的文物,以后一定要装裱起来。从此,我再一次感受到发掘日记的重要性,并借题对同伴们重申。

写考古笔记是考古工作人员每天必做的功课,戏称"课堂作业"。内容一般包括日期、天气、参加工作的人员,主要工作等内容,最后还要有一些初步的分析,格式要求图文并茂,有文字,附简图。2010年对新工人现场培训,为了他们便于掌握,我们把日记要表达的内容总结为7个问号:何时?在哪儿?谁?干了啥?怎么干的?结果是啥?说明了啥?

袁仲一先生的一份日记

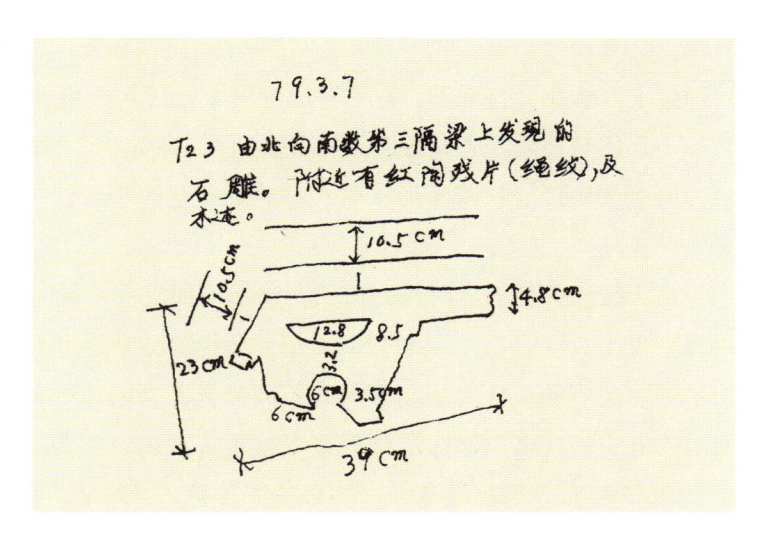

文如其人，日记也是如此。同伴们的日记，有的从格式到内容都严谨、规整，足见科班功底；有的平民化，读起来通俗易懂，如唠家常，用词诙谐，所附草图令人捧腹；有的日记简明扼要，附图适量，有很好的检索功能；有的日记，有点无面，有骨头没肉，细枝末节全被忽视。

考古发掘日记不算业务成绩，难登大雅之堂。随着考古学普及教育的开展，已有越来越多的发掘日记得以公开发表。这对复原整个发掘过程，真实体现工作人员的喜怒哀乐，展示考古工作鲜活、真实的面貌，尤其是拉近公众与考古工作者的距离，好处多多。新一代的领队也选择把日记上传网络，供公众雅俗共赏。

2010年元宵节之后，发掘深度整体到达陶俑堆积层，叠压在上层的陶片必须开始揭取、移位，才能继续开展工作。挪到哪儿去呢？

一件陶俑躺着不占地方，剔除淤泥，身体各部无处不开裂，百余件四分五裂的残片平面摆放，需要不小的场地。如果是野外发掘，可以搭建临时板房或租用村民的仓房，在这儿却有碍观瞻，绝对违章。

2010年年初，馆领导的电话再次添加成手机热键。"走，约上保管部、公安科几个主任，咱们到现场看看，今天一定解决。"在现场，吴馆长觉得T23南邻空区T14合适。

T14属于第一次发掘后回填保护部分，未来几年内没有再发掘的计划，可以暂时作为拼对场地。只是两个探方之间有一座古代墓葬，4具骨骸在以前发掘时已经清理过了。从头骨特征看，有一对成年男女，最北侧和成人之间是两具儿童骨骸，其中一具还是乳牙。成人头顶有残陶壶1件，脚下搁了陶盆。这是一家穷人，不知道为何遭遇灭门。从陶器形状看，墓葬的年代晚于汉代，提取骨骸后发现了"五铢"铜钱。

五铢钱，承袭了半两钱的形状，制始于西汉武帝元狩五年（前118），一直沿用到唐武德四年（621），历时700多年，是我国历史上使用时间最长的铸币。"五铢"二字的写法不同，代表了制版时间不同，具有判断墓葬年代的作用。目前考古发掘出的五铢钱，多以洛阳烧沟汉墓发掘报告中提出的谱系为依据。这本报告出版于1959年12月，堪称汉墓考古的必备工具书。当时精装版的定价才4.40元，现在要买原版据说上千元了。书到用时方恨少,我淘来这本发掘报告,对照书中列举的五铢钱演变谱系,初步确定了合葬墓的时代。这是我发掘一号坑期间遇到的第二例晚期遗迹打破俑坑的证据。

实际上,早期发掘中已经发现多处类似现象。这些墓葬与俑坑形成的打破关系,说明至少在西汉后期,希拉克称为"世界第八大奇迹"的兵马俑陪葬坑,已是被人遗忘的角落,平民百姓已经将自己的墓地挖建在此。

"这座墓葬咋办?"

古墓葬平剖面图

相较于地面遗存,深藏于地下的墓葬更容易保存。因此,各个时期的墓葬及随葬遗物成为考古学研究的重要内容,借此可以恢复古代社会生活面貌。

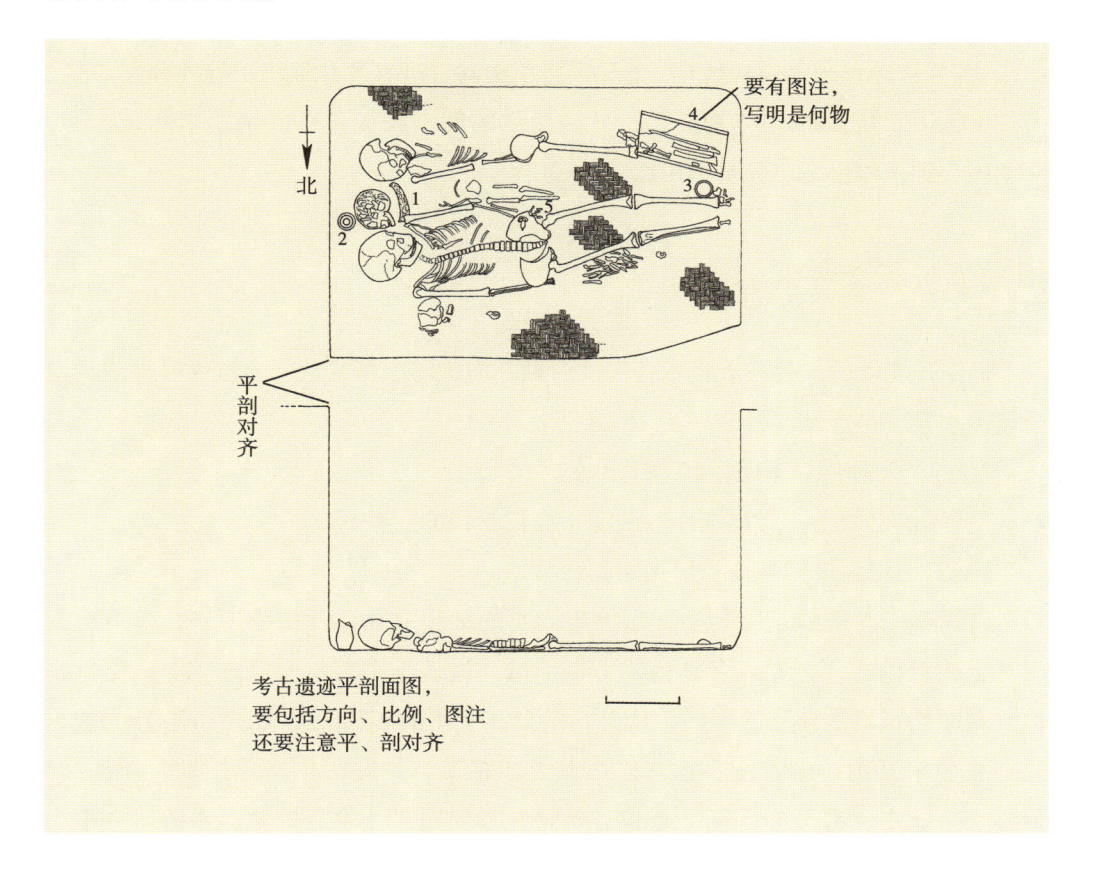

要有图注,写明是何物

北

平剖对齐

考古遗迹平剖面图,要包括方向、比例、图注还要注意平、剖对齐

第二章　新一轮发掘开始了　　063

吴馆长说："打掉吧，你们把骨架妥善处理一下。考古的人对逝者应该有敬畏之心，骨架这么暴露着不人道。"

西北大学研究古人类学的陈靓女士派学生取走骨架，学生对每件骨骸仔细包裹。她说："在我们眼里，这些都是宝贝。"

同行相惜。她也有她的宝贝。

铺垫厚厚的填土，平整后的T14成为考古队三包辖区。探方的西南角原来留有上下通道，很占地方，需要打掉。工人们再次彻夜奋战，吸取教训，打掉的土运到几十米之外的空地过筛、挑拣，以防混杂有文物，再转运回来铺垫。

"没有你这样做家长的，我6月就要高考，晚上你还加班。"女儿很委屈。

女儿的班主任要求我全力以赴陪伴孩子迎接高考。

"我不可能用自己的一年换孩子的一生。"我绝情地回答道。

"筛什么筛，土又没出坑！"老父亲行伍出身，理直气壮地维护着外孙女。

我无语。从2009年年初开始，才一年的时间，我被各种严格要求吓破了胆，深刻体会到了做事之难、身不由己。

第七节　洗土寻宝

工作开展以后，我马上联系公安、后勤部门，请求帮忙从一号坑大厅外北环道西端接水管、垒矮墙。

"洗土？"师傅弄不明白我要干什么。

"坑里挖出的土，要挑选一些洗洗，找找秦代的麦粒。"

"啊？还以为你们是怕土里夹陶俑呢。"

找找秦代的麦粒是一句半开玩笑半当真的话。寻找秦代植物遗骸，是本次发掘洗土的目的之一，专业名是植物考古浮选。浮选本来是指漂浮选矿。根据矿物颗粒表面物理化学性质的不同，从矿石中分离有用的矿物。电视连续剧《闯关东》的主人公朱开山，端着淘金盘，里面放上粗精矿，站在河里不停摆动，让泥沙、杂质顺水流走，直至最后剩下金粒，就是在漂浮选矿。这好理解。考古研究中为了提取古代植物遗骸，也用浮选。通过浮选，找到遗址中炭化的植物遗骸，研究当时人们种什么庄稼，荒地上长什么草，山上有什么树。

考古浮选法的原理实际很简单，炭化物质在干燥的情况下比一般的土壤颗粒轻，比重略小于水，因此将浮选土样放入水中便可使炭化植物遗骸脱离土壤，浮出水面，进而提取。

直接将土样放入一个筛子里，像淘金那样把土滤净，是水筛法或漂洗法，不是浮选法。浮选法关键在"浮"，漂起来，原理是根据炭化物质、土壤颗粒以及水在比重上的差异，把漂浮起来的植物遗骸"捞"出来。水筛法关键在"筛"，原理是基于土壤颗粒与植物遗骸的体积大小不同，把土颗粒"漏"下去。水筛法的植物遗存提取率一般低于浮选法，不差钱、时间允许的条件下，采用浮选法好一点。

依靠这种方法，越来越多的遗址中发现了炭化麦粒，陕西人爱吃面，面条像裤带，各式面食离不开小麦。根据对岐山周原王家嘴地点土样的浮选[1]，农作物除了谷子、黍子、稻、大豆，就有小麦，年代最晚距今3000多年。岐山臊子面，薄、劲、光、酸、辣、香，是上榜的陕西美食，和小麦发现地如此契合，可见考古和今天生活的关系多么密切。

赵志军先生是中国社会科学院考古研究所专门做植物考古的专家，他很快邮寄过来一台浮选机并亲自来现场指导浮选。浮选机学名是水波浮选仪，原型是加拿大植物学人加里·克劳福德（Gary W. Crawford）设计，由水箱、粗筛、细筛、细筛托和支架五个部分组成，大小像台双缸洗衣机。

根据后勤部提供的场地，仪器放在一号大厅外的西北角。一袋袋土样撒在水箱里，粗、细筛子底的沉淀物被小心翼翼地包好，拴上黄色的标牌，挂在场地边的树枝上，有点像庙宇里的许愿树。参观高峰时，游客驻足围观："干什么的？干什么的？"那一刻，我再次感受到了公众浓烈的好奇心，他们太想了解考古工作的过程了。

经过赵老师的鉴定，轻浮部分包含物有田紫草、接骨木。

---

[1] 周原考古队：《周原遗址（王家嘴地点）尝试性浮选及初步结果分析》，《文物》2004年第10期。

田紫草，紫草科紫草属的植物。一年生草本，见于低山草坡、丘陵或田边，目前尚未由人工引种栽培。

接骨木属忍冬科接骨木属，又叫满天星，有接骨续筋、活血止痛、祛风利湿的药效，生于山坡或丛林中，在欧洲被称为"有利有弊的女巫植物"。苏格兰人习惯在5月1日前夕收集接骨木叶，附于门上，有点像中国人端午节在门前插艾蒿。接骨木的花带有麝香葡萄的优雅香味，每年六七月开放，可以制成花草茶，不知超市里是否有卖。后来女儿告诉我说："《哈利·波特》书中的死亡圣器之一老魔杖就是接骨木。"

对于浮选结果，赵老师不甚满意，觉得选出的植物信

浮选仪

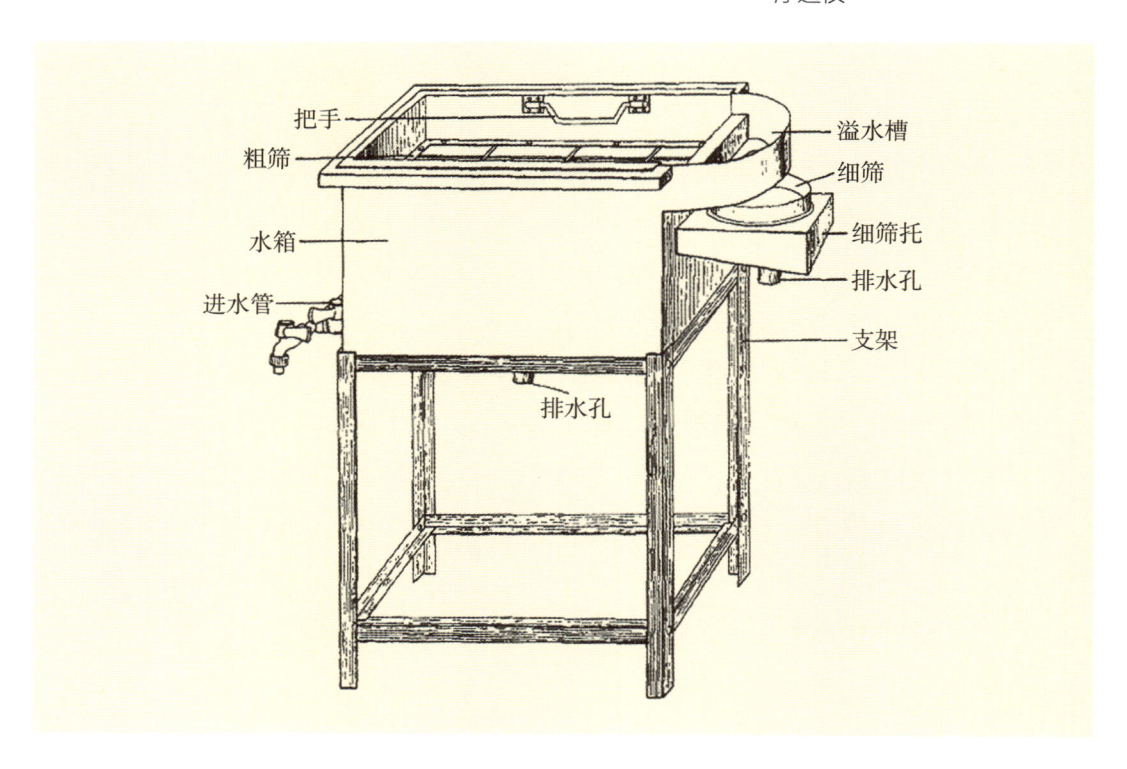

息太少。无发现就是大发现，说明俑坑隔墙和填土不是当时的生活地表土，应是利用了营造坑圹挖出的生土[①]。

知耻者近乎勇。尽管不愿提及洗土的第二个目的，还是应该说出来。后勤部的师傅们猜对了，就是怕土里有陶片没挑干净。从5月开始，有领导提出建议，坑里挖出的土不能随便拉出去倒掉，得过过筛子，二号坑发掘时就曾这样操作。我太自信了，没听。

考古部另外成立筛土组，另派专人负责在一号坑内西北角开展这项工作。对发掘区倒出的20世纪80年代回填土一点一点过筛，再摊开一点一点地挑选。

7月6日，曹玮副馆长要求面见，通报说筛土组发现了铁质车马器、木质甲带模具。见到实物，发现所谓铁质车马器其实是现代的焊条柄，木质甲带模具其实是现代一块木片。我长出了一口气，同时又是一阵心里憋闷。

7月24日，领导们应邀实地查看筛土组的收获，一行人到了发掘区。什么时候来的，我一点儿没察觉。"你放下手里的活儿，先上来。"领导说话的语气似乎……放下工具，在工作裤上擦了擦手上的黑灰，我爬上梯子。

"这么大的砖，你都看不见！"吴馆长黑着脸，历数筛土组的收获，严厉批评我们的工作失误，尤其是土中出现长约8厘米的残砖是非常不应该的事情。面对批评，我无奈无语，是我失误在前。很委屈，百密必有一疏。领导走后，我眼睛不争气，出了水，糗的是，手、臂上全是黑灰，擦都没法擦。坑内工人不知所措，愣愣地盯着看，现场一片寂静。坑外熙熙攘攘的观众，还在一个劲儿地拍照。那年，字典里好像还找不到"囧"字。

承认错误吧，没啥说的，找领导，交检查。"总之是我错了。认识到错，就得自己改，不能劳烦别人，一个吹笛一个捏眼，筛土这事我还是不劳别人大驾的好。不管是20世纪80年代的回填土，还是2009年的发掘土，领导说得对，都是一号坑的东西，我自己负责筛。"

[①] 生土，考古学术语，不含人类活动遗存，是未经人类扰乱过的原生土壤，亦称"死土"。考古发掘一般挖到生土为止。

洗土现场

为了防止微小文物遗漏，工作人员将俑坑运出的土全部过筛、过水淘洗。

自己负责也不行。9月11日，在20世纪80年代的回填土里筛出了一件铜璏，是剑鞘上的附件，是坑里的东西。按说亡羊补牢为时不晚，东西没出坑，又已经是我负责组织人员在过筛，应该不受责罚。但好事不出门，坏事传千里，曹玮副馆长电话约面谈，才知道筛出了铜璏，才知道此事已经是沸沸扬扬了。

回到现场，我坐在木板上盯着电筛子发呆，心里翻江倒海。"如履薄冰，从今天起工作再也不能出错。铜璏比筛子眼儿大，漏不下去，那些陶片渣比筛子眼儿小，还是能漏网。咋办？"

9月12日，我在日记里写道："一整天寝食难安，晚拟检讨发电邮给领导，全体停工一周，整顿、反省。"好汉做事好汉担，有时后果好汉也担当不起，事情波及师傅们集体被训、被罚。训完他们，我陷入深深的自责，真后悔没把一个月前流下的眼泪攒下来洗土！洗土！对！清理的土，下班前全部装编织袋，背到一边堆起来，用筛子筛一遍，再运到坑外浮选区用水冲洗一遍，我就不信还会有漏网之鱼。国庆七天长假，我请求家人允许去加班洗土，竟然遭到家庭成员的一致反对。

有关洗土的问题，至今回忆起来仍如鲠在喉。但经历都是阅历，人生没有白走的路，接下来我们的发掘该出彩了。

第八节 "唤醒"兵马俑

忙碌了一天又一天，背土、洗土、加班、博弈、抗衡……渐渐地，我开始对现实的一些不友善过耳不过心了。我并不知道其间的变化所因为何，直到听武志红老师的这句话，"一切美好事物都是深度关系的产物"。

在发掘兵马俑的过程中，我逐渐和团队伙伴、遗址、陶俑建立起了深度关系，沉溺于伙伴给予的关怀，沉溺于遗址内容的复杂多样，沉溺于陶俑的千人千面，我体验到了 flow（心流）。积极心理学家米哈里·契克森米哈赖说：

> 这是一种人们沉浸在当下着手的某件事情或某个目标中时，全神贯注、全情投入并享受其中而体验到的精神状态。它就是人们获得幸福的一种可能途径。

现在每每回想，我感觉当时自己的每一个动作、想法都如行云流水一般发生、发展，完完全全在为这件事情本身而努力，所有的能力被发挥到极致。我还非常确定，当时参加工作的队友和我有同样的感受，比如在分步骤"唤醒"兵马俑的过程中，全体工作人员的一举一动，现在看来都堪称"忘我""真我"状态的呈现。

一点点、一层层清除俑坑上的土和木，终于离黄土掩埋的兵马俑更近了一步。我们已经有了足够的心理准备，出现在我们面前的绝对不会是一个气势雄伟的"地下军阵"，更像一个"灾后现场"，满地断肢残臂、破碎的头颅和躯体陶片，那场面比暴怒的主妇摔碎了一地的碗盏还要凌乱。

没关系，我们"慢慢地"接近它们。除去杂土，俑头出来了，半个陶俑的胸腔露出来了，断腿和双脚出来了。绘图师金鸡独立，单脚插在狭窄的缝隙中，踩踏着软垫，一厘米一厘米确定坐标，绘制出陶俑分布平面图，摄影师一帧一帧地拍摄。

有国外同行来参观，对纯手工测绘颇有微词。她说："希望你能到我们那边学习一些新方法。"我满腹不服气，外国的先进经验在这里未必全都适用。我知道她希望看到的是一些高端测绘方法，比如RTK。

这是一种新的常用的卫星定位测量方法，全名是Real-time kinematic，能够在野外实时得到厘米级定位精度的测量，给工程放样、地形测图以及各种控制测量带来了新的测量原理和方法，极大地提高了作业效率。实际上，在国内野外发掘中已经有普遍的应用，并不是什么难掌握的技术。

但是具体在兵马俑坑，RTK不实用。陶俑残片满目皆是，整个现场"无立锥之地"，逐一测点，精确到厘米级，得把人累死。关键是发掘区接收不到卫星信号，获得载波相位动态实时差分如天方夜谭。这件事对我产生了很大的影响，从此再走访同行负责的考古工地，我基本不会对工作方法提什么"合理化"建议。

终于到了可以搬离陶俑出"坑"的时刻了。一大早，肖同学和赵同学架好相机，师傅们也加了餐，两个辣子夹馍下肚，长了力气，美得很。老杨把他们"轰"到托举的C位，自己蹲下去对陶俑残体小心翼翼掀开，小心翼翼搬动，小心翼翼递上去，这种必须小心翼翼的工作她们绝不放心交给他们去做。发掘现场三伏酷热，三九结冰，没关系，大伙乐在其中呢。

我站在边上协调，心悬着。想借助简单机械采买了倒链，因钢管支架的安置、移动有困难，它终于成为摆设。纯人力挪动陶片，这种原始、低级的方法，似乎有点"Low"。相对这种善意的微词，后面我会讲到一次"舆情"的令人难以承受之重。

陶俑、陶马四分五裂，残片散布互相掺杂，端起一节左臂，马上反应出右臂在哪里见过；摩挲一节手指，马上起身走到2米开外的地方拿起半截断掌，茬口一碰八九不离十。从玉米堆里挑一颗黄豆粒容易，从玉米堆里找出一颗想要的玉米粒却不容易，认陶片的功夫让老杨们很是牛气了一阵。

年轻队员显然功力尚欠，看着残片在自己身上瞎比画。胳膊？不对，太粗。肩膀？不对，太平整。老杨并不着急

初选

一号坑出土陶俑无一例保存完整者。根据出土位置，经过筛选，残片按个体归类，以供进一步拼对。

指导，冷眼随着无头苍蝇般的"娃们"转圈圈，撇撇嘴，说："别急，看清陶片颜色去找。"随即又朝他们撇撇嘴，叮嘱道："光看颜色也不行，得看陶片里边的道道，外边的纹纹。"

纹纹，道道，外人听起这些行话必然一头雾水。道道，是陶俑泥胎雕塑完成后外表打磨的痕迹；纹纹，是内壁的手指、草帘、捶击的痕迹。看见别人手里拿着一块残片属于自己负责的陶俑，他们两眼立刻放光，像秃鹫发现猎物死盯着不放，"这哒，这哒，拿过来"。众里寻他千百度，蓦然回首，那人却在灯火阑珊处。惊喜砰的一下涌过来，我们顾不上擦去冻出来的鼻涕。

残片基本找齐，按部位摆放一长溜，不用招呼，大家

集结

陶俑躯干部分的残片初步拼对完成后，用软绳捆绑，集结"站立"起来，像战场上撤下的伤员，等待移交修复部门进行正式的粘接修复。

顷刻聚拢一起，从脚开始逐渐向上"垒接"。体腔好办，里边塞上软垫，外边用宽带子捆绑临时固定，勉强可以完成站立。胳膊尤其是半抬的右半部分，十几斤的重量，绑不好的话会前功尽弃。

像身处超复杂的刑侦现场或玩拼图游戏，陶俑残片初拼不仅需要耐心和技术，还需要一点儿想象力。公众非常关注兵马俑修复，我更知发掘现场初拼过程有多不易，S君说："看着这件陶俑站起来，我眼泪差点流出来。"

掘地三尺，是考古发掘的第一层次。观察第一层次收获的物品，提取物品表面的信息，是第二层次的发掘，为"取资料"。年轻队员承担了这部分工作，陶片内壁的制作痕迹引起他们极大的兴趣。伸出手指，摁在内壁的指痕上，"这人的手指比我的食指粗"，"好家伙，这么多的夯槌印，砸得真使劲"。

观察陶片，寻找制作工具痕迹，保证了后期编写发掘报告"有料"。根据观察到的各种痕迹，对兵马俑塑造使用工具有了推断的依据，完成了一次"无中生有"的实践。这种亲手触摸陶俑的工作流程，不承想也遭到了质疑。

2023年8月，一条视频上了热搜，标题是："考古人员徒手摸兵马俑，博物馆回应：看到会处理，不允许用手摸！"一时间申茂盛先生压力极大，我得知后淡然地笑了。陶俑经过烧制，没有传说中的弱不禁风，未进入修复环节之前，表面就有不同程度的污染物。

在考古界有这样一段传奇故事，说的就是手摸陶片的重要性、必要性。故事的主人公是考古学泰斗苏秉琦先生。学界相传，先生每到一地考察必深入考古队或博物馆的库房，闭着眼睛摸陶片，如痴如醉。他认为，真相不仅要看到，更要亲手触摸，手感和视觉印象同等重要。视觉重观察，手感重体验。他说："对于陶器，如果以为仅凭视觉观察到的印象可以代替手感的体验，那就错了。根据我的实践体验，形象思维对于考古学研究的重要性绝不下于逻辑思维，而手感对于形象思维的作用，绝不是凭视觉得到的印象所能代替的。"

苏先生的手感，不仅具有考古学方法论价值，还突破了传统观念对知识分子的束缚，逐步树立起考古学的专业标准。考古学的研究对象本来就是可以直观感知的具体器物，形象思维之于考古学家，在于如何更深刻地把握器物自身的特征。不唯如此，共性寓于个性之中，触觉和体验是为了将器物的物质特性穷形尽相；积累了众多有丰富个性的器物才可能找到其间的共性。兵马俑的本质是陶器——陶质器物，在进入除病害、保护颜色、粘接复原工序之前，我坚持必须手摸。

还有人指责兵马俑发掘"不如三星堆有方舱"。方舱是一套多功能考古操作系统。首先，发掘舱内部恒温恒湿，给予出土文物最佳保护环境。其次，传统考古、实验室考古、科技考古、文物保护深度融合，确保了考古工作的高质量与高水平，真正实现了考古出土文物与文物保护无缝对接，可谓"科技感"十足。

二号坑正在建设的考古现场发掘与保护平台

高端大气上档次，我也想拥有。这样一比较，一号坑第三次发掘确实属于"裸挖"。但是在条件不允许时，我不知道干等或啥也不做是不是正确选择。2024年，有好消息传来：二号坑建设了"考古现场发掘与保护平台"，一号坑搭建了"现场应急保护实验舱"。这些设施的建设，不仅提升了考古发掘的科学性与规范性，更为文物保护提供了强有力的支持，实现了文物从出土环境向文物库房保存环境的平稳过渡，开创了兵马俑考古发掘及文物保护的新方法、新模式、新范本。

第九节　我们没有磨洋工

出彩，指的是陶俑表面的彩绘该暴露出来了。"请"它出来，哪有那么容易！

由于建筑坍塌，上层填土及千年以来形成的淤泥，重重塌压在陶俑、陶马残片的表面。失去胶质黏附力的彩绘，大部分反贴在填土及淤泥的表面，形成与土结合紧密的印痕。

怎样才能最大限度地留住陶俑表面的彩绘，使彩绘在清理的时候不被"粘"下去，成为技工上岗培训的第一课。

清理用的工具全是医用器械。有各种型号、各种规格的手术刀，药用棉签、脱脂药棉。刀片有圆刀、弯刀及三角刀等。先是请后勤部采买了12号刀片、7号刀柄，以适合土层较厚的区域开展深部割切，后来又换成4号刀柄与20号手术刀片配合使用，用于土层薄的区域开展浅部割切。尽管总钱数不多，三年间持续采买，采购员也成了医疗器械店的熟客。

发掘有时需要的工具千奇百怪，工人白建设擅于使用车、钳，略懂机械制作，经常发明一些小设计，绘出草图交给后勤置办，给采购员带来不小的工作量。采购员说："你那儿需要的东西，市场上多半没有现成的。"相比之下，手术刀只是型号繁杂，但不难买。

手术刀的拿握方式不能马虎，我下载了一张专业医生持刀姿势图，又观察了杨爱荣、孙秀霞等老技工的操作，挑选了执笔式、握持式、反挑式三种姿势的图片，打印出来发给新工人，大家都觉得好玩。尤其是反挑式，操作时先刺入，刀刃向上挑开，动点在手指，可以避免损伤到陶片的深部。

"像不像鸡叨米？不能使蛮劲，那样米就叨碎了"，"手术刀得保持一定的倾斜度，越接近彩绘层，用力角度就得越小。因为此时表层土越来越薄。局部土层黏附力较强，刀尖挑不下来，就得改用刀刃轻轻刮"，老师傅一边示范，一边解说。这些闲聊实际上是发掘技巧的手口相传，书本上学不到。

游人很难看到清理彩绘的全部细节。2010年4月2日，正在清理的十过洞24号陶俑，下半身的颜色非常棒，白色足面，系橘红色鞋带，腿扎红色花结，腿胫褐色底漆上涂漆黑颜色，裤管底部和表面淡紫色，清理的工作量很大。加上当天是星期五，所有清理、摄像工作必须赶在下班前告一段落，所以特意增加了人手。

工作面狭窄，四人从进入工作面就双膝跪地，两个多小时没歇口气，没喝口水。与此同时，栏杆外一阵喧嚣，一位导游反复给游人叙说："几个月现场都没啥变化，磨洋工，看着人都着急"，"老鼠打洞都比他们的效率高"，"他们每天就干一点，挖出的土都不够塞牙缝"。

这样的话，让蹲得腿发麻、跪得膝盖酸痛的师傅们情何以堪。"真欠揍！"

心急吃不了热豆腐，针对彩绘遗迹，必须等到发掘面的湿度合适。控制湿度唯一的办法是喷水。在距彩绘遗迹表层10~15厘米时，对土层表面进行多次、间断性喷水，直至湿度达到83.5% RH左右，土壤含水量达到18.7%，使用12号镰刀形的手术刀，每次下割3厘米左右深度，再喷水，一层一层掘进。

到了距彩绘遗迹表面1~2厘米时，喷出的水得是雾化状态，使清理面湿度达到80%~85% RH，土壤含水量达到18%~19%。如果喷水量过大，间隔时间较短，彩绘层就会被泡膨起翘。如果喷水量过小，间隔时间太长，土层就得不到适度浸润，显得有些干密，一来手术刀割不动，二来下刀处两边的土由于刀刃挤压分离，彩绘会黏附在土层上"跑"了，造成与主体遗物脱离。

什么样的湿度合适？不能总是随身携带一个湿度表，得总结出"口口相授"的经验。

老师傅说："水喷了之后，不能焖得时间太长，不能让水全部渗透，表面土有点像稀泥，下边还得有点干，这样下边的土是硬硬儿的。手术刀不能一下子深到彩绘的底儿，要留点儿。快点抽出刀子，上边的稀泥沾在刀刃上，就带出来了，下边土硬，带不上来，用棉签蘸水，一点一点揠，不能再用刀。"

安排新工人轮流实习，主要是体会师傅说的"稀泥""硬硬儿"都是什么感觉，一段时间之后，清理效果确实不错。

为了保险，最后还是根据工人们的特长，对彩绘清理的各个步骤采取分工协作的方式。第一梯队男同志上，工作面在距彩绘约一厘米以上，出土量、喷水量大，劳动强度相对大；一厘米以下由小姑娘们负责，只管一刀一刀切

①保温喷水；②彩绘保温，保鲜膜包裹；③绘图基线；④彩绘加固，药棉覆盖；⑤临时编号。

彩绘现场保护

下去，把老师傅说的"稀泥"部分沾掉；最后由年龄稍长的女同志轮番负责收尾。她们心细，积累了三十几年的经验，小姑娘们一时半会儿掌握不了。

陶俑彩绘结构复杂，表面是生漆层，生漆层之上为彩绘颜料层，大部分颜料层为单层，有少部分为双层彩绘，颜料分布的厚度不一样。

铠甲部分会有沟沟渠渠的洼槽，洼槽内的土必须用"点""沾"的办法，棉签蘸水，一下一下地"点"。衣袖、襦摆部分陶体比较平整，颜料层稀薄，只能是20号的尖刃刀片斜扎，刀刃出土的瞬间要有"滑"，再换圆弧形刃刀片轻"刮"。

彩绘陶片初步清理后，文保人员喷涂保护药水，覆盖药棉。白色药棉和保鲜膜包裹后的陶俑，像才下战场的伤员。

一次，我在家看电视剧《心术》，其中有个情节很受触动：一位老教授认为学生的手术不到位，自负地补了一刀，最终造成病患濒临失明。我不由自主地和陶俑彩绘清理挂上了钩，清理陶俑彩绘，入刀深浅度和这个眼科手术一样，往往是几个小时进行得都非常顺畅，临近"收刀"端详成果时，看看这儿还有一点土，那儿还残留一点炭灰，不由自主再去补一下，却"过了"，颜色沾在了刀尖上，不免让人心生懊恼。

第三章

兵马俑坑里有故事

兵马俑不见于任何历史文献记载，有些人会觉得这很"反常"。因为"按道理讲，兵马俑作为秦始皇陵的一个重要组成，其规模之浩大、存在感之强，是绝没有道理被无视的"。于是，各种猜测散布于网络，有些甚至是危言耸听：项羽火烧咸阳城，同时烧毁了大量的档案文书，许多秦国的文字记录随烈火化为灰烬；兵马俑是最高机密工程，不仅不能记载，而且应该是绝密资料；为了不被盗扰，知道的人都被封口了……

比较而言，这个留言略微靠谱：皇帝陵拥有陪葬坑是极其平常的事情，我们可以用古人的眼光看兵马俑，就是一群陪葬俑而已，无非多了一些，壮观一些罢了，就如现在也不会有人给一部手机著书立传，因为这都是普通的东西，没有记录意义。对于秦始皇来说，兵马俑只是一支军队的模拟，属于帝陵的一部分而已。"重要组成""规模浩大""存在感之强"，那是我们现在人给它贴的标签，绝非秦始皇的本意。

宋代理学家朱熹为《论语》作注曰："文，典籍也；献，贤也。"历史文献尽管浩如烟海，但主要记录的是典章制度、王侯将相的生平履历、王朝更迭，无法全部反映出历史的绵长与博大，对历史的记载极为有限，也远远不足以为今天的人们展示历史的全貌。其缺失的内容，因无数的考古资料与科学研究才得以填补，变得丰满。

秦兵马俑坑考古发掘50年，通过物证而还原的，因岁月被湮没的大秦帝国的故事，越来越引人入胜。

第一节　兵马俑的主人

兵马俑的主人不是秦始皇，而是宣太后。这个陈词滥调随着一部影视作品的问世，再度现身，哗众取宠。

宣太后（？—前265），秦惠文王的妃子、秦昭襄王之母、秦始皇的高祖奶奶（四代老祖宗），中国历史上第一位太后。芈姓，称芈八子。秦国后宫分为八级：王后、夫人、美人、良人、八子、七子、长使、少使。芈八子后宫地位并不高，但比较受宠，诞子嬴稷。

武王有力好戏，力士任鄙、乌获、孟说皆至大官。王与孟说举鼎，绝膑。八月，武王死。（《史记·秦本纪》）

秦惠文王死后，嫡子嬴荡继位，为武王。武王是个大力士，和人比赛举鼎，结果由于超负荷运动，受了"内伤"，英年早逝。武王没有子嗣，嬴稷取得了王权，为昭襄王。芈八子母以子贵，被称为宣太后。

母后临政，自秦宣太后始也。（宋·陈师道《后山集》）

宣太后开了以太后身份执掌大权的先河，武则天、慈禧都是她的"效仿者"。她的行事风格很雷人，历史风评有黑化，有赞誉，褒贬不一。

比如个人品行方面。

昭襄王七年（前299），楚围韩雍氏，韩国向秦国求救，她以性爱动作来譬喻国家大事。她以母后之尊，与义渠戎王私通生子。她养小白脸魏丑夫，临死前甚至诏令魏丑夫"为我葬，必以为殉"。这些事被说成是淫荡，是纵意个人私爱，又被说成是显示了宣太后的胸怀和智略。

两种说法都有道理。宣太后"淫亵"的言行，如果从社会时代背景来看，可能很正常。楚国，楚君王曾以"诸侯远我"而自卑。秦始皇时期南巡会稽，留刻石特别强调防止淫乱，整饬社会风化。湖北云梦睡虎地秦墓竹简《语书》，针对故楚地"南郡"地方风习，说到"乡俗淫失（泆）之民"，"邪避（僻）淫失（泆）之民"，要求"矫端民心，去其淫避（僻），除其恶俗"。秦国，"秦与戎翟同俗"，不识礼义德行。从出生到嫁人，宣太后少有孔孟之道熏陶。

对于宣太后"杀义渠戎王"又"起兵伐残义渠"，历史学家马非百先生有如下评论："宣太后以母后之尊，为国家歼除顽寇，不惜牺牲色相，与义渠戎王私通生子。谋之达三十余年之久，始将此二百年来为秦人腹心大患之敌国巨魁手刃于宫廷之中，衽席之上。然后乘势出兵，一举灭之，收其地为郡县，使秦人得以一意东向，无复后顾之忧。此其功岂在张仪、司马错收取巴蜀下哉！"这种完全否定男女真爱，也许不尽符合人性，忽略了作为一个人，宣太后有真实的情感。

比如政治影响方面。

在数十年的秦史记录中，宣太后以女子的智慧和勇力，从事政治经营、军事谋略和外交设计，取得了诸多成功。她所在的时代，显然是进取的时代，经历了秦惠文王继位后处决商鞅，却依然执行新法；经历了东兵攻韩、魏、赵，南取楚、收巴蜀、灭义渠；经历了昭王在十九年（前288）十月，与齐国同时称帝，齐为东帝，秦为西帝。

总之，宣太后是一个见过大世面、闯过大风浪的人。"她时代"的秦国不受东方文化"义""信"道德准则制约。但她在军事外交方面无视传统游戏规则，不按常规出牌的策略手段，又受到经久不衰的指责，即所谓"得罪天下后世"，"贻秦不义不信之名万世不灭"。

> 臣居山东，闻齐之内有田单，不闻其王；闻秦之有太后、穰侯、泾阳、华阳，不闻其有王夫。（《战国策·秦策》）

范雎这个人胸怀不够宽广，司马迁给出的评价是"一饭之德必偿，睚眦之怨必报"。范雎面见昭襄王，一通游说的话有挑拨离间的味道，破坏了秦王家的母子关系。不过所言在理。秦国有太后、穰侯等人以各种身份操纵朝政，使秦王有名无实，最高权力得不到显示，因此国家无比混乱和困弱。权力不可分割，尤其是最高权力不能被多人分割，否则一个集体、国家就会政令不畅、政局混乱。他得逞了，昭襄王承认自己不过是一名傀儡，对秦国政事做不了主，得"旦暮自请太后"。

宣太后与秦昭襄王的权力交递，大概并未出现激烈形式。宣太后被"罢权"或说"夺权"的次年，即走到人生终点。看来宣太后交出国家最高权力，很可能是年龄和健康已经出现了问题。

昭襄王四十二年（前265），宣太后去世，埋葬在东陵芷阳。那么，这个宣太后为什么会和秦始皇陵的兵马俑扯上关系呢？

原来，在秦始皇兵马俑坑发现后，陈景元先生于1984年第3期《大自然探索》发表了《秦俑新探》一文，提出"俑坑的主人不是秦始皇，而是宣太后"。

论据一：一件陶俑的左臂上有刻字"脾"。陈景元请教了某位专家后，将"脾"分解成两个独体字，左边是"月"，右边是"芈"。这样就出现了"芈""月"这个名字。宣太后为楚国人，姓芈氏，这样俑坑就和宣太后挂上钩了。

实际上，俑坑中出土的陶文已有数百件，或刻或戳印在陶俑、陶马的不同部位。按照秦代文字的释读规律，陶俑身上的字应该是工匠的名字，如"咸阳""咸阳高""宫得""宫臧"等，体现的是秦代"物勒工名，以考其诚"的制度。

论据二：考古钻探发现3座俑坑的西北部，有一座较大型的古墓葬。

实际上，这座墓有一个墓道，墓型属于考古学定义的"甲"字形，墓室除探出木板的朽灰外，并未见他物。仅从墓型上看，等级低于双墓道"中"字形墓葬，与宣太后身份不符，所谓这里埋葬了宣太后，纯属瞎猜。

兵马俑坑出土了许多兵器，为判断遗址时代提供了可靠依据。兵器上的铭文有三年、五年、七年吕不韦造，如一件戈胡部两侧均刻铭文，正面："五年，相邦吕不韦造。诏事图、丞蕺、工寅。"背面："诏事。属邦。"这便可以证明，兵马俑坑建造的时间不会早于吕不韦当丞相的年代。

在考古上，早期的器物可以在晚期的墓葬中出现，就像在近现代的墓葬出现一件明代的瓷器一样，那是老祖宗传下来的。但晚期的器物绝不会出现在早期的墓葬中，例如明代的墓葬中绝不能出现一部手机。

陈景元面对这一无法回避的事实，辩解说："是在特殊条件下进入俑坑的客体。"言下之意，是说兵器是秦末战争时被带进来的。事实胜于雄辩，有些兵器，如青铜剑，就在陶俑身体左侧佩带着，原始位置没有错乱，还有些兵器出土在淤泥的下部，在有人进来之前就被淤泥覆盖了，怎么能是带进来的呢？

在1984年召开的"秦俑研究第一届学术讨论会"上，陈先生发表了自己的观点，学者对此展开了讨论，有学者还专门写过文章重申其误。2015年，由郑晓龙执导，孙俪、刘涛等主演的电视剧《芈月传》热播，本来已经偃旗息鼓的那场小小的论战又死灰复燃。某电视台将采访陈景元的内容与以前采访袁仲一先生的内容嫁接在一起，再次抛出"秦兵马俑的主人是谁"的噱头，弄得袁先生苦笑不已。他对我说："我从来没有和陈先生PK的行为，甚至连一点想法也没有。"

我佩服袁仲一先生的学识，更以先生的德行为榜样。每个人都有自己的认知，为什么要试图说服、辩解呢？

在这里，要敲敲黑板——这场争论可以终止了！历史上有宣太后这个人，但没有芈月，芈月是影视剧杜撰的人物。秦宣太后晚年知进退，隐居不问政，死后葬芷阳。芷阳陵园即秦东陵，位于临潼区西南部，文献记载和考古发现相结合的双重证据，已经坐实了历史真相。规模巨大的3座兵马俑陪葬坑与宣太后没有关系。

第二节　遇见与发现

我曾误入一个名为兵马俑金牌导游的直播间，只见主播滔滔不绝地诱导观众一个问题：当年兵马俑的发现者，西杨村的老杨，发现兵马俑之后，国家奖励了多少钱？3000万元？30万元？不，只有30元……忍耐不住，我留言道：别瞎忽悠，参加打井的村民有很多位，而且他们只是遇到，不是发现！结果，我被迅速踢出直播间。

兵马俑从重现人间到名声大噪，经历了几番波折。坊间版本流传的内容略有不同，充满戏剧性的矛盾、冲突。

1974年3月，西杨村农民凿井无意中遇到了兵马俑，这事不假。但他们弃俑片于井旁不顾，也有人把铜箭头当作废铜烂铁卖给供销社去换钱。直到水保员房树民出现在打井现场，认出陶俑和铜箭头是"文物"，事情才有了转机。

县文化馆赵康民先生接到消息，第一时间开始介入。"乡党们，这井暂时不能打了。"他掏钱雇来村民将残片收拢，装了整整3架子车送回博物馆，并向他们支付劳务费30元。要知道，当时村民的劳动日工资仅为一角钱。赵康民又找来村民，把新土过筛，收拢残片碎渣，组织人员对打井现场进行了部分清理发掘，以寻找更多的线索。从群众举报中得知已有部分出土的铜箭头卖到了山任废品收购站，赵康民一听，气得差点晕倒，他当即以高于卖价的条件将200多个铜箭头、2个铜弩机全部赎回。

遗憾的是，赵康民等人并没有将这个消息主动上报。后来新华社记者廉安稳写了一篇《秦始皇陵出土一批秦代武士俑》的内参短文，发表在1974年6月27日《人民日报》内部刊物《情况汇编》上，消息才上传到中央，并引起了毛泽东、周恩来和国务院领导们的重视。

1975年7月12日，新华社播发了一条千余字的消息，首次向世界披露了秦始皇陵发现兵马俑的情况。1975年8月，考古队把一号坑的试掘情况写成书面汇报材料，呈送给陕西省文化局并报国家文物局。聂荣臻元帅从国家文物局王冶秋局长处得知消息后，说："不得了啊！这么大的一个地下军阵，要是能建个博物馆就好了。"提议上会。通过。画圈的人员：李先念、谷牧、余秋里。

同年8月26日，王冶秋飞抵西安，会见陕西省委领导，告知国务院的决定。第二天他到发掘工地考察，晚上在人民大厦召集有关人员会议，研讨建馆问题，要求原址建设，省里尽快向国务院提交博物馆设计方案。1979年4月9日，中共中央副主席、中央军委副主席叶剑英元帅到基建工地视察。结束时，他问秦俑博物馆筹备处负责人杨正卿："你们什么时候开馆？"杨答："今年国庆节。""要快！要快！要快噢！"叶帅一连说了三个"快"字。同年10月1日，国庆献礼，博物馆隆重开馆，兵马俑闻名中外。

20世纪90年代前后，由于一些商业利益，比如邀请"发现者"签名售书，属权之争开始闹得沸沸扬扬。村民抗旱打井，碰到了"瓦爷"，砸之，弃之。45天后，赵康民出场，兵马俑才享受到了"文物"的待遇。谷牧副总理曾对赵康民说："你给国家立了大功。"赵康民说："那是农民打井时发现的，让我碰上了。"谷牧副总理说："不对，农民打井打出来了，他们不认识。你碰上了，认识了，你有功嘛。

让我碰上了，我就不认识，我也就无功嘛。"

碰上了和认出了，功劳不一样。不识庐山真面目给国宝造成的灭顶之灾多如牛毛，比如有人在自家田里碰到了一件元青花瓷碗，拿回家当成了狗食盆。还有的人碰上了古尸，只摘取了翡翠玛瑙，将虽"不值钱"却是无价之宝的尸身毁弃，这还不如不碰上。

杜虎符是陕西历史博物馆的镇馆之宝，为秦国杜县驻军将领持有之物，是符的左半部分，而右半部分在朝廷由国君掌握着。国家有事若需调用杜县驻军时，国君派出使节持右半虎符前往杜县，与杜县将领的左半虎符对合无差，才能调兵。

1975年冬季，西安市西南郊北沈家桥村少年杨东峰在村东北平整土地现场，捡到了它，看其凹凸有致，甚为稀奇，便拿回家给妹妹当玩具。因为抛来掷去把玩了几年，符面的绿锈渐渐磨掉，露出不少金光闪闪的文字来。已读初中的杨东峰，虽不认识这种古文字，但意识到这是件重要的东西，或许能换回几个钱。

1978年11月30日一大早，小杨怀揣虎符进城，来到南门附近一家废品收购站，收购站只给3角钱，连来回车票钱都不够，让他非常失望。凑巧，陕西省博物馆（西安碑林博物馆前身）戴应新先生遇到小杨，读到虎符上的字竟与新郪虎符[①]雷同，知为稀世之珍，在等待文物征收负责人的5个小时，他一直将手放在衣袋中紧紧攥着虎符，不敢让小杨再多看一眼，生怕事情有变。他深知此时如果自己不管，放小杨带走虎符，国宝不知会流落何处，自己也会因此而内疚终生。

文物复杂多样，有时专业学者也会"看走眼"。故宫博物院罗福颐先生，指斥杜虎符为赝品。罗先生出身金石大家，学识渊博，著述宏富，其《辨伪录》于1981年由香港中文大学出版，影响很大。1982年年末，为了以正视听，戴应新先生亲赴北沈家桥，重访当事人，考察了虎符出土地点，发现这里是秦汉杜县城址中心所在。[②]

[①] 新郪虎符，"为秦并天下前二三十年间物"。现为法国巴黎陈氏所收藏。铭文释文："甲兵之符，右才（在）王，左才（在）新。凡兴士被（披）甲，用兵五十人口（以）上，[必]会王符，乃敢行之。燔囗（燧）事，虽母（毋）会符，行殹。"新郪虎符与杜虎符、阳陵虎符、东郡虎符被并称中国"四大虎符"。

[②] 戴少婷:《秦国兵符的故事》,《文博》2004年第5期。

类似的故事在陕西境内就发生过很多，放眼全国更是不可胜数。因小说《鬼吹灯》和电影《九层妖塔》，青海都兰热水血渭一号大墓考古发掘一度很受关注，该墓墓主可能是吐蕃赤德祖赞时期的吐谷浑王——莫贺吐浑可汗，他的母亲就是吐蕃的墀邦公主。2018年，一伙盗墓者将罪恶之手伸向了这座沉睡千年的古墓。他们砸毁棺板、遗弃骸骨，雨水顺着粗暴开凿的盗洞，无情地侵蚀着那些记录着历史的壁画。

国宝守护者从来都是有功不自傲，水保员房树民、文物干部赵康民从未掺和过"兵马俑发现人"的纠纷。认出了和研究明白了，起到的作用也不一样。研究明白了，文物才体现出非凡身价。直到正规军开展持续钻探、试掘，以袁仲一、王学理为代表的学者，倾尽一生精力，把"秦代武士俑"基本研究明白，兵马俑的无价才真正得到体现。2003年1月，宝鸡眉县杨家村王宁贤等5位村民，发现了一处西周青铜窖穴，被推有功而成为民众自发保护文物的典范，无可争议成为"发现人"，我们看看他们是怎样做的。

杨家村王宁贤、王拉乾、王明锁、王勤宁、张勤辉等人在干农活时发现了青铜窖穴。他们先是用土块封严洞口，然后打电话报告文物部门，并守护现场直到专业人员赶到。由于他们对现场采取自觉保护行为，窖穴遗迹本身的历史信息得以保存。按照《中华人民共和国文物保护法》，5位"文物发现人"得到重奖。

眉县村民碰到宝贝，知道"这不是破铜烂铁"，意识到其中的历史价值。西杨村民碰到宝贝，甚至造成了破坏，自诩是"发现人"，更多的是一场闹剧。出于对闹剧的反感，我才会忍不住在某直播间留言，以致被踢出来，好像有点冲动了。

不认识，就无功。对兵马俑发现、成名，历史要记住这些人。比如李先念、叶剑英，比如房树民、赵康民、廉安稳，比如袁仲一、王学理、程学华、王玉清……

在回顾兵马俑工作的历程时，袁仲一先生曾有诗《长相思》：

一把铲，一条绳，探幽寻谜骊山陵，朝朝暮暮情。腰如弓，铲声声，奇珍异宝一宗宗，谁知精血凝？

石滩场，荒漠漠，秦皇御军八千多，寰宇俱惊愕。人似潮，车如梭，五湖四海秦俑热，夜长人在何？

　　一岁岁，一更更，血汗滴滴润俑坑，廿年无限情。黑发白，皓齿冷，枯骸一盏灯，残照到天明。

　　讷于言，敏于行，秦俑奇葩血染成，病到二号坑。卧陋室，孤零零，矢志不离生死情，神鬼亦动容。

第三节　为什么陪葬兵马俑

　　不学礼，无以立。中国是礼仪大国，拥有悠久的礼仪文明。西周时期周公作礼，实现了政治制度和文化系统完美融合，礼成为国家制度，成为各种具体行为的范式，成为人与人相处的模式，事无巨细都被编程、被格式化，所谓有礼走遍天下。

　　整套周礼包括五个部分，吉礼、凶礼、宾礼、军礼、嘉礼，统称"五礼"。天地为大，吉礼是祭祀天地鬼神之礼，故列为首位；泱泱大国，礼仪之邦，诸侯朝觐天子及邦国间的外交礼节是宾礼；国家要征集、调动、检阅军队，役使民众，也得有仪式，为军礼；结婚、过寿、朋友聚会，大众乐乐，按嘉礼；天有不测风云，人有旦夕祸福，赈灾、舍粥、安抚，是凶礼。

　　　　子曰："生，事之以礼。死，葬之以礼，祭之以礼。"（《论语·为政》）

　　葬仪属于凶礼，包括丧、葬、祭三大部分。丧，规定活人在丧期内的行为规范。出现丧事，活人赶快换掉花红柳绿的衣饰，穿丧服，披麻戴孝。葬，规定死者的应享待遇，给逝者准备符合身份的服饰、明器、棺椁及仪式，封土高度、墓穴形制及墓区设施都要按礼仪一一操办。祭，规定丧期内活人与死人之间的联系。阴间需要钱，大鬼小鬼得打点，音容宛在，逢年过节常"回家"看看。死是大事，马虎不得，不是前脚一蹬腿，后脚装棺抬走挖坑埋就完事，丧、葬、祭，全部要按礼数举行繁缛的仪式。

从心理学上讲,这些仪式对活人非常必要。丧亲之痛是一种难以消解的情绪,承受丧亲之痛时,人们往往无法活在当下,因为活在当下就意味着要接受失去的残酷现实。这种情绪如同身体里的毒素,一次性、一个月甚至经年都排不净。走出悲伤是需要力量的,方法之一是好好告别,处理与逝者的关系;方法之二是找到表达悲伤的充满仪式感的活动。人们需要经常表达悲伤,每一次表达都是一次"排毒"的过程。那些心里想说的话,那些难以愈合的伤口,那些存在心底的遗憾,那些无处安放的愤怒,都可以一股脑儿地倾泻出来,因为表达出来本身就是一种疗愈。

心理学家茱莉亚·塞缪尔说:"悲伤是一个往返于失去与恢复的动态过程。"从丧到葬到祭,这些告别仪式给悲伤情绪一个出口,以正向的表达方式,好好告别,哀悼死者,纪念逝者,抚慰生者。允许哀伤慢慢结束,引导人们以接纳的态度与之同行。这种礼仪的制定,是中国人面对死亡带来的创伤而总结出来的疗愈方法,不是封建迷信,不是糟粕。

> 子曰:"……践其位,行其礼,奏其乐,敬其所尊,爱其所亲,事死如事生,事亡如事存,孝之至也。"(《礼记·中庸》)

生活要有仪式感。站到合适的位置上,行先王传下的祭礼,演奏先王时代的音乐,尊敬先王所尊敬的祖先,亲爱先王所亲爱的子孙臣民。侍奉死去的祖先就像他还活着一样;侍奉不存在的祖先就像他还存在一样,这才是孝的最高境界。礼仪是形式,孝道是内涵。内涵看不见,通过形式表现出来,形式虽然徒有其表,但至少也是一种压力。我们到庙宇拜神,敬神,就像他们都有生命一样,也是"事死如事生"。

> 天子杀殉,众者数百,寡者数十;将军大夫杀殉,众者数十,寡者数人。(《墨子·节葬下》)

因"事死如事生",出现殉人。殉人生前可能是墓主的妻妾、亲信和奴仆等,在冥界仍然侍奉墓主,殉人数量的多少、职业的多样,表现了墓主身份等级。比如安阳殷墟武官大墓腰坑中的执戈殉人可能为侍卫,狗坑旁的殉人生前可能专为墓主饲养犬马,墓室中部台阶上的女性殉人可能为乐人,他们模拟生前的司职,执戈、乘御、饲养禽兽,各就各位。山东省临淄郎家大墓发现殉人9具,陪葬者17人。有的是被处死后殉入的,有的是被活埋。一个个鲜活生命的消逝,令人毛骨悚然。

秦国人殉始于秦武公二十年(前678),从死者66人。春秋中期到战国早期,殉人秦墓数量和规模呈现上升趋势,秦国人殉发展迅速。秦穆公三十九年(前621),穆公卒,从死者177人,其中包括奄息、仲行、𬭩虎3位能人。秦景公大墓发现殉人186人。从春秋早期到战国早期,士级别殉人1~3人,卿大夫级别殉人3~7人。战国中期以后,献公止从死。

当极致的孝道与鲜活生命的价值发生冲突的时候,变通的办法是制造仿真明器。因此以俑代替真人,是迈向文明的一大步,体现了对生命的尊重。

> 涂车、刍灵,自古有之,明器之道也。孔子谓为刍灵者善,谓为俑者不仁。(《礼记·檀弓下》)

仿真泥车、稻草人,古人送葬的物品,老早就有了,孔子说发明这些明器的人,是大聪明。知道治丧道理,人死如灯灭,豪宅、名车,说到底死者也无法享用,做点象征物替代一下而已,何必真埋啊。不过,因为俑像人,俑替代人,还是不仁义。

秦始皇葬于骊山,所使用的葬仪,内容尽管有创新,也要有对传统的继承,以陶俑陶马作为陪葬,只是葬礼的细节出现了变化,扩大了军人身份陪葬品的数量和规模。三军仪仗以一种有组织的编队排列在这里,也是对早期以俑陪葬传统的延续。

"俑"最初含义应该是指人形的雕塑,汉以后"俑"种越来越多,木俑、陶俑、石俑、玉俑、铜俑、三彩俑,人俑、马俑、鸡俑,英雄不论出处,一锅杂烩,

圉人俑　文官（巾车）俑
笮舟俑　铜仙鹤

第三章　兵马俑坑里有故事　091

统称为俑。所以秦始皇陵园出土的人形、动物形的雕塑都可称为秦俑。"秦"有两层含义：时代、国籍。

随着秦始皇陵兵马俑的持续走红，秦俑一词成了这一地区陶俑、陶马的专称，这不对。首先，秦俑在全国早有发现[1]，制作时代早的有近20件。例如，陕西凤翔西村出土2件石俑（凤南M23），陕西长武上孟村出土1件泥俑，陕西铜川市北郊枣庙村出土8件泥俑。石俑、泥俑、木俑，从时代上讲，都是秦始皇陵陶俑的祖辈，不过是个子小，数量少，制作粗糙而已，象征意义无差别。

随着秦始皇陵兵马俑的持续走红，"秦俑"甚至又被缩小，成了对兵马俑坑的特指，这就更不对了。在铜车马坑有铜人、铜马，马厩坑有饲养员（圉人），"天子驾六"陪葬坑中有巾车俑[2]，水禽坑有陶筰舟（划船）俑和铜天鹅、仙鹤（鹳）、凫雁。芸芸众生，兵马俑只是秦始皇陵园俑类的一小撮儿。

秦始皇陵兵马俑坑属于秦始皇陵园内的一处设置，性质不能脱离墓地的主题。大数量的兵俑、陶马以一种有组织的编队排列在这里，以军队、军人的形象列队成阵是葬仪的一部分，体现的是国家应有的一类建制。我个人不赞成将之视为实战的写仿。

当然，更不应该视为秦始皇好大喜功、劳民伤财、铺张浪费的罪证。

第四节 兵马俑塑造团队

从美术技术上讲，雕塑完整的人体比单独的头像、胸像要难得多，高于1.2米的人体很难把握比例。秦俑真人大小，身高一般在1.7~2米，又是7000多件的批量制作，难度可想而知。所以，那些制作兵马俑的工匠非常了不起。

不过，虽然我们应该赞颂秦朝工匠的技艺，也不能把兵马俑的制作技术拔到它

---

[1] 呼林贵：《早期秦俑简述》，《文博》1987年第1期。

[2] 此类陶俑原定名为"文官俑""袖手俑"，曹玮先生考证，其身份相当于《周礼》中巾车一类的职官。详见《秦始皇帝陵K0006陪葬坑性质的探讨》，《文物》2025年第1期。

无法达到的高度。作为"世界第八大奇迹",兵马俑名气太大了,各种赞誉已经掺杂了泡沫。说陶俑有瑕,我的内心纠结不安,可考古研究是一项严谨的科学工作,必须跟着材料走,有一说一。发现陶俑有瑕的表面现象,接着要分析成因,这又是一个令人纠结的过程。我这样认为:

一、陶俑本来就是象征,俑即偶人,像就行了。

二、秦始皇陵的修建历时30余年,征调的人次有70余万,参与陶俑制作的人员,应该有三个梯队。

梯队一:工师。专门从事制陶生产的技术人员,水平高。

梯队二:学徒。秦朝各种行业都有对学徒的培养规定,"新工"由"工师"负责教授,学业成绩有高有低,学期一般二年。而且是边学边干不脱产。①

梯队三:临时工。这些人的身份比较复杂。大致包括隶臣、下吏、城旦、隶妾、更隶妾、小隶臣妾②。有轻微犯罪的刑徒如城旦,有官奴如更隶妾。

一个"更"字,隶妾的身份便动态、不确定了起来。这是由官府对外提供的劳务派遣人员,本质属于官府所有,不存在人身自由,在官府不需要的时候由官府出面租借给百姓。③没有固定岗位和技能,作为一块砖,哪里需要往哪里搬。经常变换工种,专业技能差,政府规定这类人的劳动定额只需达到长期工的四分之一即可。

不同梯队,技术水准有差,会有分工。

三、即便是秦代的工师,也没有学习人体结构的机会。中国古代没有以美术培训为目的的人体解剖,有机会偶尔参与解剖人体的人,主要是医生。时至今日,中国人还是不太能接受死后再被开膛破肚。甚至是裸体素描,也是到1921年刘海粟创办美术专科学校才开始。秦代陶工对人体的比例结构不熟悉也不奇怪,有些陶俑存在比例失当,正是时代局限。

---

① 工师善教之,故工一岁而成,新工二岁而成,能先期成学者谓上,上且有以赏之。盈期不成学者,籍书而上内史。(睡虎地秦墓竹简《秦律十八种·均工》)

② 隶臣、下吏、城旦与工从事者冬作,为矢程,赋之三日而当夏二日;冗隶妾二人当工一人,更隶妾四人当工〔一〕人,小隶臣妾可使者五人当工一人。(睡虎地秦墓竹简《秦律十八种·工人程》)

③ 杨广成、李军:《睡虎地秦简"更隶妾"蠡测》(首发),复旦大学出土文献与古文字研究中心。

如果在陶俑级别分类基础上，再看雕塑水平，良莠不齐的情况更加明显。一般士兵俑身体比例失当的比率较高。有一件早期发掘出土的陶俑，由于无法完成修复而被长期放置在一号坑修复工作区，皱巴的五官，孱弱的腰身，缩脖，弓背，很难看。我测量过百余件一般士兵俑，臂长严重"缩水"，大臂下直接插入手腕。苦思其缘故，猜想是泥胎很重，如果按照比例塑造，有可能下坠变形，聪明的秦代陶工一拍脑门：减重，缩短。完成比完美重要。一味地追求完美，完不成数量后果更严重。

而高级军吏俑塑造的身体比例不存在失当的问题。测量得出的数据，基本符合民间流传的一些绘画口诀，比如"三庭五眼""一肩担三头""三拳一肘"。三庭就是把脸的长度分为三等分，从前额发际线到眉骨、从眉骨到鼻底、从鼻底到下颌各占长度的三分之一。高级军吏俑的制作人堪称秦代雕塑的大师级。

中国的历史文献大多是王侯将相的传记，整个兵马俑陪葬坑在秦史的记载中名不见经传，更何况是陶工。袁仲一先生一辈子从事秦始皇陵考古，他为这些人扬名立万。

袁先生说，"咸阳某"意思是来自咸阳地区的陶工，"宫某"来自中央官署，是主管烧造砖瓦的"宫司空"，还有少量是来自右司空和将作大匠。

"宫"字类陶工来自当时的"央企"，似乎是独立承担了高级军吏俑的制作。而一般士兵俑的制作者，其来源地比较复杂，作品质量良莠不齐，多有瑕疵，甚至有一件陶俑刻有三处人名，三人又分别来自三地，令人不解其意。

既然要"走进"兵马俑的制作者，有一个话题虽不好说但又不得不提：兵马俑西来说。此论调由来已久，2016年再度掀起轩然大波。

英国广播公司网BBC发布报道：考古学家发现秦始皇陵兵马俑的灵感可能来源于古希腊。参与研究的国内外学者分别表达的观点是："我想象曾有一位古希腊雕刻家来到秦陵，指导培训当地人制造兵马俑"，"我们现在的观点是兵马俑军队、马戏杂耍陶俑和青铜雕塑的灵感源于古希腊雕刻和艺术"。

请注意，"指导培训当地人制造兵马俑"和"灵感源于希腊雕刻和艺术"两句话，貌似相同，但实际所指不同。目前所见戳印或刻文表明兵马俑制作者完全来自本土，使用的工具、技法与秦代陶器制作完全一致，以俑陪葬的理念与本土传统一脉相传，百分百中国制造。但是，灵感——仿真原大——确实是"前无古人"。

与希腊雕刻直接模仿写实的方法不同，兵马俑虽然写实性很强，但不是直接模仿写生，没有一处是按照具体的骨骼和肌肉来造型，面部最清楚的鼻骨和上唇方形肌，也没有如实地刻画。只是对现实中的人与马观察之后，靠记忆塑造的。

"这种记忆中的物象，自然只是抓住大的体块特征和表面的肌理特征，以圆扁的变化来处理体积，以不同的线纹来表现肌理。眼、眉、口、耳的细节，形成一定的程式，而发式的纹理等则更加装饰化。"[1]

秦俑相对于中国雕塑传统，显出更多的写实性，而相对于希腊雕塑，则又显现出更多的表意性与主观性，这是一种间接模仿的再现，显现出特有的、明显的东方风格。这种风格从先秦时期形成，一直传承下来。清代画家郑板桥所谓眼中之竹、胸有成竹、手中之竹的创作，即是如此之意。

第五节　普通工具塑成世界奇迹

兵马俑百分之百属于中国制造，从塑造工具也能看出端倪。陶俑塑造借助的工具主要有梳篦、草帘、草绳、小刀、槌杵、支架、毛刷等——大部分工具在现代制陶生产中依然在使用。

工具实物在发掘过程中难以被发现，因为俑坑不是陶俑塑造现场。但是我们可以通过一些制造兵马俑时留下的痕迹，按图索骥，去猜想当初秦国工匠制造兵马俑时大体用到了什么工具，进而想象出制造兵马俑的场景，这是一项"无中生有"的工作。

梳篦，古称栉（zhì），古人兴蓄长发，梳篦为每日梳理头发的必备之物。梳子齿距宽，用于梳头编辫子；篦子齿距密，用于篦去发间污垢，不长寄生虫。梳子

---

[1] 孙宜生：《意象素描》，华中工学院出版社，1986年。

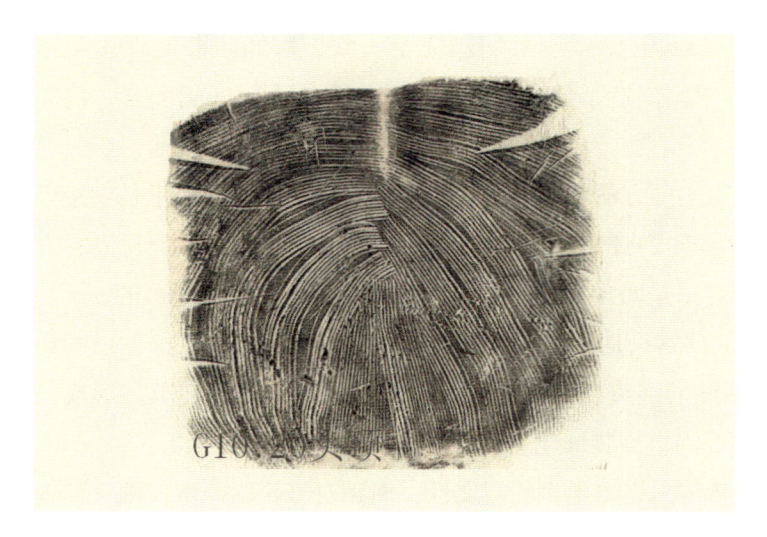

梳齿痕

陶俑发丝刻划使用了两种工具：梳篦和刻刀。

出现早，篦子承之而来。

艺术来源于生活，梳篦被用来刻划陶俑发丝，有密齿、窄长条、齿距相等的特点。从刻划痕迹的走向，有5齿、6齿、8齿三种，实物发现于兵马俑坑以东1000米的山任窑址，编号为03QLY：123（03代表2003年，QLY代表秦始皇陵区窑址），骨质[①]。痕迹加实物，让我们知道秦代有的梳篦形状特别，齿长，把窄。

相对于施于表面的"发丝"，内壁如草帘、草绳、麻布、槌杵等痕迹，必须抓紧时间拓印[②]下来，否则等到陶俑修复完成之后就再也看不到了。拓印方法是将浸湿的宣纸敷在物体表面，然后用柔软的毛刷轻轻地敲打，使纸深陷物体凹槽，待纸张接近干燥时用垫子蘸墨，轻而匀地使

---

① 陕西省考古研究院、秦始皇兵马俑博物馆：《秦始皇帝陵园考古报告2001—2003》，文物出版社，2007年。

② 拓印，也称"拓石"，是把石碑或器物上的文字或图画印在纸上的方法，据说发明于东汉。

寻找制作痕迹

残片内外壁均有制作痕迹，需要仔细观察，第三次发掘中，年轻队员承担了这部分工作。

支架痕迹

为防止泥胎变形，塑形时设支架承托。依痕迹判断，支架是用截面长方形的木条做成。

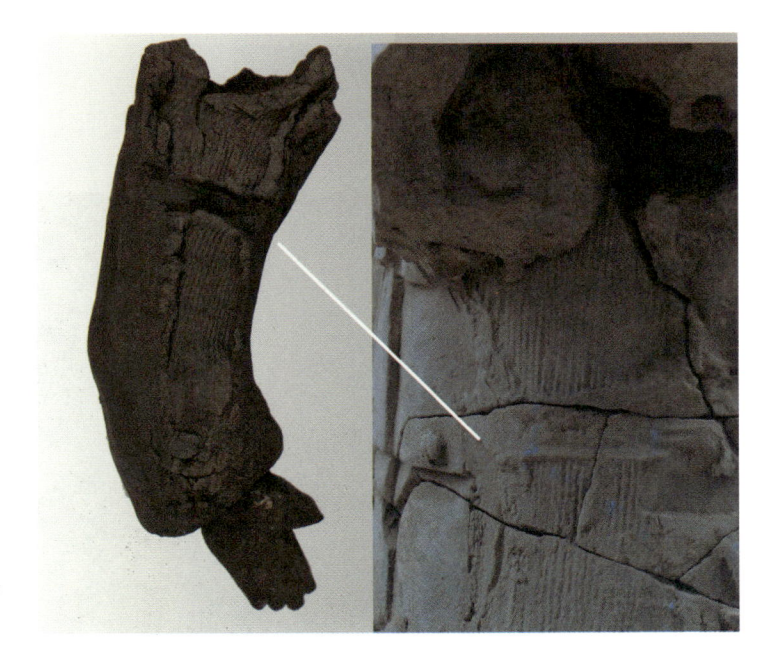

第三章 兵马俑坑里有故事

墨涂布于纸上，然后把纸揭下来，就复制完成了。这个工作其实就像很多人都玩过的小游戏：上课无聊时拿出一枚硬币，夹在课本某一页，用铅笔在另一面涂抹。

拓印工作开始时，已是2010年冬季，坑下冷至滴水成冰，师傅们很遭罪。温度低，宣纸难干燥，蘸墨涂抹持续时间长，让人手背冻裂出血。

除拓印外，痕迹的形貌、单位面积内的数值也得统计。这项工作借助了新技术——计算机扫描。通过扫描，拓片可以随意放大，孙双贤趴在计算机屏幕前数了两个多月，她说："数得我想吐。"

草帘属于强经弱纬编织物。陶俑很多部位有内外两层胎泥，内层外壁裹上草帘，像紧身衣，箍胎塑形，保证初步成型，草帘形成的凸凹不平又加强了外层细泥的牢固度，可谓一举两得。对于我们而言，这些拓片、数值，甚至是编织物的结构，作用也很多。比如了解陶俑制作工序、秦代编织技术、植物品类等。

草帘痕迹

陶俑胎体厚重，陶胎塑造分两阶段进行，内层塑形时包裹草帘等编织物，以保证基本成型。

按照草帘的经纬线密度，我把所见的痕迹量化为三类：粗帘，经线每平方厘米有1.3~1.5根、1.9根两类，推测是经过搓拧的草本茎叶；中粗帘，经线每平方厘米有2.4根，印痕显示原料有一定的硬度，像一根细棍，原料是植物秸秆；细帘，经线每平方厘米有3.8根，也被称为"线痕"，极细，能看到捻制的纹理，质地柔软，原料肯定经过加工处理，最大的可能就是麻纤维。

　　草绳无纬，拧搓而成，和草帘编织方式不同。留下的痕迹缕缕成组，印痕外形像一串串枣核。有的是捶胎工具表面捆绑附着物，有的是箍胎塑形所用。

　　麻布，有经有纬，纺织而成。陶胎表面铺设麻布作为衬垫，可以避免捶具与胎泥粘连。数量较多，基本都发现在胎体的内壁。形态各异，有的外形像枣核，有的外形像圆豆。单枚麻点边缘呈毛糙的絮状，说明经纬丝结构比较松散，捻度弱，经粗纺。

　　面要揉，泥要槌，聚合性才"醒"到劲。槌杵局部可

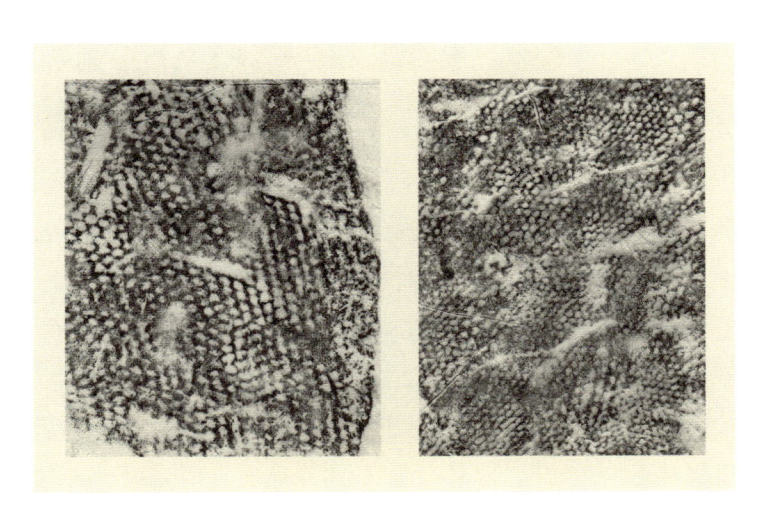

麻布

麻布痕迹说明陶俑塑胎时使用了内衬，也为了解秦代纺织提供了参考资料。清点这些痕迹，一度让工作人员很崩溃。

槌杵窝

槌头蒙织物

拆分成一个个浅窝，近椭圆，直径6厘米×7厘米。规格上，和夯墙、地基所见区别不大，杵头质地应该不一样，表面再包裹细布，弹性更好。雕塑捶打，力度很重要，像夯地一样使蛮劲，三下五除二，泥胎绝对变形。

此外，陶俑制作还用了小刀之类的工具。刀痕主要见于服装下摆、端面等部位，切除多余胎料，增强服装的厚重感。也广泛用于腿部泥胎的竖向刮削，显示出强健的肌肤或衣服的褶皱。还用于毛发刻划，刀刻的发丝疏密随意，不如栉刻划的规整。

当然，除了上述提到的工具，秦国工匠还用到了一种最出奇的工具———一双巧手。手是人类生活、劳作最方便的工具。从古猿到能人，从直立人到智人，灵长类挺起脊梁成为人，主要促因是要腾出双手去干活。陶工指纹在陶俑（马）体腔内壁、彩绘表面随处可见，斗形的，箕形的，和现代人的指纹无异。

梳篦、草帘、草绳、小刀、槌杵、支架、毛刷，还有灵巧的手……这些工具的痕迹在很多秦代陶质器物上比比皆是，尤其与空心踏步砖、水管道等大型建筑材料的所见几乎如出一辙——根据兵马俑所见陶文，来自官署的陶俑雕塑师的主业原本就是烧制砖瓦。

也许，对一般人来说陶俑制作痕迹枯燥乏味，但我非常想交代清楚。所谓知其然，还要知其所以然，是考古工

"簸箕"还是"斗"？

指纹

作必要的内容之一，我们知道世上有兵马俑这一项伟大奇迹，还应该明白奇迹的诞生过程。否则，真可能被所谓"兵马俑是真人烧制的"这类噱头忽悠了。而我琢磨着这些细节，更加笃定兵马俑完全是国产品。

每个工匠有自制的工具，使用工具的习惯也各不相同，各有其特点。工艺美术师王海峰先生被邀请来发掘现场助一臂之力，他提议说："或许可以凭此辨别出陶俑的具体制作人。"这个提示不无道理，但难度不小。类似的想法曾经和女儿说过：指纹是一个人终身的标签，是否可以联合司法专家对陶俑遗留指纹进行筛查，明确哪些俑是同一位工匠的作品，再结合陶文、陶俑体貌特征等，确定出作品数量。

女儿说："这是哥德巴赫的猜想"，"因为陶俑数量太多了，痕迹数量太多，实践起来太困难"。

比比皆是、不可计数的工具痕迹，成了后期研究的"累赘"。

第六节　给陶俑相面

> 俑，偶人也，有面目机发，似于生人。（《礼记注疏》）

秦始皇陵出土的陶俑和真人非常像，因此被称为"写实主义"的作品。看着它们，似乎就看见了两千年前秦国人的模样。

写实风格，陶俑头部表现得最为精准，彩绘犹如画龙点睛，提升了塑造的写实水平。2012年，我耗费了大把时间与陶俑面对面，观察陶俑塑造特点，因为它们太像真人了，看着看着就会产生错觉，恍惚间忘了这是泥土偶人，我努力尝试用人体解剖学或面相学的概念，记录陶俑的五官、体貌特征。

我询问专攻体质人类学的师妹，这种记录方式是否妥当。答曰："基本不可以。体质人类学的数据记录，依据对骨骼的测量，陶俑看到的是外皮，无法测量数值。"她建议，"不如用文学色彩的词语陈述"，还说对陶俑进行人种学方面的分析"有些异想天开"。以文学色彩的词语陈述，很大程度是根据观察者个人感觉走，不知能否走回千年，到达秦代陶工的内心世界。

对话

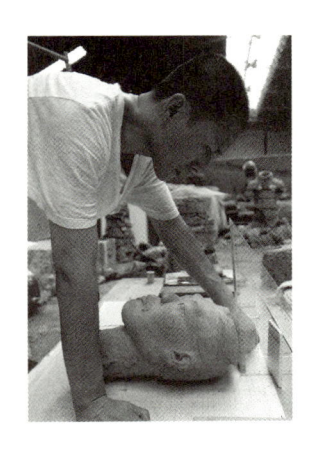

特别邀请的美术师姜宏伟在观察陶俑面相特点。

"你们几位过来,我把观察的文字念一遍,你对照这件陶俑体会一下,看看用词是否准确。"审查、再端详、修改、再审查,过关,正式填写登记档案。

看来看去,陶俑变成"熟人"。一提编号,"长脖子的那件","大眼睛,短胡子的那件","就是一条腿粗一条腿细的那件",这些对话犹如暗语,只有我们才明白所云为何。

写真之法,先观八格,次看三庭。眼横五配,口约三匀。明其大局,好定寸分。

八格解:相之大概不外八格:田、由、国、用、目、甲、风、申八字。面扁方为田。上削下方为由。方者为国。上方下大为用。倒挂形长是目。上方下削为甲。腮阔为风。上削下尖为申。

三庭解:发际至印堂为上庭,印堂至鼻准为中庭,鼻准下一笔至地角为下庭,谓之三庭。

五配三匀解:山根约一眼之位,两鱼尾约两眼之位,共成五,谓之五配。两颐约两口之位,共成三,谓之三匀。(元·王绎《写像秘诀》)

中国人脸型特征,由田、由、国、用、目、甲、风、申八字概括,即"八格"。按照总结者元朝王绎的定义,面扁方为田;上削下方为由,小时候缺钙,额头没长开;方者为国,四方大脸;上方下大为用,面颊多些脂肪;倒挂形长为目,长得再惨点儿,就是赵本山说的"鞋拔子";上方下削为甲,瓜子脸;腮阔为风,风一吹,嘴巴上的肉能飞到耳叉子;上削下尖为申,尖嘴猴腮。而八格之外,

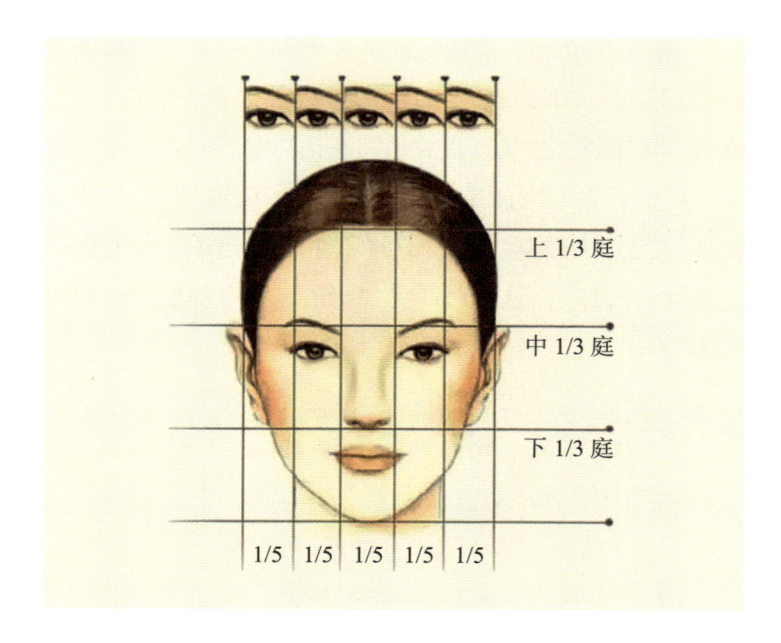

"三庭五眼"示意图

"三庭五眼"是人头像的标准比例,根据这个标准大概确定一个人面部器官的位置。

面部器官按照"三庭五眼"比例,落实面部器官位置。

相之大概,不外八格,总有一款适合你。秦代男子从17岁列入户籍为"正",每年在郡县做泥瓦小工1个月,一生中轮流在郡县服兵役1年,在京都或边郡服兵役1年。其他时间是预备役,随时听候传唤。秦朝实行"谪戍"制度,即谪罚商人、贫民、罪吏参加征战或戍边,紧急情况下赦刑徒、奴隶为兵,长平之战时15岁的青年也被调往前线。陶俑的形象来自大众,老百姓是陶工雕塑的模特。

有人把刘翔、姚明、张艺谋等名人与陶俑对比,发现面容十分相像。其实所谓和名人相像,不过是陶工们掌握了中国人脸型的特征,并落实到写实主义的风格中。

陶俑塑造以捏塑为主,手工作品,非3D打印复制,无论是面形还是体形,完全一样的几乎没有,但有一些相像的"双胞胎"。2010年冬季，有贵宾来现场视察，我们特意准备了一对"孪生兄弟"供观赏。摆放在一起的两件俑头，有点像中年时期的赵本山，"目"字形脸，细眉，丹凤眼，颧骨凸出，两腮塌瘪，厚嘴唇，有很多共同点，像一娘所生的哥俩。表面看起来，一老成，一年少，发掘编号以出土早晚排序，因此，老成者是"弟"，年少者却为"兄"，昆仲颠倒。

"孪生"陶俑是同一位工匠的作品，是"一母所生"，而非"一模所生"。亲兄弟在兵马俑中不是孤例，因为一位陶工不能只雕塑一件作品。"临头5"，头戴冠，小军官，属右车兵。"风"字形脸型，顶发后背，整体造型显老成、狡黠之态。一号坑第一次发掘陶俑编号T19G10：25，属普通步兵。两俑面相近似，免冠照片放在一起，难分昆仲。兄弟俩再次站在同一片蓝天下，时间间隔35年。看着这"兄弟俩"，我编过一首打油诗：

军种不同，地位不同。拿一块泥巴，捏一个你，塑一个我。你中有我，我中有你，生在同营，死在同坑，彼此照应。

但是秦朝还有免役制度，有些人不用服兵役。秦律规定56岁有爵者、60岁无爵者、贵族子弟、"不更"以上高爵官吏、"学室"弟子、残疾人等，可免服兵役和徭役。他们的形象兵马俑坑里是没有的。

相之大概，不外八格，这种"写真古诀"，是中国肖像画技法最早的专论，一直为后世所习用。同时，王绎还说道："叫啸谈话之间，本真性情发现，我则静而求之。默识于心。闭目如在目前，放笔如在笔底。"意思是被画的模特不能正襟危坐如泥，像个道具。这种中国绘画的传统形神观，决定了我们对秦代陶俑的"第一印象"。

我上班时间给陶俑相面，业余爱好端详身边过往活人。"你的脸，天庭欠饱满，缺钙"，"这人眉角低垂，性格不太阳光"……

"你讨不讨人嫌？又看人的脸！"女儿终于抗议了。但是，雕塑的神韵我慢慢体会出来了。

"孪生"俑

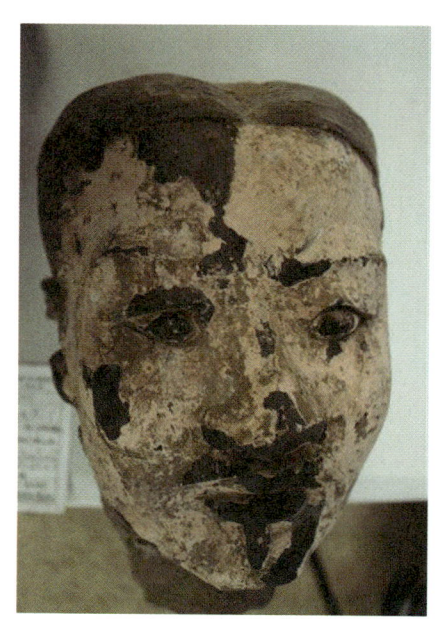

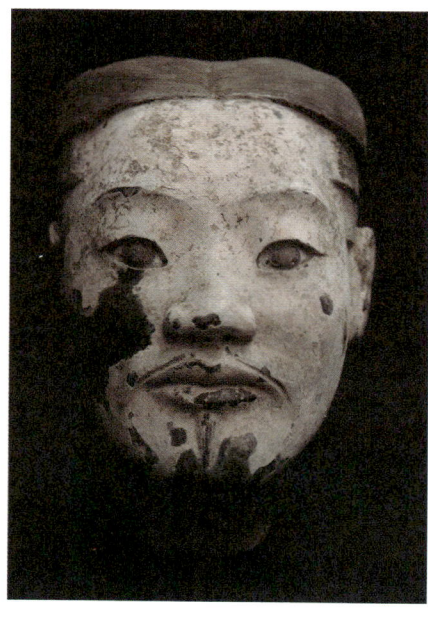

同龄俑

"临头8"，杏仁大眼圆睁，鼻翼似急促唏嘘，唇微撇，受了委屈，欲哭无泪，爹不疼娘不爱。"临头19"，凤眼，目光有神如炬，肤色粉白，花样美少男。"临头1"，肤色红润，洁净宽额，双唇紧抿，闲心不操。3位年轻人，瞪大了双眼，涉世不深，眼神懵懂单纯。

一位军吏，额部刻画抬头纹，后背的头发略有隆起，头顶有冠板，天庭饱满，两腮肌肉略显松弛下坠，一双细长的丹凤眼，目光狡黠，肤色红润。一位普通士兵，中分发型，面部清瘦，两腮塌陷，左半边嘴角、颧骨等部分微微上撇似苦笑，也是细长的丹凤眼，目光却略显倦怠、漠然，表层厚厚的粉白色带出营养不良的惨白感。尊卑有度，相由心生，还真是如此。

"目光狡黠"，"神情略显倦怠、漠然"等，我能斟词酌句，以文学色彩的词语描绘出陶俑，其间有一些感觉是

同龄俑

"神韵"。八格是天生的长相，能让人感觉陶俑像活人的关键是神韵，即古代面相学所称"气色"，指的是人的容颜和神态。

相传孔子在去郑国的路上，慌乱中跟学生们走散了。和学生们分手时，师生约好了在郑国都城的城门相见。古代的都城都有几个城门，孔子先到了郑国都城最繁华的东门，站着等自己的学生。

他的学生子贡赶到了郑国都城，向郑国人打听见没见到自己的老师。有一个郑国人见子贡着急找人，就跟他说："刚才我在城东门看到一个人，额头像圣贤君主尧一样饱满，脖子长得像正直名臣皋陶一样粗壮，肩膀长得像著名贤相子产一样略微前倾。但这个人腰长腿短，腰以下比治水的大禹，短了三寸。这人长得不一般，但疲惫已极的狼狈样子好似丧家之犬。"

子贡到东门与孔子会合，把这段话原封不动地告诉了孔子。孔子笑着说："把我的外貌说成那样未必恰当，不过说我像无家可归的狗，说得确实对啊！"

千人千面秦兵俑，神采各异秦百姓。华夏文明拥有元始，历史传承从未间断。我给陶俑相面，又从美术史的角度重新审视了被重述和还原的民族自信。

第七节　兵马俑塑造有缺陷

对雕塑稍微有些了解的人应该知道，要完成完整的人体雕塑，比单独的头像、胸像要难得多。美术学院雕塑系一般得到高年级才安排人体写生练习，还得循序渐进，高于1.2米的人体难以掌握比例。兵马俑坑出土的陶俑，真人大小，身高一般1.7~2米，鉴于数以千计的数量，兵马俑雕塑是中国古代历史的一朵奇葩。

在世界美术史上，大师米开朗琪罗为了解人体结构，亲自解剖过不少尸体。中国古代的人体解剖，多出于医学目的，《史记·扁鹊仓公列传》《黄帝内经》等有记载。美术工作者即便参加解剖，也是为了给医书绘插图。秦陶工在缺乏学习机会的情况下，能掌握形体结构，全靠师傅口授相传，个人努力感悟。所以兵马俑雕塑，是中国古代劳动人民的智慧结晶。

人体雕塑，不仅要求形体结构准确，而且要做出人的精气神。陶俑动态造型传神，是写实风格的再次体现，也是秦俑之美的重点。陶俑档案记录常有"左肩低""右肩低"之语，我们召集具体登记的工人讨论其原因。

"你右臂拿起一根木棍抬起90度，比画比画，是不是左肩自然低啦？"

"真是的。右边是动势，左边是静势，人体骨关节和服饰会有变化呢。"

右手臂抬起的陶俑，右肩常比左肩要高，披膊上部甲片札高翘。

"做个稍息的姿势，身体重心是不是偏于右侧？左脚是不是呈直线"一"字形立正状？右肩是不是低于左肩？"

"哎，真的。"

"所以，这就是写实，这就是秦俑之美。"

2013年现场的这种操练，提高了年轻工人对陶俑描述的准确性，也使她们感悟了秦俑"实在是写实"。

塑造创作要保持充沛的精力，集中思想去做，否则做出来的作品会无精打采。兵马俑的作者，一部分来源于中央官府制陶作坊，所谓"宫字俑"。一部分来源于咸阳等地的制陶作坊，简称"咸字俑"。宫字类俑的造型多为力士形象，膀大腰圆，技艺熟练。咸字类俑的造型变化较多，技艺有高有低。公职人员的待遇好，心无旁骛；农民工兼职多，家有80岁的老母，孩子还没有学校接收，因生计之虞，精力分散。

发掘秦俑的考古工作者也好，欣赏秦俑的看客也罢，历史穿越前后置身的都是以人为主宰的世界。金无足赤，人无完人，好坏相对而言。面对精品，尤其是精品成为民族骄傲的代言，大量陶俑存在的明显瑕疵被有意无意地淡化。观察者忽略了人的世界里有力不从心的遗憾，工匠来自天南地北，技能良莠不齐，群体性艺术杰作几乎不可能。

"你别强调秦俑制作的缺陷，也许大部分人和我一样接受不了。"有朋友建议删掉发掘报告的有关章节。

"这是真实的历史状况，一定要强调。"

历史绝不是任人随意打扮的小姑娘。天然去雕饰是美玉的品质，瑕并不掩瑜。陶俑缺陷始于制作泥胎，先天残疾。同一件陶俑，两腿粗细不一，像小儿麻痹后遗症。有的面相尖嘴猴腮，体态单薄，弱不禁风。有的陶俑上肢比例严重失和，甚至少了小臂，大臂下直接安插手腕。

一件俑头面部左边大，右边小，鼻梁、嘴唇歪斜，像得了中风。"中风患者"曾得到过救治，右脸在烧成后，从上眼眶开始一直到嘴唇，补贴了厚厚一层青灰色物质，就像外伤的植皮，然后依照正常工序涂刷肤色，补过饰非。由于时间久远，植皮与陶本体发生"异体排斥反应"，稍微一碰，稀里哗啦地脱落。

青灰色物质，队员们称为"焊泥"或"陶粉"，当初应是一种非常细腻的膏体，功效似502强力胶。2013年陕西师范大学金普军博士进行了鉴定，电话告知："成分和陶俑、陶砖基本一样，只是多了一些元素。"

俑腿断了，"502"粘；马腿断了，"502"粘。工匠挺聪明，粘接之前，断裂部位先包扎一圈纱布，粘接之后，再涂刷彩绘遮盖，外表似乎看不出来。陶俑、陶马形体巨

同体修补痕迹

秦代陶工使用了粘接物质，将断裂的后脚跟黏合后放置在了军阵中。

大，烧成之后，要出窑、要施彩、要入坑摆放，难免出现磕碰断裂，"轻伤不下火线"，适当补救后再利用，情有可原。

真人伤筋动骨一百天，骨头还能长，陶俑不行。第十过洞中有件陶俑，右脚踝"粉碎性骨折"，残碎的小陶片核桃大，腿面骨裂缝隙竟宽1厘米有余，仅靠绷带缠匝断碴接不上，裂缝内被灌满焊泥；躯体上也有伤，一条裂缝最宽有0.4厘米，贯通两腿分裆处至后背，也填塞了焊泥。残已至此尚不退役，"502"粘了，还是被放入队伍，可谓重在参与。

一件多处粉碎性骨折的伤员，全身打满石膏，后期想不留后遗症都难。在后期修复过程中，由于焊泥的脱落，"筋骨"缺了一节，断碴往往对接不上。

"轻伤员"对修复工作影响不大，照碴拼对，碴口基本是严丝合缝，即使接不上，最起码不影响陶片部位归属确认。"异体移植"情况却截然相反。明明是同一件陶俑的右胳膊，但上下两段陶色不一，制作痕迹差别很大，断碴不吻合，修复方面多次递函："请确认陶片是否属于该俑。"两部门的人各持己见，有点剑拔弩张。要不是这么反复核实，我真不知道陶俑制作还有这样的"黑"内幕。

现场清理明确存在焊泥和织物痕迹，发掘组对陶片属性的认识没错；修复组以前没见过"异体移植"，惯性思维提出疑问也没错。双方"顶牛"，只要不是为了反对而反对，很快能握手言和。

其实，陶俑烧成后的修补问题，并不是我们首次发现。有兵马俑修复专家曾著文：

> 试掘方的一匹陶马马肚下发现一清晰横向裂缝，裂缝上缠有细密麻布纹印痕，呈灰色，宽12cm，从马肚底绕外壁一圈。近似今日之绷带……左前腿从膝盖以上15cm处断裂……两断面上覆有青灰色细泥，该泥质地细腻，近似今日之水泥，似用来粘接断处。断碴外留有灰色麻布纹印痕一圈，宽22cm。同一试掘方中，另一匹马的这种断裂缠布现象更为突出，该马两后腿均有……外表用麻布裹扎一周，宽约30cm，留有非常清晰的麻布纹痕迹。左腿有两处断裂，一处在小腿中间，另一处在马蹄处……涂有青灰色细泥，外缠宽分别为28cm、15cm的麻布。在一匹马

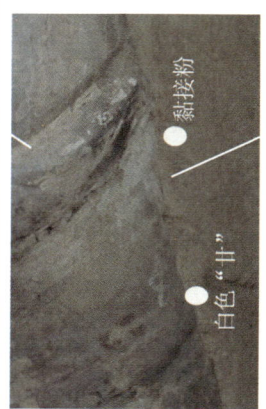

异体修补痕迹

所谓异体修补，是指秦代陶工将不同个体的陶俑残片拼凑黏合到一起，有点像现代医学的人体器官移植。

的腿部出现这么多的断裂现象，不能不让人发出疑问：这到底是怎么回事？①

专家自问自答说：

> 在运输过程中无意或有意遭到碰撞损坏，运输者无奈，只好在断碴表面涂以焊泥来粘接固定，唯恐不牢固，外面复缠扎麻布。可以想见这几匹马是在"满身伤痕"、外缠"绷带"的情况下被运进俑坑的。②

但是，我并不同意下面的观点——"这说明运输者当中有不负责任、以次当好、蒙混过关者……把关者当中也有对质量把关不严者——运输和俑坑把关当中存在着疏忽和漏洞"③。

那么，真相是什么呢？是秦始皇的妥协与务实。俑即偶人，只要有个大样子就行。

第八节　谁是破坏兵马俑的真凶

兵马俑坑建筑屋顶，本来高出秦代地表2米左右。这很重要，说明一段时期内，羊倌、狗倌，破坏者，明眼人只要路过，随便就能找到3座坑的准确位置，一目了然。秦末汉初，项羽的军队要想对俑坑做些破坏和掠夺，是不需要在寻找坑界问题上费多大力气的。

众所周知，兵马俑在被考古挖掘之前就已经遭到了极大的破坏，甚至被大火焚烧过。谁是破坏兵马俑的元凶？有葬仪说、沼气说、项羽军队破坏说，哪种说法成立？媒体追问无数次，我自己思考过无数遍，就像吃剩饭。

"沼气燃烧破坏了兵马俑"的说法，早已不被认可，其他两种说法究竟孰是孰非呢？经过发掘，完全可以证明：俑坑的损毁与秦末战乱有关。

---

①②③　文笑、德省：《秦俑制作及俑坑建筑中的失误》，《文博》1999年第1期。

证据之一：俑坑在建成后有人从外部进入过。

建筑大门挡君子不挡小人，贼人偷东西，不一定要溜门撬锁、走安全通道，也有破墙、揭房顶等办法。兵马俑3座陪葬坑，属土木结合的地下式结构，门道已被夯土填实，不会有人挖开门道、打开门道、进屋，有条不紊地实施破坏。建筑上层填土原本高出当时地表2米以上，秦末汉初寻找坑界，不是难事。

破坏者进坑的入口，编号H1的遗迹是一条重要线索。通过新发掘对地层的勘正，必须承认，原发掘大揭顶的做法，严重违反考古操作规程，对不同时期形成的破坏遗迹，不按层位学规范操作，层位甄别失误。H1由于失去了开口层位，填埋最晚节点失去了判别根据。

H1虽然没能完全证实是破坏者的进坑口，但此类问题早已被看出端倪。张仲立、党士学两位先生多年前就提出，整个一号坑严重焚烧的状况，说明烈火发生时，俑坑事实上已经是百孔千疮。否则不会有如此的通风性。由此可知，兵马俑是先被人入侵，后来才起火，被彻底损毁。

烧秦宫室，掘始皇帝冢。（《史记·高祖本纪》）

秦灭亡后，刘邦和项羽曾经有一段"蜜月期"，但随着各自利益的冲突，楚汉战争爆发。大庭广众之下，刘邦历数项羽有"十宗罪"，其中第四宗是怀王要求入关后不准烧杀抢掠，项羽却焚秦宫，挖始皇帝坟墓，私吞秦朝财物，所以从文献证据的角度，兵马俑的破坏元凶十有八九是项羽[①]。

考古学研究讲究二元证据法，即历史文献和考古发现相结合。秦始皇陵陪葬坑，考古发现了很大数量火焚或人为破坏迹象，材料多有公布，略摘录一二。

铜水禽坑（编号K0007），内有两处区域未发现任何建筑棚木遗迹，与此对应

---

① 陈治国：《秦始皇帝陵园陪葬坑破坏现象解析》，《咸阳师范学院学报》2011年第3期。申茂盛：《秦始皇陵大型陪葬坑楚毁情况的探讨》，《秦文化论丛（第十一辑）》，三秦出版社，2004年。党士学、张仲立：《也谈秦俑坑的洗劫与焚毁》，《文博》1989第5期。

的是破损最为严重的铜水禽或者强烈火势焚烧的坑壁。

二号兵马俑坑,正式发掘发现了三个焚烧口,打穿填土层,直至放置陶俑陶马的过洞。在焚烧口附近,俑坑的棚木和立柱都有程度不同的焚毁,其中出土有残陶片、金节约、马缰饰、铜镞等原本属于坑内的埋葬品。从层位学的角度,可以判断焚烧口形成的时间早于俑坑坍塌,上距俑坑建成不久。

K0006,四壁用木板围成箱匣状,没有遭到火焚。西壁有一个形状不规则的进水口,后室发现厚5米多的淤泥,坑内遗物有破坏和缺失。西壁进水口不是自然水灾造成,因为单纯的水流冲击,冲倒几块木板还行,不可能冲出一个洞。而且进水口的大小常人完全能够穿行。

铜车马坑,两次试掘有红烧土、木炭、烧化的金属车马饰件,说明也曾遭受火焚。据原秦陵考古队学员杨绪德先生回忆,当时曾发现一个直通坑内的盗洞。

H1虽然缺失了最有力的时间证据,却指明了一点:俑坑建成不久有人进坑,进坑者走的不是门道。2014年,申茂盛先生发掘了北侧门道,发现了明显的人为挖开迹象,说明有人从此门进入了俑坑。这人是兵卒、盗墓贼,还是放羊娃?我们可以用排除法,对嫌疑人进行一番筛选:大量陶俑被砸,又放火烧。盗墓贼图财,放羊娃图乐,没能力也没必要做劳神费力的事。

能够找到兵马俑坑以及其他陪葬坑的具体位置实施连续破坏,说明疑犯对秦始皇陵布局设置比较熟悉,熟人作案。至于为什么项羽会成为头号嫌疑人,让我们再次返回历史记载,从文献记载的秦朝末年战乱说起。

《资治通鉴》记载,秦二世元年(前209)七月,陈胜起于大泽乡,从大泽乡向西,一路攻下了蕲县、铚县、酂县、谯县、苦县、柘县,最后攻下了陈县并定都于此。定都陈县以后,陈胜任命周文为将,周文从陈县出发又是一路西行,一路上招兵买马,到函谷关时已经有数十万人。周文带着这数十万人,攻入函谷关,一路打到距离咸阳不到一百里的戏亭。

秦二世急得如热锅上的蚂蚁,和群臣商量说:"怎么办呢?"

少府职员章邯挺身而出,说道:

> 盗已至，众彊，今发近县不及矣。骊山徒多，请赦之，授兵以击之。(《史记·秦始皇本纪》)

"叛军已经打过来了，从远处调兵来不及了，在骊山给秦始皇修建陵园的劳工很多，请皇帝赦免他们，我带他们去与叛军作战。"

秦二世同意，章邯带着秦始皇陵的劳工打败了周文，遏制了态势。之后，章邯又开始与项羽的军队作战，并且在项羽军队高歌猛进时予以迎头痛击，还杀死了项羽的叔父兼导师项梁。

> 项梁再破秦军，有骄色。宋义谏，不听。秦益章邯兵，夜衔枚击项梁，大破之定陶，项梁死。(《史记·高祖本纪》)

章邯善战，无奈当时的秦朝已经是内忧外患，无力抵挡蜂起的叛乱，走投无路的章邯投奔项羽。章邯痛哭流涕，控诉赵高的种种恶行，由此得到了好处，被立为雍王，却被夺了兵权，留滞在楚营，其部下——那些参与修建秦始皇陵的骊山徒，在项羽嫡系长史司马欣的率领下成为攻秦的前锋炮灰。

> 章邯使人见项羽，欲约。项羽召军吏谋曰："粮少，欲听其约。"军吏皆曰："善。"项羽乃与期洹水南殷墟上。已盟，章邯见项羽而流涕，为言赵高。项羽乃立章邯为雍王，置楚军中。使长史欣为上将军，将秦军为前行。(《史记·项羽本纪》)

如此一来，章邯手下的军队便归项羽所有，昔日的骊山徒，今朝的反秦前锋，成为破坏秦始皇陵的主力。

我们说项羽是破坏兵马俑的元凶，只是说他是幕后指使。从各种迹象上看，无论是原章邯手下的骊山徒，还是项羽原部队，都有作案动机和条件。这种破坏带有极强的报复心理，比如兵马俑三号坑处于"地下军团"核心地位，68件陶俑的头部受损程度远远高于一号坑、二号坑，甚至连碎片也找不到，其中缘故也许正如俗话所说"杀人不过头点地",砍头是最致命的伤害。

"骊山徒多,请赦之,授兵以击之",这件事给我的启发挺多。章邯率队赴战场之前,只是一位兢兢业业供职的少府监,外派骊山参与修陵工程。他所在的单位——少府,职责是为皇室管理私财和生活事务。业务范围之一负责征课山海池泽之税和收藏地方贡献,以备宫廷之用;业务范围之二负责为宫廷衣食起居、游猎玩好等提供服务。

总之,从行政事务局到野战军,章邯跨界了,当时那些正儿八经的军人以及军官都去哪儿了呢?

公元前219年,统一大业完成的第二年,秦军南征百越,兵分五路,集五十万军。秦将赵佗在公元前214年攻占百越不久,就与朝廷貌合神离,在秦末又拒绝派手下的秦军部队北上作战,封锁了岭南与岭北的联系,并在秦亡后建立了南越国。

公元前215年,蒙恬率领大军三十万人北征匈奴,作战经年,又屯驻该地,构筑长城,并推行移民实边。

第四章

秦国军队的「真面目」

7000余件陶俑，为我们展示出一个兵强马壮、军种齐全的秦军阵容。通过对兵马俑持续深入的挖掘和研究，我们看到了秦国军队的征调方式以及兵种搭配，看到了一场场惊天动地的大战，看到了秦军兵强马壮，更看到了不同层级指挥官的笃定、儒雅甚至谦卑，以及不同年龄段士兵的愁苦、喜悦甚至懵懂……

　　我想，后面的"看到"更需要被看到。

第一节　军种与兵种

　　何为军种？何为兵种？这两组名词实际上很多人并不清楚。我理解的是军种概念大，是军队在组成上，依据主要作战空间、使命和武器装备所划分的基本种类，比如海军、陆军、空军；兵种概念小，是军种在组成上，依据主要武器装备、作战任务和技术战术特性所划分的基本种类，比如海军中的炮兵，陆军中的飞行兵。

　　理解军种与兵种概念上的区别，有助于我们看到一个事实：秦军种设置齐全，兵种多样。这种多样性，给考古工作者带来不小的困惑：怎样对出土陶俑进行分类？

　　当然，考古学研究对出土物品都必须进行分类、分型、分式。不同"式"代表时代发展序列，以罗马数字方式从早到晚来排序，比如划分出三式，那第Ⅲ式出现的时间比第Ⅰ式、第Ⅱ式要晚，从Ⅰ至Ⅲ体现了时代早晚的演变谱系，这是考古学法门之一的类型学。兵马俑坑的各种考古报告编写体例也遵循了这种考古学规则，对陶俑进行了类、型、式的种种划分，和常规用法不同之处在于"式"并没有时间意义。

　　考古学规则的类、型、式划分，强调标准必须从始至终，不能一会儿按质地，一会儿按用途，一会儿又按形态。而"必须"的标准其实并未体现在兵马俑坑现有发掘报告中。这里姑且沿用已被接受的结果，分车兵、骑兵、步兵共三类。

第一类：车兵。以木质车加陶俑构成组合，俑站立于车后。分为攻击、指挥、用途不详共三型。

攻击型：分为二式。

Ⅰ式：见于一号坑、二号坑，组合方式为一车+四马+三俑。陶俑居中者为御手，为车长，位居中，头戴巾帻及长冠，颈上围有盆领（颈甲），身穿长襦，外披铠甲，其中披膊（臂甲）长及腕部，手上有护手甲，胫套护腿。双臂前举做牵拉马缰状。居左者为车左，头戴巾帻，身穿长襦，外披铠甲，胫套护腿，左手做持长兵状，右手做按车状。居右者为车右，装束与车左相同，姿态相反。3件陶俑呈整装待发的姿态，只要一声令下，即腾跃登车，驰骋疆场。

Ⅱ式：只出现于二号坑骑兵方阵中，共有6组。组合方式为一车+四马+二俑，陶俑分别代表御手和车右。推测是为了配合、适应骑兵的机动性，有意减少了一名乘员以实现减重提速。

指挥型：多出现在一号坑，第一次发掘出土8组，第二次发掘出土16组，第三次发掘出土4组，组合形式为一车+四马+三俑。3件陶俑代表的车兵职责不同，车左掌握金鼓，负责指挥；御者驾驭车马，保证车马进退有节，安全奔驰；车右负责与敌格斗，保护将帅安全。

按照陶俑配置不同，分为二式。

Ⅰ式：御手居中，头戴长冠，身穿没有披膊的铠甲，下身穿短裤，胫部套护腿。车右头戴长冠，身穿长及腰腹部的铠甲，右臂前曲，做持长兵器状，左臂向前微曲，手做握剑状，胫部套护腿。另一个或为高级军吏俑（俗称将军俑）。

Ⅱ式：御手、车右如Ⅰ式，但车左配置的陶俑为中级军吏形象，头戴长冠，穿只有前胸甲而没有背甲的铠甲。

用途不详型：数量极少，只在二号坑和三号坑各出土了1组，组合形式为一车+四马+四俑。陶俑分别代表御手、军吏、车左、车右。

从类到型到式，这样抽丝剥茧，对于一般公众是比较枯燥的阅读体验。可这样梳理一番，大家便能清晰地看到即使同属"车兵"，涉及的军种却不一样，攻击型的Ⅰ式有的隶属步兵，与指挥型有重合，是步兵军种里的不同兵种；有的却属于车兵，是不同于步兵的另外一个独立军种。指挥型的Ⅰ式与Ⅱ式，是在表现一种层级差别。

车兵之间最讲究协同作战。或将领居左，御者居中。如果将领是君主或主帅则居中，御者居左，负责保护和协助将领的人居右。3名乘员英勇战斗。车右身披铠甲，一手持盾，一手执锐，英勇杀敌；御者，在飞箭如雨的情况下驾驶战车冲锋陷阵；车左为主将，擂鼓不断，也许最后会车毁人亡。通过《左传》记载的一次战争过程，我们可见车兵交战的惨烈程度。

鲁成公二年（前589）六月十七日，齐、晋双方军队开战。晋国的一辆指挥车上有三人，郤克为帅，解张驾车，郑丘缓当车右。很快，郤克被箭射伤，血流如注，染红了鞋子，他一边擂鼓，一边说道："我受重伤了。"御手解张反馈道："从交战开始，箭就射进了我的手和胳膊，我折断箭杆还在继续驾车，车轮都被我的血染成了黑红色，我都没吱声，您忍着点儿吧！"郑丘缓说："从一开始接战，如果遇到地势不平，我必定下去推车，您难道没看到吗？不过您确实伤势很重，难以支撑了。"解张说："我们的车上有军旗、战鼓，军队前进后退都要听从它。这辆车上只要还有一个人守住它，战事就可以成功。怎么能由于伤痛而败坏了国君的大事呢？穿上盔甲，手执兵器，本来就抱定了必死的决心，伤痛还不至于死，您还是努力指挥战斗吧！"解张一手控制马车，一手接过郤克的鼓槌代替他擂响战鼓。晋军大部分跟随他们，最终齐军溃散而逃。

第二类：骑兵。只见于二号坑，以一马＋一人形式构成组合，计有116组，每匹马前立有牵马骑士俑一件。马的大小和真马相似，身长约2米，通首高1.72米，马背上雕有鞍鞯，头上戴有络头、衔、缰，但没有马镫。

（秦穆）公因起卒，革车五百乘，畴骑二千，步卒五万，辅重耳入之于晋，立为晋君。（《韩非子·十过》）

秦穆公送重耳归国为君，甚是下了血本，有车队、骑兵和步卒，具体数量有点浮夸。有观点说文中的"畴骑"指的是骑兵，继而推断秦穆公时期骑兵已经作为独立兵种出现。但考古讲究以实物说话，直到兵马俑坑出土了骑兵俑，才真正坐实这类我称为"导弹军"的军种。

第三类：步兵，秦军绝对的主力部队。

步兵军种下再划分兵种，内容非常复杂。按着装，可以分为轻装和重装两型，区别是轻装者身上无铠甲，重装者一律身穿铠甲。重装又包括发型区别、铠甲样式区别、所持兵器区别、身份等级区别……内容庞杂。按姿态，又分为立姿、立射、坐姿三型；按手型对应的武器分，有持长兵器、远射程兵器二型。

相对于大家更感兴趣的以等级为标准，分为高级军吏俑、中级军吏俑、下级军吏俑和普通武士俑，我个人觉得以组合形式，也就是考古学所说的"共生关系"，再加姿态为标准的分型、分式，这种分法有助于理解秦军队的军种、兵种。

统一后的秦代军队，有车兵、骑兵、步兵、水兵四个基本军种，分别称为轻车、骑士、材官、楼船。大抵平原诸郡多编练骑士、轻车，山地诸郡多编练材官，沿江海诸郡多编练楼船。兵马俑坑中少了一类：水兵（楼船）。

"蜀地之甲，轻舟浮于汶，乘夏水而下江，五日而至郢。汉中之甲，乘舟出于巴，乘夏水而下汉，四日而至五渚……"楚王为是之故，十七年事秦。（《战国策·燕策》）

秦昭襄王时期，实力强大的水军是秦国要挟楚国、魏国的筹码。他们对楚国宣称水军兵分两路，一路走蜀地，等夏天水涨起来，沿岷江5天就可以打到楚国都城郢。另一路走汉中，沿巴水四五天也可以攻到楚国腹地。也公开直言不讳地对魏国说："趁夏季水涨之时，坐上轻舟，强弩在前，锐戈在后，决开荥阳口，魏国首都大梁即将沦陷。"这样一番恐吓后，楚王居然立刻认输，魏国也不敢与之叫板。

认输的如果是其他北方国家，尚可理解，北方缺水，人们普遍不谙水性，可偏偏是长江击水、浪遏飞舟的楚国。要知道，楚国的水军实力不弱，还研发了专门适用水战的武器钩拒。敌船要逃跑，就用带有铁钩的竹篙钩住它，让它跑不掉，敌船要进攻，也可以用这个钩拒挡住它。但楚国终究还是因此被吓住了，俯首帖耳，听命于秦王十七年。

> 又使尉屠睢将楼船之士南攻百越，使监禄凿渠运粮，深入越，越人遁逃。旷日持久，粮食绝乏，越人击之，秦兵大败。秦乃使尉佗将卒以戍越。（《史记·平津侯主父列传》）

秦始皇时期，楼船兵继续在百越地区为秦帝国开疆拓土，旷日持久，伤亡惨重，又继续驻扎当地，从此不知所终。或许这是兵马俑——秦始皇"地下军团"中没有他们身影的原因吧。

第二节　将军俑名不副实

陶俑按衣着服饰分为高、中、低不同级别。高级军吏俑，俗称将军俑，过去认为有9件，但实际是10件，出土于一号坑8件、二号坑2件。

这类陶俑外形特点显著。头梳扁髻，戴鹖冠。鹖冠是像两个犄角一样的冠帽，额头刻有缕缕的抬头纹。体形略胖，腹部微挺，有"将军肚"。按照着装风格和外形特点，可以分为二型。

一型：身穿双重长襦，外披彩色鱼鳞甲，双肩及前后胸甲上缀有彩色花朵，下身着长裤，足穿方口齐头翘尖履。甲衣腹背的甲片很小，像鱼鳞密密麻麻地排列，四周有一圈彩绘，前胸、肩膀、后背有8个花结。又分二式。

Ⅰ式：铠甲有披膊，衣袖半绾，双手交垂于胸前做拄剑状。

Ⅱ式：铠甲无披膊，双臂自然下垂，左手半握拳，拳心向前，拇指翘起；右手拇指与食指、中指相捏，缩于袖管内仅露出两个指节。

二型：不穿铠甲。

由此，我产生了困惑：一型与二型的差别是在表现兵种不同吗？铠甲是人类在武力冲突中保护身体的器具，可以说是军人的标配。二型不穿铠甲，意味着身

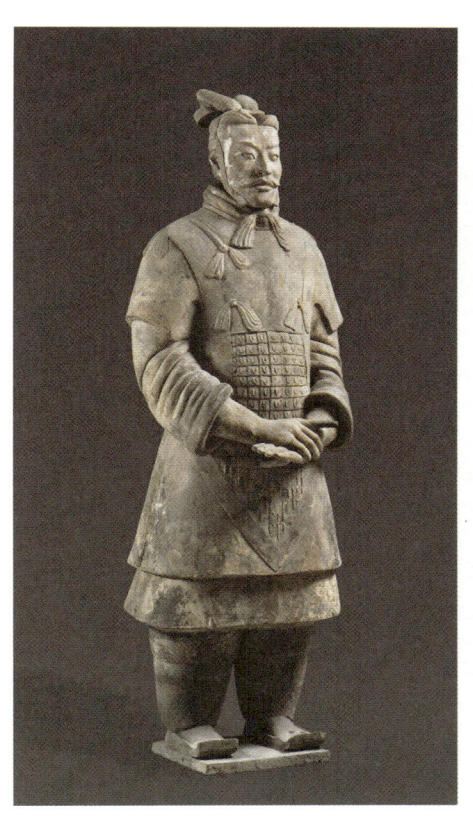

将军俑

判断陶俑所代表的身份级别，基本依据是头部戴冠形制的不同。

为表现高级军吏的年龄，陶俑额头阴刻抬头纹，从中可以体会到兵马俑塑造的写实主义风格。

体受伤害的危险系数低，秦国军队里有文职岗位？我对自己的这个困惑先是愕然，继而释然。

愕然——从未有人想过这个问题；释然——古今一理，现代军队编制中确实有文职人员，主要从事管理工作和专业技术工作，非直接参与作战。还记得前文说章邯部队投靠项羽的过程吗？不知大家是否注意到一个关键人物——长史欣。欣即司马欣，长史为官名，最早设于秦代。当时丞相和将军幕府皆设有长史官，相当于秘书长或幕僚长。后代执掌事务不一，但多为幕僚性质的官员。代表秦代军队建制的兵马俑军阵，有这样的幕僚形象情理上讲得通。

第一型的两式，虽然都披挂甲衣，但防护重点不一样，手势不一样，是军种不同吗？这个疑问我目前还回答不了，因为二号坑出土的2件高级军吏俑，查不到更详细的原始信息，不知道共生关系。

高级军吏俑，尽管大家习惯称呼其为将军俑，实际级别没那么高，从身后随从的陶俑数量上判断，最高属于百夫长。资料所介绍将军俑甲衣上的花结数量有的是7个，有的是8个，申茂盛先生多次核实发现实际上都是8个。以前清点的数量是7个花结，只是没注意到缺少的一个粘接不牢，掉了，遗失了。因此，花结属于军阶标识的说法并没有历史文献和考古依据。

军阶和爵位是秦代男子身份的两套标签。军阶一词最早出现在《孙子兵法》，是按照不同的等级和职责对军官进行划分从而形成的一套军事组织。秦代有将军、裨将、千夫长、百夫长。秦国爵位有二十级，爵位相当于待遇，不同的爵位领取的俸禄不一样，最高是关内侯和彻侯。在秦国当将军必须有相应的爵位。

商鞅变法，为秦国废除爵位世袭，改为根据军功制定尊卑爵秩的等级并给相应的特权，即所谓二十级军功爵位制。话说到这里，得允许我插播一句：废除爵位世袭，商鞅不是首创。

战国初期魏国李悝率先变法，提出"选贤任能，赏罚分明"的基本国策，主张改变旧的世卿世禄制，重要的官职由有才能的人来担任，有功劳的人才能享受优厚的俸禄。魏国由此改善了吏治，大大削弱了旧贵族的特权，国力强盛，一度"秦兵不敢东向"。李悝的同窗吴起在楚发起变法，规定凡贵族封君子孙传三代后收回爵禄。在战国变法大浪潮中，秦国"好饭不怕晚，良缘不嫌迟"，改革进行得最为彻底而已。

言归正传，根据军功制定尊卑爵秩的等级并给相应的特权，是一种价值回流。回流之前需要付出鲜血甚至生命。所以，兵马俑坑出土的10件将军俑，额头塑造出的抬头纹，凝结着身经百战、出生入死的履历。

我亲手清理过一件将军俑。它是所在区域的第九件陶俑，编号是G9：9。前缀G9是指出土区域第九过洞。"老九"，我们这样称呼"他"。

"老九"身份高，挨刀多，"死"得很悲壮，可说是身首异处，头部几乎没有超过巴掌大的碎块，残片散布范围涉及6平方米。脚下的踏板主要碎成两块，东西错位3.1米，一只脚足尖向东北，位于前辆车厢下，另一只脚伸进第二乘车陶马肚下，足尖朝向西北。这种移位如非人为，绝对是神力。这种重点袭击绝非偶犯，是正义旗号下的蓄谋伤害。

有之前几件将军俑做参考，我们很快明确"老九"是这一区域的"最高领导"，"老九"难免被"高看一眼"。我全程参与剔除"老九"身边堆积的杂土，妄想从周边掏出点儿什么——虎符、官印——那可就真得去庙里烧高香了！

虎符传说是姜尚姜子牙所发明，作为君主授予兵权，调动军队的凭证。虎符一剖两半，内有榫卯，相互契合，甚至有跨越两半的文字，用来防止伪造。君主需要调动军队时，派人持右半边虎符，前往军队驻扎处，与军队长官的左半边虎符相"符合"。

见符如见君，只要虎符相合，军事长官就可以服从调兵人的差遣。而且，虎符是一地一符，不同地方军队长官的虎符，内部榫卯各不相同，互相之间无法"符合"。也即是说，一个虎符只能调动一地的军队。这样看来，虎符不是将军的标配，更不会出现在"老九"身边。

比虎符更能证明将军的身份的只有印章。印章相当于身份证，官府机构使用的印章绝对是官员行使权力的信物，所以古人也把它叫作"印信"。官印起源于春秋战国末期，由于各诸侯国之间交往频繁，需要有代表不同级别官员的"印信"。

蔡泽是秦国四朝宠臣，信陵君的对头，在走投无路时入秦，经范雎推荐，被秦

0　30厘米

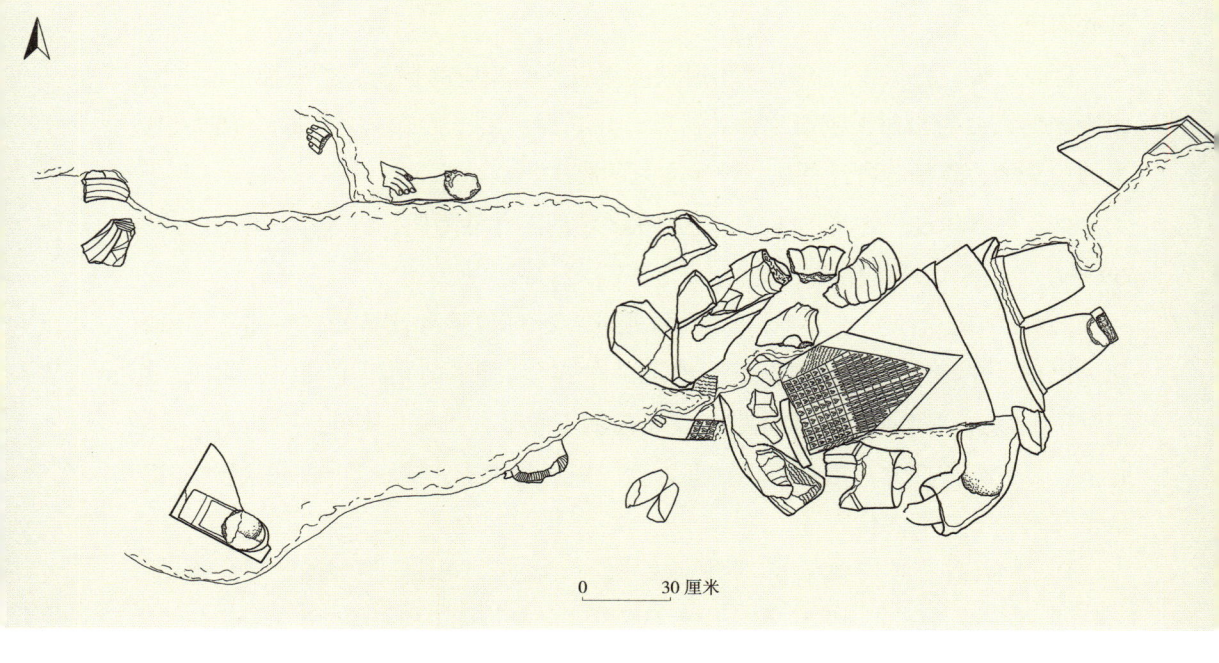

高级军吏俑残片分布图

昭襄王任为相。他善辩多智，游说诸侯，出使他国即"怀黄金之印"。纵横家苏秦游说六国合纵御秦，身上就挂了六个国家的相印。秦始皇统一六国，也统一了官印制度。自丞相到郡守、县令，都由中央政府授予官印。同时配发一条丝带，叫作"印绶"，用以拴系印纽。印绶不仅拴系印纽，还有识别官员级别的作用。

我阅读关于官印的历史资料，看到一本书，是晚清学者尚秉和的《历代社会风俗事物考》。书中介绍说，古代官吏佩印都挂在胳膊肘上，时刻不能离开。自战国时期至魏晋之际，都是如此。作者尚秉和感慨道："由今思之，凡印皆金质，终日系肘上，有妨动作，甚可笑也。"

高级军吏俑修复完成后

第四章 秦国军队的"真面目" 129

确实挺好笑的。官印一定随身携带,也确实如此。

> 将军,不常置。本注曰:掌征伐背叛……事讫皆罢。(《后汉书·百官志》)

不用说,我的妄想肯定是竹篮打水一场空。将军俑只是俑坑中身份比较高的军官,真实身份高不过尉官,比如校尉、都尉、郡尉、司马。校尉属于中央军,都尉和郡尉属于地方兵。尉官级别相当,司马稍微低一些[①]。

也许有人会问:"秦始皇死后没带将军吗?"也有人说:"秦始皇唯我独尊,将军就是他自己。"重读一下《史记》对地宫的描述吧:

> 宫观百官奇器珍怪徙臧满之。(《史记·秦始皇本纪》)

除了后面的"奇器珍怪",前面还有"宫观百官"。百官——三公九卿,以至很多。

秦军队中肯定有将军,至于秦始皇陵以何种形式表示将军,我们可以拭目以待,也不妨友情提示一点。

陪葬是专指埋在帝王陵墓近旁的死者或其坟墓,陪葬是一种政治待遇,往往经过恩准。其墓主一定是与帝王有血缘关系或君臣关系的人,基于亲情或忠孝的观念,并得到了帝王的赐予或恩准,在其自然死亡后,单独葬在君王陵墓的近旁,以寄托情思或忠孝之义。陪葬的出现受到了殉葬制度的影响,都是"事死如事生"观念下体现的不同文明程度的丧葬形式。

显然,秦始皇陵原设计包含有大量高等级陪葬墓。

---

① 陈孟东、卢桂兰:《秦陵兵俑爵级考》,《文博》1985年第1期。

第三节　秦军战马

> 秦马之良，戎兵之众，探前趹后，蹄间三寻，腾者不可胜数。（《史记·张仪列传》）

秦国能够拥有无可匹敌的军力，与他们拥有较多、较好的战马有密不可分的关系。秦国战马优良，士兵众多。战马探起前蹄蹬起后腿，两蹄之间一跃可达三寻，这样的战马不在少数。七尺为一寻，三寻即二十一尺，秦一尺约等于今天的23厘米，秦军战马飞驰电掣的威力可见一斑。张仪为秦国破合纵、创连横游说韩王，一通秦国兵马之强的说辞吓得韩王胆战心惊。

秦军战马，在兵马俑坑中有驭马、鞍马两类。陶马生殖器部分塑造得非常写实，驭马是母马，鞍马是阉割的公马。驭马拉车，要求稳健、耐久；鞍马驰骋，要求爆发力，由此可见兵马俑塑造的写实性有多强。

鞍马仅出土于二号坑，颇温驯地站在骑手身后，虽然没有探前趹后的逐日追风，但两眼圆瞪，鼻翼圆鼓，两耳如削竹，耳前有鬃花，也是一副机灵、蓄势待发的样子。马出生后第二年开始生齿，每年两颗，到第四年八颗，称为齐口，陶鞍马的嘴巴里有六颗牙齿，代表了年龄正处青年，是状态最好的时期。

养兵千日用兵一时，骑兵之"兵"，包括骑士和马匹。士兵骑上马所向披靡，背后有选育良马、保养战马、调教战马、培养士兵骑术、锻炼士兵和马匹的契合度，最终打造黄金搭档等过程，如此一番努力，才有了战场上相当于现代战争中装甲车般威力的大秦铁骑。

根据1975年在湖北云梦县出土的睡虎地秦墓竹简所提供的信息，秦代的战马肩高应在五尺八寸以上，相当于134厘米。这一规定表明秦代官方对战马的高度有一定的要求，确保战马能够满足骑兵的使用需求。马肩高度134厘米，比后世的"高头大马"相对低矮，在没有马镫相助时，骑士"飞身跃马"方成现实。

三座俑坑都有驭马，四件为一组。一号坑第三次发掘进行到2010年7月时，我们开始着重和马打交道，主要难点是马匹彩绘。陶马通体施彩，先是髹褐色漆为

陶鞍马

二号坑骑兵军阵出土，马长200厘米，配软鞍，无马镫。

底色，然后再根据五官、躯干、剪鬃、蹄腿分别涂色，这种做法与陶俑类似。只是彩绘层非常稀薄，加上马体表面整体光滑，彩绘脱落，一脱落就是一大片，近乎全身"马皮"，保留下来几乎不可能，因此一般观众可能对彩绘陶马没啥印象。

这令我惋惜不已。清理第二组车右骖马时，可以看见陶体表面稀薄的彩绘层，马脊干和腹的两侧为枣红色，腹下涂绿色，肩、颈两侧为枣红色，前胸及颈下涂绿色，马首的额、鼻梁为枣红色，两侧的面颊及颏下涂绿色，嘴角、口内为粉红色，蹄管白色。可是进行陶体移位之时，几乎就是一副马皮铺散在地上，彩绘完全脱落了。那个时刻，我真切体会到"皮之不附，毛之焉存"——如果把彩绘最底层的生漆比喻为马皮，上层的颜料就是马毛。

马体受光面和背光面是不同的颜色，这种施色风格以前也出现过，前辈们解释说也许是为了表现不同的明暗变化。另外一组同样位置的车右骖马，其施色风格却没有先例。马腿从底层向上分别涂了褐、白、红三色，腹部大面积的彩绘也有褐、黑、白的层次。这种彩绘分层着实令我匪夷所思，白+黑是为了表现青色吗？

为了消灭发掘过程中头脑里的问号，我去读《诗经·秦风·小戎》。诗中提到的骐、骝、骆、骊，说的是不同毛色的马。骐是青黑色有如棋盘格子纹的马，骝是黑鬃黑尾巴的红马，骆是黑嘴的黄马，骊是纯黑色的马。我们发掘清理的2组8匹陶马，主体区域的毛色以暗红为主，接近诗文中说的"骝"，褐、黑、白的层次或许是体现黑白相间的杂色，类似"骊"。也许杂色涂抹，工匠只是出于自己的偏好。

对陶马施色，工匠有共性——蹄管部分施白色。马蹄管是白色，诗文中称为"馵（zhù）"。四肢挺拔、体形健硕的白蹄骏马撒蹄奔驰，英姿一定俊美。工匠使用的彩绘工具类似今日油漆工的排刷，陶马彩绘层上残留大量成组毛刷的痕迹，可见工匠施绘时不是"描"，而是"刷"，畅快淋漓，一气呵成。

无论是驭马，还是鞍马，兵马俑坑出土的军马形象反映了秦国养马业的兴盛。根据史书和出土秦简，我们也能理解到一些秦代马匹管理细节，比如《里耶秦简》中这一则关于马意外伤亡事故的报告。

□八年三月庚申，启陵乡赵爰书：士五（伍）䏭忍苏薄居䛊告曰：居赀（赀），署酉阳，传送牵迁陵拔乘马一匹，騮，牡，两鼻刵，取左、右、耳前、后各一所，名曰犯难。行到暴【诏】谿反（阪）上，去谿可八十步，马不能上，即遺（墮）。今死。敢告。/乡赵、令史辰、佐见即居䛊杂诊：犯难死在暴诏谿中，西首右卧，□伤其右□下一所。它如居䛊告。·即以死马属居䛊。（《里耶秦简》）

　　简文说的是，秦始皇二十八年，迁陵县启陵乡一个叫居䛊的士兵报告，自己在运送一匹名为犯难的公马，行至暴诏谿阪时马坠落而死，随后启陵乡三名官吏一起查验，并由乡长将整个情况报告给县官，县丞在收到报告后做出批示。简文详细记录了马的信息，马的属地和类别、性别、特征、死亡地点以及原因。乡长不仅亲自查验了马死亡的前因后果，并向上级县官上报，县官又给负责相关事务的田官发去批示。

　　迁陵县治所在今湘西龙山县里耶镇，即使是现在，也属于比较偏远的地区。这样一个偏远地区，一匹马的死亡需要进行如此复杂精准的记录，可见马事无小事。汉《盐铁论》说："秦之法，窃马者死，窃牛者枷。"偷一匹马就要付出生命的代价，可见惩罚之严。

　　再如，睡虎地秦墓竹简《秦律杂抄》中对牧马人的各种要求。一则是考核驯教良马的官员，一年内只驯六匹以下，罚一盾的钱[①]。一则是如若军马没有达到要求，或者是征调入伍的马匹在考核中评为下等，对县令、县丞处罚，县司马革职。不仅是牧马人，上级官员也会因此受到处罚[②]。

　　但是，仅仅看到、记住、强化秦人在马匹管理方面的法政严苛，历史就失去了人间温度。一则穆公亡马的故事，也应该被同时看到、记住、强化。

　　早在春秋时期，秦穆公曾外出王宫，丢失了自己的骏马，亲自出去找，看见有

---

① 课驺骎，卒岁六匹以下到一匹，赀一盾。（睡虎地秦墓竹简《秦律杂抄》）
② 蓦马五尺八寸以上，不胜任，奔挚（縶）不如令，县司马赀二甲，令、丞各一甲。先赋蓦马，马备，乃鄒从军者，到军课之，马殿，令、丞各二甲；司马赀二甲，法（废）。（睡虎地秦墓竹简《秦律杂抄》）

陶马彩绘印痕

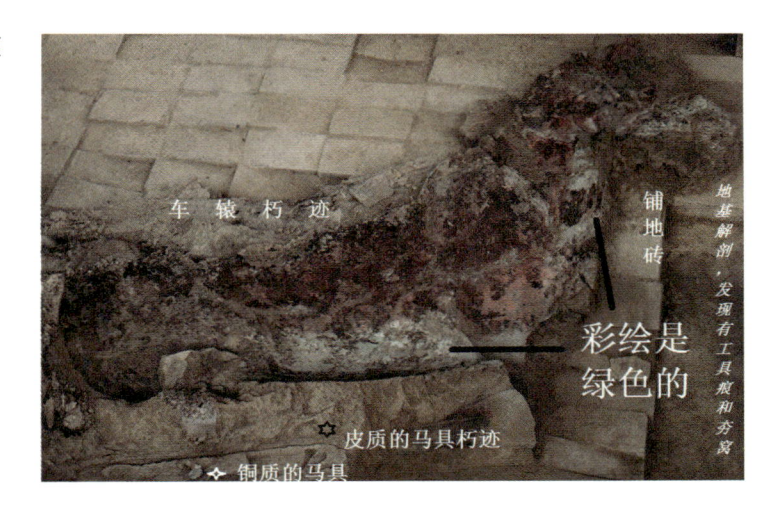

车辕朽迹　铺地砖　地基解剖，发现有工具痕和夯窝

彩绘是绿色的

☆ 皮质的马具朽迹
☆ 铜质的马具

异

人已经把自己的马杀掉了，正在一起吃肉。穆公对他们说："这是我的马啊。"这些人都惊恐地站起来。事已至此，不如顺势而为。秦穆公说："我听说吃骏马的肉不喝酒会伤及身体。"他又送酒给杀马的人，如此仁至义尽，感动得杀马人不知如何是好，由此种下了善因。

三年后，善报来了。秦晋战争，秦穆公被困，危在旦夕，那些杀马吃肉的人闻讯，自发出手相助，为君王拼死作战，以恩报恩。他们冲散了晋国的包围，穆公终于幸免于难，并打败晋国，活捉了晋惠公。

行善积德，好事会来。

第四节　胡马依北风

兵马俑坑出土的陶马，为我们展示了秦代养马业的兴盛，引得学者对秦代养马业予以了关注[①]，但其中有些问题，我想借助《史记·秦本纪》再多说说。

首先说说秦人养马有没有天赋。

> 秦之先……大费拜受，佐舜调驯鸟兽，鸟兽多驯服。

这段记载并不能说明秦祖先与养马的关系，文中没说大费养的是马，驯鸟所指禽类如鸡，驯兽可以是猪、牛、狗，这些动物被驯化的时间比马更早。

> 费昌当夏桀之时，去夏归商，为汤御。

费昌所驾驭的车，蓄力的马未必是当地驯养的马。

> 造父以善御幸于周缪王，得骥、温骊、骅骝、騄耳之驷。

"得"字，最能说明早期秦人和养马的关系。得，获得，不是造父自己驯养。

> 非子居犬丘，好马及畜，善养息之。犬丘人言之周孝王，孝王召使主马于汧

[①] 蒋文孝：《从出土文物看秦汉养马业及其相关问题》，《农业考古》2001年第3期。禹平：《论秦汉时期养马技术》，《史学集刊》1990年第2期。

渭之间，马大蕃息。

秦人真正养马是在非子时期。非子为秦始封之祖，是秦国先祖中第一个被周王室分封的人，秦国创立的奠基人，和秦始皇相隔36代。有一年秋天，周孝王从他人嘴里听说非子极会养马，于是任命非子在汧河与渭河之间负责养马。

犬丘相对于西犬丘，并非为同一地点。犬丘为周懿王都城，秦代称作废丘，以往人们认为在今陕西兴平市，2018年考古发现确认在今西咸新区沣西新城，即东马坊遗址。西犬丘即甘肃礼县及其附近地区。至少从先祖大骆开始，犬丘是大骆一支的根据地，非子作为大骆的庶子，做出了成绩之后获赐嬴姓，选择西犬丘作为与秦邑并用的生活居址，此时秦族成员至少已经在西方戎狄区域生活了200多年。非子善养马始于居犬丘时期，嬴秦族的养马业发达兴于西犬丘阶段。族群性的养马特长生成，得益于西犬丘地区的地理环境因素和与各民族部落间的交流融合。

其次，据《尔雅·释畜》，"马牛羊猪狗鸡"为六畜，马居"六畜"之首，说明马对中国人很重要，但关于中国家马的起源，越来越多的学者认同有马和养马不是一个概念，中国古代家马可能是舶来品。

在旧石器时代，中国发现马骨化石的遗址大约有32处，其中大部分集中于北方地区，包括东北、华北和西北，仅4处在南方地区。到了新石器时代，发现马骨的遗址数量更少了，而且全部集中于北方地区，如陕西仰韶文化半坡遗址、河南仰韶文化庙底沟遗址、甘肃青海马家窑文化遗址。

那些时期的马骨骸材料都很残破，只有点零散骨头和牙齿，动物学家认为马种属于中国土生的普氏野马，是人们的猎物，被用来吃，不可能被驯化。直到距今3600—4000年，甘肃齐家文化遗址被发掘后，人们才可以肯定那时在中国甘肃青海地区已经存在驯化家马。

中原地区身为政治文化中心，又是什么情况？河南郑州小双桥遗址（商早期）和安阳洹北商城（商中晚期，略早于殷墟）发掘出猪、狗、牛、鹿、蚌和鱼甚至象牙等，就是没有一块马骨。在距今约3300年的商代晚期安阳殷墟被发掘后，才出现了完全不同的情形：这里发现了多座车马坑（一般一车二马）与马坑，仅西北岗就发现了100多个车马坑，每个坑中至少有一匹马，最多有37匹马。而同一时期的西安老牛坡遗址和稍后的滕州前掌大遗址中也存在类似的车马坑和马坑。所以可以确定，在约3300年前，黄河中下游地区存在大量家马。

3300年前仿佛是一个清晰的分界线，往前中原没有家马，之后突然出现，这显然不符合事物发展的规律，因此，我们有理由相信兵马俑坑塑造的陶马所代表的秦军战马，以及之前在中原地区存在的家马，是由外地传入的物种。

考古学家将这个"外地"，聚焦在地球北部东西长8000多千米的亚欧草原，今哈萨克斯坦北部平原地带，那是世界各地大部分品种家马的故乡。古波太文化遗址发现大量马骨、马齿化石以及盛放马奶的陶罐碎片等文物，证明古波太人早在公元前3500年就开始了养马和骑马活动。在全球已知的42个古马基因组中，20个来自波太遗址，从4000年前到现在，所有家马都显示出至少2.7%的波太马血统。

2018年，47名考古学家联合在《科学》杂志发表《古老的基因证明家马驯化》一文，让我记忆深刻的是关于古波太人饮用马奶。

新出秦封泥有"上家马丞""下家马丞"印。据《汉书·百官公卿表》"太仆"条：

秦官，掌舆马，有两丞。属官有大厩、未央、家马三令，各五丞一尉。

其中的家马令，应劭注解是："主乳马，取其汁挏治之，味酢可饮，因以名官也。"如淳注解是："主乳马，以韦革为夹兜，受数斗，盛马乳，挏取其上肥，因名曰挏马。"家马令为太仆属官，上家或下家马丞应为家马令五丞中的两丞，这两丞或可直接叫作"家马丞"。汉封泥中确有"家马丞印"。武帝时，家马更名为挏马，传世的封泥中也见到"挏马丞印"。总之，秦汉时期官方有一种马提供马乳之用。

进口物种，来之不易，马在商代政治待遇颇高。王室和贵族专有，生前用马驾车，或在进行祭祀活动中使用，死后则用它们随葬。卜辞中说"王畜马于兹牢"，虽然王不可能亲自去养马，但不见"畜牛""畜狗"等说法，在普天之下莫非王土的君主时代，吃王喂的草料，体现了马"非马"，是VIP。

战国时期，马一跃成为战争的利器。这些"利器"源于"以夷之长以治夷"的包容心，比如著名的赵武灵王胡服骑射改革。赵国边境线上，东北边是东胡，东有中山国，北与楼烦、林胡接界，尤其是位于山西西北部的楼烦国[①]，与秦、汉两朝骑兵军官别称"楼烦将"有明显的关系[②]。

事实证明，今天中原地区依然不适合养马。尽管不断引进优良马种，"买马以银，养马以金"，绢马贸易，茶马互市，都是因为中原地区缺马，尤其是缺良马。马耐寒怕热，特别适应干燥凉爽的欧亚大草原，一入中原便容易生病，水土不服。

兵马俑坑出土陶马造型被认为和现在的河曲马很像。河曲马历史上曾称为吐谷浑马，也称南番马，以甘肃甘南藏族自治州、四川省阿坝藏族羌族自治州和青海省河南蒙古族自治县为主要产区，毛色以黑、青为主，也有骝、栗等色。详细比对一下吻合点：

1. 从地域上看，甘南藏族自治州与嬴秦非子早期活动的地区大体符合。
2. 从毛色看，以黑、青为主，也有骝、栗等色，与发掘所见陶马绘彩不矛盾。
3. 从马种特色看，河曲马体形颈宽厚，躯干平直，胸廓深广，体形粗壮，具有挽、乘、驮、载等诸多功能，这点也和俑坑陶马吻合。

从2010年7月到10月，马一直是发掘现场交谈的话题。

"网上说河曲马记忆力较强，售往外地，几年后还能回到原驻牧地。"

"口外？那得赶快修复起来，这8匹马还等着回家呢。"一句冷笑话，逗得众人大笑。

[①] 今娄烦县马家庄乡新城东沟村有相关遗址。
[②] 《史记·高祖功臣侯者年表》："（阳都侯丁复）以赵将从起邺，至霸上，为楼烦将。"《史记·项羽本纪》："汉有善骑者楼烦，楚挑战三合，楼烦辄射杀之。"《史记·樊郦滕灌列传》："击破柘公、王武军于燕西，所将卒斩楼烦将五人……卒斩龙且，生得……楼烦将十人……从击项籍军于陈下，破之，所得卒斩楼烦将二人……功布别将于相，破之，斩亚将楼烦将三人。"

第五节　秦军兵车

古人常以兵车的多寡来判断一个国家的实力，因此有很多人说3座兵马俑坑中的木车是大秦帝国国力的象征。

据估算，3座兵马俑坑内总共有木车140余乘，其中一号坑有50余乘，二号坑有89乘，三号坑1乘，目前已清理出22乘，其中一号坑10乘，二号坑11乘，三号坑1乘，每乘车后都有2~4名军士，无疑属于兵车。

尽管木车早已腐朽，其结构难以全部辨识，但总体面貌大体可以复原。木结构的立乘车，单辕、双轮、四马驾挽，车的主要结构分为乘载的车舆（车厢）、转动前行的轮轴及用作牵挽的辕和衡三大部分。车舆为横长方形，宽140厘米，进深110厘米或120厘米，前面和两侧有围栏，后部留出车门，乘车人从后面上下车。与殷周时代的车相比，秦代的车辕加长，轮辐增多，车舆增大，车轴变短。

和陶俑一样，这些木车也得先划类分型，一般把它们分为一般战士乘的战车、军吏乘的指挥车、四人乘的驷乘车及二人乘的佐车四类。

第一类：名副其实的战车。每乘车有3名乘员，他们在车后一字排开。居中间的陶俑是御手（驾御车的人），双手前伸，呈驾车姿势；车左、车右一手执兵器，一手做扶车状，分别站在御手两侧。从西周到秦代，战车上的成员都是3人，这是战车的标配。这3人中御手为下级军吏俑，车左、车右为一般战士。3人都穿甲衣，但御手的甲衣甲片比车左、车右的甲片小，防护更完备。在战场上，御手负责驾车，车左、车右负责与敌人格斗。

第二类：指挥车。装饰漂亮，车厢周围有精细的彩绘花纹。这类车上的乘员也是3人，分别是军吏、御手和车右。军吏有高低之别，或为高级军吏俑，或为中级军吏俑。御手和车右都头戴长冠，身穿铠甲。车上人员的位置并不固定，军吏和御手的站位可能互换，车右始终在右侧。车上乘员的职责分别为：职务较高的军吏掌握金、鼓，以击鼓鸣金的声音指挥随车的步兵或攻或退；御手的职责是驾驭车马，保证车马进退有节，安全奔驰；车右的职责主要是与敌格斗，保护军吏的安全。

第三类：驷乘车。驷乘车就是四人乘坐一辆车，这种情况罕见。二号坑、三号坑各出土一辆，一号坑第三次发掘在T24G10也出土了一辆。二号坑的驷乘车已焚毁，形制不明，车后跟御手、军吏、车左、车右。三号坑的车有彩绘装饰，级别较高，车后有御手、军吏和两名甲士，3人戴冠，一人因无头而冠饰不明。这两辆车均居于重要地位，似乎有特殊的作用。一号坑新见木车与一般战车相同，车后陶俑分两排站立，前排为御手、军吏，后排为车左、车右。

第四类：佐车。二号坑骑兵阵前出土6乘佐车，车上有两名乘员，御手居左，车右居右。御手的装束与指挥车上的御手相同，车右披甲，戴长冠，地位高于一般战车上的车右。通常军阵中的佐车是主车的后备车，在不测事件发生时供主人乘坐。骑兵阵的士兵是骑马作战，佐车或作备用，也可作为机动车使用。

这种分类简单明了，从中能了解到秦军兵车的大概，毕竟这里只是兵车的缩影，实际应该有更繁复的系统。有学者曾分析过楚国兵车，据其性能、功用，认为大体可分为攻车、阙车、楼车和巢车、守车、辎重车，秦军兵车亦大体如此。

攻车是最主要的作战车，要求灵活、快速，故车轻、身短，常又称作轻车。其数量也是最多，讲国力的强弱，车之多少，主要指此种车。文献上对它的称呼也很多，如戎车、广车、驰车、冲车等。戎车常为帅车或指挥车；广车是一般兵车，又可以包含许多车类，有一系列摆放形式；驰车是奔驰疆场的车，有点像步兵中的"前锋军"，与之相对，有坚守阵地的革车；冲车是向步兵发起攻击的车。

上述兵车、阙车也许最难理解。阙车形同攻车，但作用不完全一样。古代车战，讲求方阵。战前所有参赛队伍得"严阵以待"，战中则要求方阵始终保持严整，如果因战车伤损而出现空缺（阙）——"位"，便由阙车来补充。哪里出现空缺，即往哪里补充。因此，阙车的主要作用即机动以补缺位。此外，当军队宿营或布阵调动时，因阙车不在阵中，这时阙车就担负着警戒掩护的任务，这也正体现了它的机动作用与性能，类似现代排球赛场上的"自由人"。

所谓兵马俑坑中的四种分类，远远不能代表秦军兵车的复杂性。近8000件陶俑中，140多乘战兵车，只有二号坑南端的64乘属于真正的车兵军种。这些车乘上，中间的御手平举握辔，认真驾车，左、右两侧的车士一手按车，一手紧握长兵器，他们侧耳倾耳,神情敏锐,并且车上配有远射程的弓箭和近距离搏斗的矛、铍等兵器。这种布阵说明,虽然车兵在秦国兼并六国、完成统一大业的战争中发挥了重要作用,但在新兴作战模式下,与蓬勃发展壮大的步兵、骑兵相比,车兵已是落日余晖。

一号坑第三次发掘区埋藏了4乘木车,属于步兵队伍中的指挥车。其中两乘的清理花了将近3年的时间。因为木车在泥土中已经"解体",想把结构复杂的木车复原,以袁仲一老师的话说,"首先得心中有车"。

为了做到"心中有车"而非"闭门造车",我们一边请外援,一边翻书、现场讨论,迟迟不敢下手。直到2011年年底,再次揭开车迹上覆盖的保湿塑料布,心里有了底气,很快确定了木车的主要部位,清理出了如伏兔、车轫、车軏、车衡等关键部分。

伏兔是木车辆的减震装置,近似长方体,上窄下宽,有半圆形凹口,内端圆弧形,外端平齐,其上边连有一出檐式盖板,盖板覆盖于车毂内侧的上方,以防泥土落入轮舆之间影响车速。基本尺寸是长34~35厘米、宽5~8厘米、高13厘米。其中的盖板实际上是周代车器中画辀的变形。画辀由单独一器变成伏兔的一个附件,这种新变化自秦始皇陵铜车出土后方为人所知[①],此处出土的伏兔顺轴放置,与两乘铜车形制相同。

很多人在斜坡路段泊车,会在车轮下塞一块阻碍物防止车轮移动,阻碍物就是简易版车轫。车轫是止车用具,用以"止轮",衍生出成语如"发轫之始""云程发轫",意思就是启车行进,事业启航,新鲜事物或某种局面开始出现。它的结构简单,方框形,木桩制作,一车两件。秦始皇统一六国后有一个举措——车同距。在车轮无存或者移位的情况下,两两对应的车轫提供了"同距"的数据。

车衡是辕端的一根长横木,在甲骨文"车"字上有形象的体现。我们清理到的车衡,外形用师傅的话说"像一根扁担",中粗端细,缠着细密的线绳,表面刷

---

① 张长寿、张孝光:《说伏兔与画辀》,《考古》1980年第4期。袁仲一、程学华:《秦陵二号铜车马》,《考古与文物丛刊(第一号)》,1983年。

清理木车场景

木车因腐朽、被烈火焚烧，保存状况很差，采取了小范围解剖，对结构有初步了解后再扩大发掘面的方法。

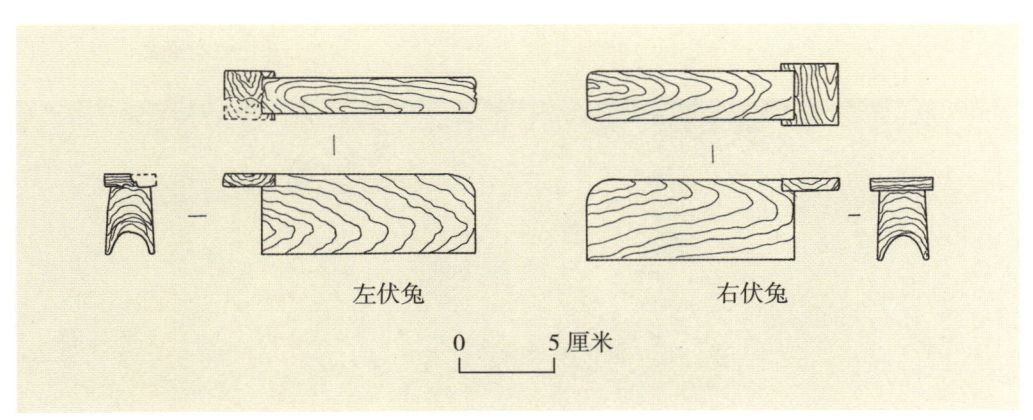

左伏兔　　右伏兔

0　5厘米

伏兔平、剖面图

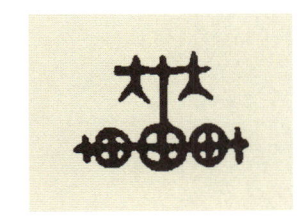

甲骨文"车"字

漆，和史料中殷周时期的车衡相比，没有金属装饰套错衡，没有銮铃，朴素无华。

除了弄清木车主要部件，两车的通体髹漆并局部绘彩，对我们这些"心中没车"的"小白"而言，更是万般欢喜，这些可真有看头呢！

彩绘涂抹于黑褐色底漆表面，条状纹饰带中分布雷

第四章　秦国军队的"真面目"　　143

纹、云纹等图案。面积较大者有前轷部分，纹饰带残长56厘米、宽10厘米；桄木之间的纹饰带残长30厘米、宽6厘米；后轸木左侧残存纹样宽10厘米。纹饰边框线条笔直、流畅，纤细宛如一丝铁线，色彩细腻，鲜红浓烈；平涂渲染的枝蔓、云朵，浪漫变幻，淡蓝雅致；白色的雷纹，盈盈不过黄豆大，却无处不在，像跳动的音符。三者结合，随意搭配，充满云卷云舒的散淡。

盯着这些彩绘，我曾经幻想出这样一幅画面：结束了一天的厮杀，将官在凯旋的途中，倚栏远眺，余霞散绮与车体上跳动的纹样交相辉映，空气间飘荡着一股轻歌曼舞

车迹彩绘图案

的惬意。

对于兵马俑坑所见战车，人们多溢美之词，我却不喜欢这样做。其车体结构、各部分规格，乃至与殷周时代的车相比车辕加长、轮辐增多、车舆增大、车轴变短等优点，在我眼里都稀松平常，无可圈可点之处，战国晚期各国兵车的情况基本都是如此，时代进步而已。唯有车体上的彩绘，着实让我着迷。

秦人骨子里的浪漫，无关战争，只为美好——这一点经常被后世的人们忽视。

第六节　胡人造车

《考工记》是现存最早的一部有关器物制作工艺规范的著作，亦称《周礼·冬官考工记》，是春秋末齐国人记录手工业技术的官书，主要记述有关木工、冶铸、皮草、陶器等手工业制作之事，分别对车舆、宫室、兵器以及礼乐诸器的制作细节一一道明。其中有句话：

一器而工聚焉者，车为多。

意思是制作一辆车需要很多工种的合作。显然能调度出多工种并使之相互合作，首先得出现一个组织机构，这在国家体制诞生前，可能性微乎其微。

长期以来，学者对中国早期造车的历史争论不休。《史记·夏本纪》说夏人出行"陆行乘车，水行乘船，泥行乘橇，山行乘檋"，不过，即使陆地乘车指马车，乘车之人不一定会造车。考古发现河南偃师二里头遗址有轨距约1.2米的双轮车辙印，口部宽约20厘米，深3~5厘米。车辙之间的路面上布满了不规则的小坑，发掘者认为可能是长期被驾车的牲畜踩踏所致。此外，还出土了一件规格很小的青铜车軎，部分测年时代为公元前1900—前1600年，证明二里头文化时期已经有了双轮车。但车辙可以代表木车的种类很多，牛拉车碾压路面同样可以留下车辙印，这为什么不能是载重牛车留下的呢？

1989年在殷墟郭家庄发现一座羊坑（M148），内埋二羊一人，二羊头部附近皆有车构件，表明在役使拉车。这种羊拉车在凤翔春秋秦文化遗址中也有发现，2024年秦始皇陵西侧大墓发掘也出土了羊拉车。甚至在公元前2600年的两河流域，还发现了牛车、驴车用于作战的考古证据。

马车即马和车的结合物。据考古资料证实，在公元前22世纪以前，世界各地发明使用的车子，其牵引动力主要是牛或驴，并非马。马车的发明或最早使用，现今上限仅能追溯到公元前22世纪初，出现于俄罗斯与哈萨克的欧亚草原上。当地民族在车子传入后，实现了车与当地驯化马的结合。

从文献记载和考古发现来看，中国马为蓄力的双轮车出现时代为公元前1900—前1600年，比世界上最早出现的时间晚了数百年。从出现时间上看，中国马车有西来输入的可能，具体时间为公元前1250年左右，属于殷商武丁时期。

其实，关于中国马车尤其是兵车的发展问题，用不着掰开揉碎地分析，老祖先从来没有避讳过自己的弱项。《考工记》说："粤无镈，燕无函，秦无庐，胡无弓车。"因为在这些地方制作某些兵器不算特长，老少妇孺都会，"胡无弓车"，因为人人都会做车、做弓，这是祖传手艺。

东周时期，有两种文化遗存活跃在中国北方，文献对应的最主要居民有春秋时期中原以北的戎、狄和战国时期的"胡"，戎、狄与"胡"存在时代上的早晚。与"胡"比较起来，戎、狄和华夏族关系更近，血缘相通，只是有些生活习惯不同，有时为敌，有时为友。

> 唐虞以上有山戎、猃狁、荤粥，居于北蛮，随畜牧而转移……逐水草迁徙，毋城郭常处耕田之业。（《史记·匈奴列传》）

山戎、猃狁、荤粥等北方民族，居住在北方蛮荒之地，逐水草而居，不修筑城郭，擅长骑射，不搞农业生产。司马迁在《史记·匈奴列传》开头写的这些话，和考古发现的戎、狄文化有出入。先秦文献中记载的戎、狄在汉代有许多已消亡，战国以后活动在北方的都是游牧人。成书于春秋末年的《考工记》所言造车的，不是戎、狄。

从人种学角度说，北方游牧民族有大量的北亚蒙古人种，其中包括匈奴。中国的匈奴是古代蒙古大漠、草原的游牧民族，大部分生活在戈壁大沙漠。公元前215年秦始皇在位期间，他们被逐出黄河流域河套地区。这样看，似乎人人都会造车的"胡"是匈奴人。很多时候，"胡"是一个很宽泛的称谓，包括西域广大地区。新疆古墓沟墓地的发掘，证明欧罗巴人种——俗称白种人——来到中国塔里木盆地的时间在距今4300年左右。

《考工记》提及的"胡"能造车，不知具体所指为何人，但中华文明海纳百川，曾向外学习造车之法。车子以接力传播方式由不同文化的人们传至新疆，再从新疆传入西北甘青地区，最后到达中原，很快成为国力的代表、战场上的枭雄。这难道不是一件很了不起的事吗？

考古发现总在颠覆我们以往的认知。2024年秦始皇陵西侧大墓北墓道发现了一辆四轮独辀木车，初步判断，它与棺椁下葬相关，可能是下葬时运输棺椁的载椁车。全车总长约7.2米，上带有完整方形彩绘车盖，东西宽2.6米，南北长4.2米，颜色鲜红，保存完好，车舆两侧共有4个车轮，附有大型铜质车辔。这是目前考古发现的时代最早的四轮车，研究价值在于"承前启后"。

承前，即延续周礼。两周时期，从天子到士丧葬时均备有乘、道、橐三乘魂车，只是驾车的马匹数量不同。启后，即西汉时有一定身份地位者死后所用棺椁及随葬品等基本都用车运送到墓地，西汉诸侯王墓中常发现有4件或6件轮轴，为下葬时使用的棺轮。

写到马、车章节，我心有怯焉。现在有一些人接受不了中华民族文明中的外来文化因素，一旦提及某些事物是"输入"就触发了"民族自尊心"，会勃然大怒。

不过，谁也否认不了文化的传播推动了历史发展，"输出"与"输入"是一个双向过程。中国的丝绸改变了西方人的穿着，西域的物产、音乐改变了中国人的日用习惯和音乐风格；汉唐时期对外域文化的吸收消化，促进了盛世的出现；而唐宋时期中国文化的远播，又影响着东南亚诸国的发展进程。文化的双向传播，推动了世界发挥出积极的历史作用。放下狭隘的"民族自尊心"，打开格局，接受马、车是外来事物的事实吧，中国车子源于西方之说对树立民族自信没有害处。

输入很正常，吸收营养并提升改造做到行业最好，多牛啊。尽管殷商时期才开始引进马、车，数百年后已经有了官方行业标准，再经数百年出现了四轮车，追赶超越，多牛啊。

第七节　秦军指挥器

《诗经·邶风·击鼓》有云：

> 击鼓其镗，踊跃用兵。

诗文的下句，很多人耳熟能详：

> 死生契阔，与子成说。
> 执子之手，与子偕老。

铿锵的鼓点，点燃了虎贲热血，浴血奋战、功成名就的同时，人间另一种美好也跃出水面——相爱的人们携手一生。无情未必真豪杰，怜子如何不丈夫！贯彻全诗，人生才是完整的最高境界。

"击鼓其镗，踊跃用兵。"在战场上，铿锵的鼓点鼓舞着武士们的斗志，更指挥着军队前进、统一士兵行止。作为指挥用品，鼓声等于冲锋号角，所以有"一鼓作气，再而衰，三而竭"的典故。

公元前684年（鲁庄公十年），齐桓公借口鲁国曾经帮助过同自己争做国君的公子纠，出兵进攻鲁国。当时齐强鲁弱，鲁国处于防御地位。双方实力悬殊。结果鲁国以弱胜强，把齐军打得溃不成军。这就是著名的长勺之战，《左传》记载了战争经过：

> 公与之乘，战于长勺。公将鼓之。刿曰："未可。"齐人三鼓。刿曰："可矣。"齐师败绩。公将驰之。刿曰："未可。"下视其辙，登轼而望之，曰："可矣。"遂逐齐师。

既克，公问其故。对曰："夫战，勇气也。一鼓作气，再而衰，三而竭。彼竭我盈，故克之。夫大国，难测也，惧有伏焉。吾视其辙乱，望其旗靡，故逐之。"

庄公和曹刿同乘一辆战车，在长勺同齐军交战。一开始，鲁庄公就要击鼓进军。曹刿说："还不行。"齐军击鼓三次后，曹刿说："可以击鼓进军了。"齐军被打得大败。鲁庄公就要下令驱车追击齐军，曹刿说："还不行。"曹刿下车看了看地上齐军战车碾过的痕迹，又登上车前的横木远望齐军撤退的情况，说："可以追击了。"于是追击齐军。战后鲁庄公复盘战事过程，曹刿总结道："一鼓作气，再而衰，三而竭。"此典故一直流传至今。

一号兵马俑坑曾发现两面战鼓，因腐朽严重，难窥真容。2009年8月，木车附近区域出现两枚铜环，老师傅很有经验，第一时间判断"这底下可能有战鼓"，果不其然。

鼓隶属木车，编号鼓1，位于第九过洞第二处车迹的右前方。本体已经完全腐朽，根据朽渣轮廓可以得到一些基本信息：剖面呈"凹"字形，外径近70厘米，残高8厘米，属于短桶扁鼓类型。鼓通体髹漆绘彩，胎壁很薄，由植物和织物两种材料构成。鼓桶上等距分布3枚带柄铜环钉，其中有一枚鼓环内尚存系带，织物系带组织纹路清晰可辨，由此可知，这是一件悬挂使用的悬鼓。

外层髹漆、内胎骨架为竹木麻布，使用了夹纻胎工艺。纻，指苎麻或以苎麻制成的麻布。我国考古发现最早的夹纻胎漆器实物出自楚墓。如湖北江陵马山1号楚墓彩绘漆盘、1964年长沙左家塘三号墓出土的黑漆杯和彩绘羽觞，是战国时期的夹纻胎产品。这种工艺在汉代非常盛行，漆器表面常有自带的器铭"夹纻"或"纻"。

夹纻胎漆器以麻布和漆层堆叠而成，所以胎骨极轻，工艺优势明显。首先，不像木胎一般容易热胀冷缩，让漆面产生裂痕。麻布内胎的稳定性可以让造型更加持久。其次，也能制造更多造型复杂且不那么规则的器物。魏晋南北朝至隋唐时期，随着佛教兴盛，大量佛像雕塑使用夹纻工艺，轻薄的特点凸显出来，被运用在佛像和行像上，让雕塑更便于搬运、摆放和展示。

随着清理深入，鼓周边揭取了很多粘着漆片的土块，上面残留着里层的织物和外层的彩绘纹样，这些照例被队友收藏在保鲜盒，成为她的新"宝贝"。原来，大

鼓1及夹纻
胎织物土块

夹纻织物

漆灰

彩绘　髹漆

秦战鼓通体彩绘，有红色、绿色、褐色纹饰，基调鲜艳、浓烈。

2009年冬季，第九过洞东部再次清理出鼓迹，编号鼓2，隶属第一组车。大小直径、形状、胎质同前，有两点不一样：第一，这件鼓的彩绘图案以枝蔓、卷云等曲线为主，主基调偏深重，绿彩多，另有白、红、粉蓝等，和鼓1彩绘基调偏红不同；第二，这件鼓桶壁上有小黑点。

随队摄影师提示道："好像这些小点分布还挺有规律。"真是的，小黑点外形像枣核，三排等距交错分布很规整。"黑点是彩绘还是钻孔？"我拔下一枚别在衣袖上的大头针，试着捅了捅，确认黑点贯穿桶壁直通鼓腔。再从孔眼里拨一点朽丝在手心，仔细看纤维的纹理，发现纤细而有光泽。最后，我慢悠悠地宣布了重大发现：鼓面蒙皮，竹钉固定。

行为慢悠悠，思维如脱兔，我以此为自己工作的座右

鼓2全景及鼓钉

目前一号坑发现有战鼓朽迹共4处，属于悬鼓类型，均出土于车舆右侧，与车左为使用者的文献记载不符。

隔墙　立柱

鼓面

鼓钉

鼓环　鼓桶

漆灰

鼓环外塞的木片和麻布

鼓钉

第四章　秦国军队的"真面目"　151

铭。如果是表面的彩绘，不会是透孔。如果是骨钉，掏出的会是粉末而不是纤维丝。写出这两句话，我突然想起2024年春天一段网上流传的视频。视频中，某网友声称其在兵马俑坑工作，工作时长每天仅2小时，月薪数千，还有五险一金，预计整个挖完需要700年。该网友将这份工作形容为"祖宗留下的铁饭碗""轻松赚取高薪"。此言一出，引发了社会广泛关注与热议。

从战鼓的清理过程来看，是否有人也能替我们发声，回击一句话：这份工作费脑费神，一般人干不了。

闻鼓声而进，闻金声而退。（《荀子·议兵》）

作为战斗指挥器，鼓的作用是冲锋前进，鸣金收兵与之相对。"金"即青铜，有铙、镎于。铙，也称钲，外形如铃，无舌有柄，执而鸣之，以止击鼓，兵马俑一号坑曾在两辆兵车附近出土了两件，形状相同，原来可能挂于车上。其形状与史书有关铙或钲的记载基本相同，状如铃似钟，有柄无舌，敲击作响。所不同的是，俑坑出土的铙或钲，柄上有一鼻状环，更方便携带或悬挂于车[①]。

另一类"鸣金"镎于，形如圆筒，上部比下部稍大，顶上钮，多出于四川、安徽和湖北部分地区，秦军队中比较罕见。1978年咸阳市渭城区渭阳镇塔尔坡窖藏出土一件龙钮镎于，属于战国之物，是国内仅见的典型秦式镎于。

这件镎于与齐鲁、吴越、巴蜀的绳钮、兽钮、虎钮均不相同，它顶部平盘，中央置龙钮，栩栩如生。龙弓腰，尾上卷，口大张，曲颈反顾，下颌与腹背相连，首部与尾部曲卷对称，犹如腾飞之态，生动逼真。龙体阳雕双翼，阴刻鳞纹，仿佛欲振翅高飞。四爪两两相并，分铸于镎于平盘顶中部，龙腹弯曲处有悬挂摩擦的痕迹，见证着岁月的沧桑。

平盘纹饰与镎于表面相同，皆饰勾连云纹。顶盘与肩相连处的弦带上有一周三角纹，三角纹之间的宽带自上而下将镎于表面分为两半，对称而和谐。底边亦有

---

① 党士学：《"甬钟"正名》，《文博》1986年第3期。

一条弦带，其上三角纹与肩上三角纹遥相呼应。

研究发现，錞于有钮和无钮之分，使用有等级差别。秦国錞于别具一格，整个錞于形体高大，造型奇特美观，图案精致入微，实属罕见，属于陕西出土文物中的珍品。

军队其他的指挥器还应该有什么呢？战旗。我笃定兵马俑坑已经发掘区域一定有战旗，只是出于各种原因未被辨识出来而已。

第八节　大秦战鼓

两面彩绘战鼓的发现，着实令我兴奋。这是除彩绘兵马俑外，我继木车后第二次看到军用器具也绘彩。但得意容易忘形，鼓迹的清理出现了两处过失，一是鼓钉，二是鼓面。

鼓桶中空，鼓面蒙皮，敲击发声，很简单的原理。清理出桶壁一圈之后，没见鼓面，我想当然地以为皮子已经腐朽无存，没想过皮子会塌陷到鼓桶空腔，没想过皮子得用鼓钉才能与鼓桶固定在一起。

经过摄像师指点，我们对鼓钉失察迅速补救。转眼又过去几个工作日，绘图师为了弄清鼓壁厚度，用笔尖沿着鼓壁内圈剥去黄土壳，发现了鼓面，皮面上甚至还有彩绘。此时距离第一面鼓的清理已有一年之久。

二面鼓，黑中带红，我不知道是否曾激扬了秦军将帅的虎狼气势。我知道鼓面、鼓桶通施彩绘，制作考究、精致，秦军队里有浪漫。红漆铁线描技法，分隔出变化的几何条带，规矩却不拘谨；条框内天蓝色、白色、绿色多重套合，平涂渲染出伸展的枝蔓、飘逸的云朵；黑色圆点填充空隙，增添了稳重和神圣。尤其是铁线描的红漆线条，细如发丝，流畅，无停顿，一笔而就，可见画工性格沉静，技艺精湛。工匠如果换成猛张飞，绝对画不出来这样的效果。著名的天星观悬鼓，鼓面上也没有绘彩。于此，我更知道了秦代有技术过硬的漆画工。

清理战鼓的过程，让我觉悟到考古发掘不能图速度，而最终成果永远属于集体。这枚军功章上，有发掘师的一半，有摄像师的一半，也有绘图师的一半，他们分别是杨爱荣、赵震、吴红艳，接下来该我在详细研究方面做出贡献了。

首先，关于鼓的制作。以《考工记》为例，有以下几方面要求：

> 天有时，地有气，材有美，工有巧。合此四者，然后可以为良。

这是造物基本原则。

> 凡冒鼓，必以启蛰之日。良鼓瑕如积环。鼓大而短，则其声疾而短闻。鼓小而长，则其声舒而远闻。

意思是惊蛰之日才能造鼓。鼓桶要呈圆环状。鼓直径大、桶就得短，鼓声急速、传播距离近；鼓直径小，桶就得长，鼓声是舒缓、悠扬绵绵，这是造鼓的标准。

又说，依据"五行相生"，器物彩绘搭配要适宜，整体的色彩搭配趋于匀称明快、协调有序，色调上则能够呈现冷暖、明暗的层次感和对比度，令人赏心悦目。所以，

鼓桶纹样

一号坑发现的战鼓，通体彩绘，但因腐朽过甚，主体仍保留在坑下出土位置，因此公众看不到实物。

我们清理的两面战鼓直径较大，桶较短，属于鼓声急速、传播距离近的类型，与战场指挥器的使用要求吻合。彩绘色彩有暖色的红、冷色的绿，明暗层次感强，也符合《考工记》有关造鼓标准。

其次，关于鼓的类型。

第一面漆鼓与铺地砖之间有约20厘米厚的黄土，这说明了当时它并没有放置在地面上，又有铜环和织带，确定使用方式是悬挂，属于悬鼓类型。这种用法以往在南方楚墓中多有发现，如湖北江陵天星观、河南信阳等地区。有悬挂鼓体的鼓架，由双虎或双鸟组成，制作非常精美。天星观M1出土的悬鼓周边用红、黄、金三色绘菱形纹，鼓径75厘米，周长235.5厘米，大小与我们发现的基本相同[1]。

天星观M1同时还有一件小鼓，绘纹饰，鼓径28.3厘米，发掘者认为是文献上说的"鼙鼓"。鼙鼓，古代军中的一种小鼓，汉以后亦名骑鼓，被作为军队或者战争的代名词。比如唐代白居易《长恨歌》有"渔阳鼙鼓动地来，惊破霓裳羽衣曲"，清代黄遵宪《樱花歌》有"承平以来二百年，不闻鼙鼓闻管弦"。

鼓还有一种更常见的类型——建鼓。甲骨文属于表意文字，以象形、假借、形声为主要造字方法，甲骨文"鼓"字由鼓、鼓床、双手持棒槌击鼓三部分构成，象建鼓之形。建鼓属长桶鼓框，中间贯穿一个柱子，架在鼓床上，鼓面朝向左右两侧。《隋书·音乐志》载："建鼓，夏后氏加四足，谓之足鼓。殷人柱贯之，谓之楹鼓。周人悬之，谓之悬鼓。

---

[1] 湖北省荆州地区博物馆：《江陵天星观1号楚墓》，《考古学报》1980年第1期。

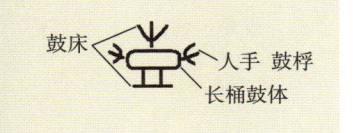

"鼓"字拆解

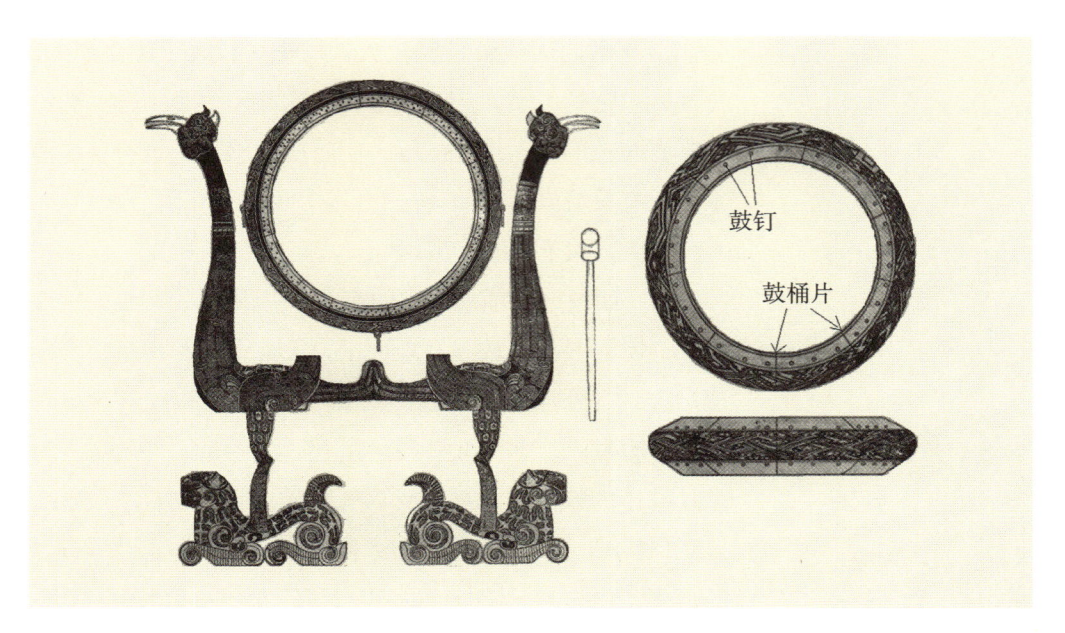

近代相承，植而贯之，谓之建鼓，盖殷所作也。"总之，建鼓与坑里出土的悬鼓类型，无论形状、使用方式都不一样。

再次，关于鼓的具体使用方法。

周代地官属于政府五大行政总部之一，职责类似教育部并文旅部，设有鼓人岗位专门来负责"六鼓四金"事务。

六鼓共24面，分别是：雷鼓，鼓神祀，8面；灵鼓，鼓社祭，6面；路鼓，鼓鬼飨，4面；鼖鼓，鼓军事，2面；鼛鼓，鼓役事，2面；晋鼓，鼓金奏，2面。前三鼓作用比较虚幻，纯粹是孝敬神、鬼、各路大仙，好像巫婆的通天神器；鼖鼓、鼛鼓是造势工具，鼓动效果极佳，铿锵鼓声，咚咚一敲，众人热血沸腾，杀向敌营，杀向广阔天地；晋鼓，有一种说法，晋鼓就是建鼓，官人贵族陶冶情操之器，用于宫廷礼乐[①]。

天星观楚墓出土悬鼓（图左）、鼛鼓（图右）

湖北江陵天星观楚墓一共5座，可能是番敫的家族墓地。M1出土虎座凤鸟悬鼓一件，通高139.5厘米，由双虎、双鸟、一鼓组成。鼓边两侧边沿钉有固定鼓皮的竹钉和3个等距离的铜质衔环铺首。周边用红、黄、金三色绘菱形纹。鼛鼓仅存鼓边，边两侧钉有固定皮革的竹钉，中部髹黑漆，红、黄、金三色绘菱形纹。

---

① 李纯一：《中国上古乐器综论》，文物出版社，1996年。

建鼓

画像石是雕刻画像的墓葬建筑构材，始于汉代，主要分布于河南南阳、鄂北区，山东、苏北、皖北区，四川地区以及陕西的陕北、山西的西北等地区。

所谓"国之大事，在祀与戎"，鼓既用于祭祀礼乐，也用于军事武力。军中击鼓为令，军令如山。每年仲春举行军事练兵，总指挥为大司马，王执路鼓，诸侯执贲鼓，军将执晋鼓，师帅执提，旅帅执鼙，卒长执铙，两司马执铎，公司马执镯。这些指挥官通过各自掌持的器具发令，训练部队冲锋、撤退和掌控其行动快慢节奏。王、卒、旅、帅，四级高层指挥官以鼓为令，逐层下传。旅帅击鼙，鼙字从鼓从卑，小鼓。至卒长以下低级指挥官没鼓可用，卒长、两司马、公司马分别换成青铜铙、铎、镯。

身份不同，使用鼓的种类不同，不能瞎用，瞎用是僭越。对应之下，兵马俑一号坑出土的4件鼓属于哪一类？

不是鼖鼓，鼖鼓虽鼓军事，但造势功能强，战前鼓动气氛，不能用于发令。按周制，军将执晋鼓，一军人数有12500人，由卿充任。因此，也不是晋鼓，陶俑数量不够一万，指挥官级别达不到军将。

俑坑出土的鼓，全部位于木车附近，两者关联应该很大，无疑属于指挥器——如果俑坑内埋葬的陶俑是一支秦代实战军队。鼓声阵阵，肯定曾激励武士拼杀进退。由此说来，俑坑出土的可能是鼙鼓，鼓迹直径基本一样，没有更小规格的了。也可以说是路鼓，如果俑坑的属性不是一支实战的军队，只是葬仪中随葬的一类明器，附加配带路鼓，鼓鬼飨。

最后一个问题，敲鼓的鼓桴哪里去了？清理到了两面鼓，鼓桴却去向不明，得给出合理解释。俑坑曾被人为破坏，很多东西已经不在原位，经过大火焚烧，又历经两千年自然腐朽过程，我们找不到也算正常。

在我们发掘区的东部，编号T22G9的地方，属于第二次发掘区域，那里有一件鼓桴。老师傅介绍说槌头形状"圆嘟嘟的，外表还包裹着布"，大家一起去观摩。这件鼓桴外形和现代鼓桴区别不大，桴头部分包裹织物，像一个椭圆形的鸭蛋。天星观曾出一对鼓桴，纯木质；江苏丹徒北山顶春秋墓出土一件，木柄石槌头。槌头都没有包裹织物。显然，槌头包裹织物后弹性加强，鼓声绵中有硬，更有韵味。

没有找到鼓桴，我抱憾不已。2015年12月，幸运降临！申茂盛先生在第八过

鼓桴

原位置不详，混杂于陶俑残片中，或许和东部战鼓有关，残长70厘米。

洞西段发现了一件完整的鼓桴。长方形木柄，残长70厘米，宽3~4.5厘米，在木柄另一端有一圆形桴头，直径7厘米×8厘米，边缘存一圈褐色外壳。此时，距第一面鼓发现时间已间隔6年之久。

也许，更大的幸运还在未来。始皇陵正南方向，骊山半腰山峦之间，有秦代击鼓坪遗址[①]。其性质，历史传说是以击鼓传声，指挥修陵人工作，考古工作者认为是祭祀天神的礼制建筑，或者还承担陵区安全守卫功用。总之，既然地名"击鼓坪"，必然和鼓有关。或许是鼖鼓，鼓役事；或许是雷鼓，鼓神祀；或许是灵鼓，鼓社祭；抑或是鼛鼓，鼓军事。

我们一起拭目以待吧。

---

① 《秦始皇陵园北发现重要遗址》，《西安晚报》2008年12月21日，第四版。

第四章　秦国军队的"真面目"　　159

第五章

秦军装备

> 凡兵有大论，必先论其器、论其士、论其将、论其主。故曰：器滥恶不利者，以其士予人也；士不可用者，以其将予人也；将不知兵者，以其主予人也；主不积务于兵者，以其国予人也。（《管子·参患》）

管仲是春秋时期的法家人物。他将兵器视为影响战争的第一要素，认为讨论军事问题，首先要谈及兵器，如果一个国家的兵器不够先进，就等于把自己的士兵往火坑里推。

现代有很多人继承了管仲的衣钵，认为战国时期秦国能够在军事上获得巨大成功，主要原因是兵器足够先进、制造技术足够成熟，并以兵马俑坑考古发现来证明这个观点。非同一般的秦国"神兵利器""领先的高科技""卓越的武装水平"等说法被大肆渲染，固化了我们的认知。

诚然，考古发现让秦国兵器管理、制造、使用等细节内容跃出历史封尘，令人称奇。但实际上大多数人不知道的是，关于秦始皇兵马俑的考古研究工作远未结束，很多领域才刚刚开始。那些关于秦军战力的决定性言论，忽视了万物的多面性、局限性，以偏概全的思维模式，对还原历史本来面目毫无益处。

第一节　黄沙百战穿金甲

《战国策·韩策》有张仪为秦连横说韩王的故事。会谈中张仪说道：秦国的勇武战士如猛虎一般飞奔跳跃，毫不畏惧地向前冲锋，他们不戴头盔，却带着锋利的武器，愤怒地扑向敌阵，其数量之多已经无法计算。与之相反，山东六国的士兵却戴着坚固的头盔，穿着坚甲硬衣，秦国的军队选择轻装上阵，左手高举着敌人的头颅，右手挟着俘虏。秦国的士兵与山东六国的士兵相比，犹如勇猛的巨汉孟贲与懦弱的怯懦之人。这场战斗如同将巨大的力量与无力之者相比，宛如孟贲与幼童争斗一般。用这样的军队去攻打不服从的小国，就好比试图把千斤重的压力施加在鸟蛋上，注定不会有什么幸运的结果。

这条文献像一根链条，牵引着人们的目光到了兵马俑坑。果然，一号坑前三排陶俑没穿铠甲，3座俑坑所有陶俑都没戴头盔。看起来秦人打仗勇敢，甚至堪称野蛮。真相果真如此吗？

首先，张仪对韩王说秦军不戴头盔不穿盔甲，在当时本质是对当事人的恐吓：我们的士兵都是力士，你要好自为之。同时期，《战国策·韩策》又有一篇苏秦为楚合从说韩王的故事。会谈中苏秦说道，凭着韩国士兵的勇敢，穿上坚固的铠甲，脚踏强劲的弩弓，佩带锋利的宝剑，一个人抵挡上百人，不在话下，韩兵必能打败秦兵。

其次，战场上亘古不变的原则是消灭敌人，保全自己，打仗时秦军当然得最大限度做好防护。兵马俑坑被视为秦代军队的写照，就是因为其中的陶俑绝大多数身披铠甲。陶俑所着铠甲，按照雕塑表现的形制和甲片排列走向，分为二型六式。

分型的标准是塑造所模拟的原材质结合使用者身份等级。第一型整体甲衣雕刻甲片札，甲缘无包边，包括身甲、肩甲、臂甲（披膊）、侧身甲等4部分共计8组，小官、御手和普通士兵穿着。第二型甲衣边缘有纺织物的彩绘包边，中部雕刻甲片札，供中高级军官穿着。

实际情况远比两型划分复杂得多。因军种、兵种、身份地位不同，着甲类型区别很大。驾车的御手俑重点防护手臂，骑兵俑重点防护上身，高级军吏俑有一部分是细小的甲片，像鱼鳞，因此被称为"鱼鳞甲"。

两类铠甲模仿的原材料质地，有人说是皮质为主，金属甲少量；有人说都是皮甲，不过两类甲片的具体缝合方式不一样。两种观点推断的依据一样，既根据外形又参考了绘彩颜色。甲片外表刷褐色或偏黑色的大漆，黑色即玄，古代有"玄甲"之说。结论猜测的成分很大，毕竟那只是美术作品。

总之，兽皮是秦军铠甲的主要原料，我认为尤以牛皮为大宗。往起源追溯，我

一型甲衣

一型甲衣出现频率最多，是秦军常见的甲衣款式。按细部变化，又可分为四式。

二型甲衣

二型甲衣主要特点是四周有模拟织物的绘彩包边，因细部变化又可分为二式。

国境内出土过有200多万年历史的丽牛化石、有180万年历史的中华野牛化石、有120万年历史的周氏水牛化石。先秦时期，中国有黄牛、犦牛、水牛、圣水牛、牦牛等可以称作牛的动物。

秦国在春秋中晚期养牛已相当普遍，考古出土有牛俑雕塑、牛牲遗骸，文献记载秦人在文公时有"特祠"，专门供奉牛神。晋常璩《华阳国志·蜀志》记载，为了开通蜀道，秦惠王做了一个局，做石牛五头，牛边走边泻金。蜀王贪财，派遣壮男子开路，迎接会拉金子的石牛，结果可想而知。恼羞成怒之下，蜀王嘲讽秦人是"东方牧犊儿"。牧犊，养牛娃，那又如何？秦人笑之曰："吾虽牧犊儿，当得蜀也。"

兵马俑是秦代军队的写照，其研究价值不仅是秦代军事。比如铠甲原料问题，涉及秦代对牛的管理。秦始皇陵考古中目前尚未发现牛的踪迹，更因为军事战争中马发挥着巨大作用，我们很多人并没有看到牛对秦帝国的贡献。

这不公平。牛一直和马同样重要，秦国很多律文都是牛马并提。例如户籍、存栏数登记；征收刍禾之税作为饲料，对乘马服牛的饲料供给不能延误，否则要受到法律惩罚；每年各季度的头一个月作为对牛马等畜的评比时期，不合格则惩罚相关人员。

> 牛大牝十，其六毋（无）子，赀啬夫、佐各一盾。（睡虎地秦墓竹简《秦律杂抄》）

> 其大厩、中厩、宫厩马牛殹（也）。（睡虎地秦墓竹简《秦律十八种·厩苑律》）

10头大母牛之中，有6头母牛不下小牛，就要处罚管理的官员，以此来促使繁殖牛的工作。大、中、宫三厩属于秦代中央养马养牛机构，有太仆属官大厩令。基层有皂、牛长、田啬夫、里典，皂是直接养牛的人，牛长是负责皂吏之人，田啬夫和里典是政府基层官吏，他们也参与负责管理评比养牛之事。县级有厩啬夫和皂啬夫管理。啬夫之外还设有佐，以佐持啬夫管理。由中央到基层形成一系列

第五章 秦军装备　165

官僚机构来管理养牛，原因只有一点——牛有用。牛能提供畜力，促进经济发展，提供皮草，保证国防。

这是我从秦军铠甲中得到的第一点收获，涉及铠甲主要材质的来源。第二点收获是关于铠甲辅材原料。因为皮也好，铁也好，铠甲总要用什么东西把甲片组织到一起，编缀成为一领。

> （楚子重）使邓廖帅组甲三百，被练三千以侵吴。（《左传·襄公三年》）

公元前570年，楚国因为吴国连续侵扰，决定出兵攻打吴国。子重亲自带兵，选择了一支经过演习的军队。攻克鸠兹，到达衡山。派遣邓廖率领穿组甲的车兵三百人、穿被练的步兵三千人以侵袭吴国。

孔颖达疏引贾逵的话解释说：

> 组甲，以组缀甲，车士服之；被练，帛也，以帛缀甲，步卒服之。

组，具有文采的宽丝带；练，白绢，帛是丝织物的总称。说明连缀甲片的"线"，有组、练两种不同材质，组是车兵之用，练是步兵之用。

我参加过3座俑坑发掘，这次一号坑第三次发掘清理到隶属木车的陶俑，没发现铠甲联结物有车兵、步兵军种方面的差别。编号G9：9陶俑，前文也提过，它是一号车随从的高级军官，穿二类甲。具体缝制使用"组"，腰以上部位的针脚呈"V"形排列，各个单元交错施红、雪青不同的颜色，雪青彩中又夹杂红细线，这种组可能就是组甲，不同颜色代表组的文采。有学者推测秦代铠甲的缝合线原料是动物筋，这至少与俑坑所见不吻合，陶俑披甲联结物塑造的是质地很柔软的效果。

我从秦军铠甲中得到的第三点收获，是二类甲彩绘四边模仿了纺织品。当我一点一点把它们清理出来后，顷刻满目都是艳丽的彩绘纹样。有的纹样和湖北江陵楚墓、西汉马王堆汉墓出土的织物相同，是规矩的几何纹，二方连续或四方连续构图。有的纹样很零散，用色也随意，织机织不出来，应该模拟了绣品，看来二

红色

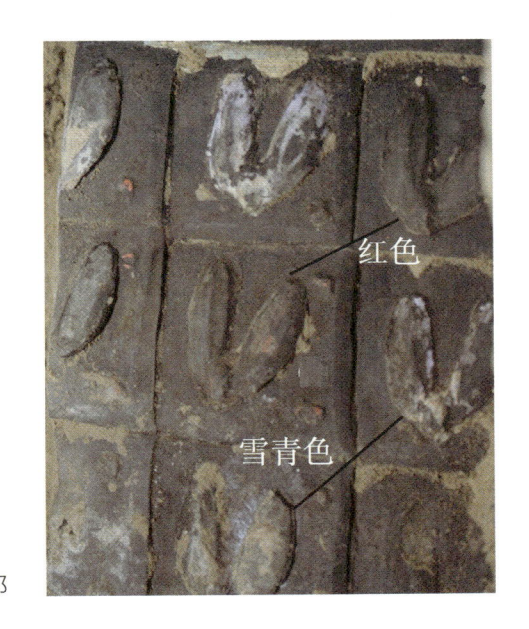

雪青色

G9:9甲衣用组局部

花结及包边

第五章 秦军装备

类铠甲成本不低。

缘包边，中部雕刻甲片札，供中高级军官穿着的小甲片，灵活性好，如果以金属材质来做，防护性显然要优于兽皮，但是金属片活动时难免会割伤皮肤。鱼鳞甲的甲片只用在腹、腰两处，其余部位仍然用皮并且在整体甲衣的外缘再用精致的包边，设计很人性化。

为了把甲衣编缀方式搞清楚，2011年8月，申茂盛先生安排孙双贤、何源盟两位小姑娘绞了一筐硬纸片，穿针引线，缝制了一副纸片甲衣。没有颜色，铠甲的质地表现不出来，效果差多了，怎么看都觉得像是寒衣节用品。我不想让两位小姑娘努力之后却因结果不好而沮丧，憋住不说。

第二节　不戴头盔与免胄礼

秦军有铠甲，但陶俑都没戴头盔。大家不禁要问当时是没有头盔，还是出于什么原因，陶俑没塑头盔。

1998年之前，第一个疑问回答不了。随着石铠甲陪葬坑的发现，问题迎刃而解。这座陪葬坑位于秦始皇陵区内外城之间，距离封土约200米，总面积达13000多平方米，埋藏了用扁铜丝连缀的石质铠甲和石胄。通过小范围局部发掘，出土了石质铠甲约87领，石胄约43顶，以及马甲等一批重要遗物，材质都是青灰色岩溶性石灰石，质地细密，色泽均匀，经过磨制和钻孔以青铜丝穿系。铠甲与陶俑身上塑造的相比，显得更精致，形象说明了秦代军人防护装备的状况，弥补了文献对秦代甲胄记载的缺失，丰富了人们对秦代军事问题的认识。

陪葬坑代表了秦代军械库，武库。在这1万多平方米的大范围内，如果其中的埋藏物都是石甲胄，估计将会有石质铠甲6000余领、石胄2000余顶，另外还有石马甲若干，可以想象一下场面是如何壮观。

胄，俗称"头盔"。根据胄片是否有弧度，可以将这些石胄大致分为两类。一类石胄：由表面有明显弧度的胄片组成，分为顶片和侧片，此类胄占大多数，可能是仿皮胄而成。二类石胄：由表面无弧度、基本上为平面的胄片组成，出土量较少，可能仿铁胄而成。

已经修复的一顶，由1块顶片和73块不同形制的侧片组成，重约3.2千克，通高31.50厘米。由顶至底共有6层，根据"上片压下片，前片压后片"的编缀原则，以扁铜丝相连，最下层甲片外翻，与身体紧密贴合，同时也避免了与身体的过度摩擦。面部空缺处和下颌处的胄片也经过特殊处理。戴在头上，仅有双眼和鼻子等一小块地方外露，其他部位被严严实实包裹起来，起到了有效的防护作用。整副胄通过下颌部的一"T"形铜钩和扣环来开合，胄片各边棱和连接处的各个角均经仔细打磨，制作精良，工艺考究。

关键是人性化设计。胄的最下层甲片外翻，避免了与身体的过度摩擦。想象一下兵马俑坑陶俑的脖子上围着一圈厚厚的雍颈，外翻的胄与雍颈相接，恰到好处。眉心上部的甲片略带桃心形，有点调皮的感觉呢。

石胄

出土于秦始皇陵石铠甲陪葬坑（编号K9801），通高31.50厘米，由72片石片编缀而成。这是秦军皮质防护装备的模拟品。

据推测，当初这些甲胄应是悬挂或支撑起来的，后来遭受了大火焚烧倒塌了。石胄被发现时与铠甲相互混杂、倾倒在一起，个别被大火烧成白灰，形状难以辨别。考古人员大胆提出这可能是头盔，从此长期以来有关秦代无胄的看法画上了终止符。

> 三十三年春，秦师过周北门，左右免胄而下。超乘者三百乘。（《左传·僖公三十三年》）

鲁僖公三十三年（前627）春天，秦晋两国爆发战事，史称崤之战。秦军经过周都城的北门。左右车兵摘下头盔，下车向周朝王宫致敬，接着跳上兵车继续前行。周王孙满这时还小，看到这种情形，对周王说："秦国军队轻狂不讲礼貌，一定会失败。轻狂就少谋略，没礼貌就纪律不严。进入险境而纪律不严，又缺少谋略，能不失败吗？"这段记载说明秦军出征不仅戴头盔，一定程度上也守礼数，懂尊卑，尽管在周王室贵族看起来有点敷衍。

周王孙满一语成谶，崤之战秦军全军覆没，孟明视、西乞术、白乙丙三将被生擒，晋国军队打了一场漂亮的伏击战。接着，还发生了另外一件免胄入敌营的事。

晋襄公的生母文嬴是秦穆公的女儿，自然不希望看到秦晋交恶，所以劝说晋襄公将三将放回，由秦穆公处置。襄公也不想对秦太绝情，就将三将释放归国。先轸听闻此事，便质问晋襄公。因为先轸知道千军易得，一将难求，孟明视、西乞术、白乙丙三人是秦国名将，杀之则如断秦之臂膀，而放虎归山则后患无穷。情急之下，先轸忘了君臣之礼，怒斥晋襄公："前军将士在战场上拼死杀敌才俘虏了敌人的主帅，你却因为妇人的巧言而轻易将他们放回秦国，像这般毁伤自己的战果，却长了敌人士气，晋国灭亡指日可待啊！"说完，先轸狠狠啐了一口唾沫就走了。

晋襄公恍然大悟，赶紧派人去追，却晚了一步，三人已经渡河回国了。事后先轸意识到自己的鲁莽和无礼。虽然先轸是长辈，但是晋襄公毕竟是晋国国君。"礼莫大于敬"，先轸怒斥国君且"不顾而唾"的举止明显有对国君不敬之意。虽然晋襄公比较开明，大人有大量，体谅先轸忠心为国，并不以为意，但先轸自己愧疚不已，钻牛角尖里出不来。那个时代忠诚是臣子的立身之本，而他连最基本的君臣之礼都无所顾忌，又有何面目留在朝堂之上？

终于，公元前627年，在接下来晋国组织的对狄的箕之战时，先轸决定以死谢罪。他对手下说："匹夫逞志于君而无讨，敢不自讨乎？"意思就是我对国君无礼，国君虽然没有责罚，我能不自己责罚吗？于是在战斗中，先轸"免胄入狄师，死焉"。先轸以如此激烈的方式来表达自己的愧疚之心，充分反映了先秦时"士"的道义。

先轸不穿甲胄驾车冲入敌军，力战而亡。战后，狄人将先轸的首级送还晋国，面色仍然栩栩如生。明代小说家余邵鱼非常欣赏先轸的耿直和忠诚，他在《列国志传》中称赞先轸：

崤山掳孟明，城濮摧荆羯。
虽因狄兵困，威风犹猛烈。
哀哉救不来，舍身尽臣节。
千古仰高风，英名常赫赫。

崤之战故事里的两次免胄礼，一次被认为是轻狂之举，一次被认为是舍生取义。如果把兵马俑坑陶俑未戴头盔的原因，解释为"向皇帝行免胄礼"，很不合适。

石铠甲坑出土石马甲，是秦代考古的又一个重大收获。古代马甲分为车马甲和骑兵马甲两类，这种马甲是驾车之马还是骑兵乘骑之马所用呢？虽然从兵马俑坑可知车兵、骑兵所用之马都没有甲，但从二者出现的历史时间判断，最大可能是车马甲。

关于车马甲，文献记载比较多。

《诗经·秦风·小戎》："俴驷孔群。"毛传："俴驷，四介马也。"郑笺："俴，浅也，谓以薄金为介之札。介，甲也。"

《小戎》是赞誉秦襄公讨伐西戎的作品，年代为西周末至春秋初，说明此时秦军的车马已披甲。

目前所见到的最早例证车马甲的实物资料,是战国初期曾侯乙墓发现的一些皮质残片。经过清理和修复,复原了马的面帘,它由三片大皮革制成,即左、右和正面各一片,表面有压印及彩绘的花纹。皮甲片规格有17厘米×14厘米、13厘米×7厘米、20厘米×17厘米、32.5厘米×20厘米等几种。具体形制和编缀方法不明。秦始皇陵石马甲填补了实物资料的空白,它是马甲发展到成熟阶段比较完备的形态,由面帘(尚未清出)、鸡颈、当胸、身甲、搭后等五部分组成,每一部分都是由许多小甲片编组而成。

与曾侯乙墓马甲具体甲片尺度相较,如颈甲的大部分甲片为10.5厘米×5.1厘米,身甲的甲片多为6.6厘米×6.5厘米,搭后的甲片为14厘米×10厘米,甲片普遍小巧,说明甲的活动性能好。编缀的方法,根据各部位马体活动需要性能的不同,甲片组合叠压关系与之相适应。各甲片组合规律与人甲相似,有规范化、标准化和比较科学的编缀方法。

我想再补充以下三点内容。

其一,石铠甲是明器,秦军防护装备的模拟品,并不真正用于实战。

其二,通过实验,手工加工一件平均有600片的甲衣,以每人每天正常工作8小时计算,需要工时344~444天,也就是说制作一件甲衣需要一年的时间,是耗费财力之举。

其三,骑兵的马甲又名马铠,晋以后称为具装或具装铠。《太平御览》卷三五六引《魏武军策令》中说:"(袁)本初马铠三百具,吾不能有十具。"说明东汉时期骑兵的马铠数量仍较少。东晋南北朝时期,马铠的使用开始多了起来,这一时期的墓葬壁画、画像砖和陶俑中甲骑具装的资料,全国各地层出不穷,其原因并不复杂——骑兵壮大。秦汉之后,多民族再次融合,在此暂不多讨论。

第三节 皮盾的礼仪性和实用性

几乎所有人都认为,秦军队不重视防护。但考古发现改变了这种陈旧的观念,兵马俑坑和石铠甲坑中出土的陶制塑像与石质铠甲模型，都表明了秦军拥有着在当时防护面积不小且相对灵活的盔甲。

然而，战争中另外一个重要的防护装备——盾，在秦始皇陵里一直没有出现。有学者断言：兵马俑坑中没盾，带个盾打仗，拼杀起来累赘。没见不等于没有，可能只是没遇到或者没被辨识出来。这不，在我们的发掘现场，它来了。

盾被右服马压住了上半部，下面堆积着淤泥。在兵马俑坑遭遇火烧水淹之厄的情况下，灌涌的淤泥和倒下的陶马成了"挡箭牌"，这个盾牌才避免了化为乌有的命运，这可真是福兮祸之所伏，祸兮福之所倚。

它属于东周以来流行的双弧盾类型，齐首，弧肩，曲腰，平底，背有贯通木梁，梁中部握手鼓起，通高66厘米，握手长15厘米、宽2厘米、高3.5厘米。皮胎，髹漆，依照正面盾缘包边并勾勒彩绘纹饰，可见细腻青灰色漆灰。形制和使用方法同陵园出土的一号铜车配置铜盾完全一样，为木车上配置的"子盾"。双弧的外形模拟人体上

铜盾

出土于一号铜车，高36厘米、底宽24厘米、上顶宽4.4厘米、厚0.4厘米，重2.3千克，是秦代实战盾牌的模拟物。盾面凹凸变化，厚度只有4毫米，一次性浇铸成功。

第五章 秦军装备

子盾边缘形状及纹饰图案

半身的轮廓，有颈部，有肩部，手持用来保护上半身。

  铜车出土的盾，发掘者认为是皮盾的模拟[1]，现在出土了实物皮盾，验证了对铜盾胎质的推论。两盾规格各项数值大约相差1/2，又验证了铜车马制作尺寸基本是原物缩小一半的比例。

  皮盾尽管不是科头免胄的普通战士所用，但盾形、胎质、画功，足以弥补秦盾研究的一些缺憾。有点奇怪，我此刻感兴趣的却不是它的具体使用方法，而是其外表的纹样。

  依照双弧造型，盾外缘描绘纹饰一周，纹饰宽约4.6厘米，最内与最外侧用宽约1.2厘米的淡绿色彩勾勒边框；框内用朱红的细线分隔出连续、不间断的菱形或"〰"形单元；单元内用天蓝色或白色平涂，图案有的直折角，有的似垂蔓，沿红线细边大幅铺开，弧圆齿状的垂蔓边缘自然

---

  [1] 秦始皇兵马俑博物馆、陕西省考古研究所：《秦始皇陵铜车马发掘报告》，文物出版社，1998年。

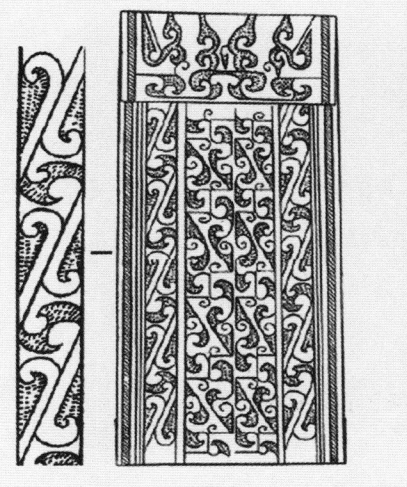

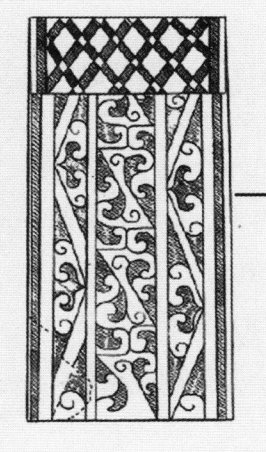

任家嘴 M241：1a 铜带饰纹样

任家嘴 M161：3 铜带饰纹样

咸阳出土方砖纹样

咸阳出土瓦当纹样

不同器物上的云纹图案

云纹以飘逸的曲线、回转交错的结构，体现了一种流动之美。在秦人使用的金属装饰品、宫殿建筑材料等文物中，云纹图案变化丰富多样。

起伏，每齿的宽度不足0.4厘米，颜料拘于红线界外，无漫溢。平涂之外，空隙间随意添加大小不一的旋涡，为卷云。

卷云面貌各异，很有看头。有的起自红边线，云朵小，线条纤细，但因从边线分枝，似像生根；有的首段是白色平涂的直线，渐渐地延展出曲卷的尾，这样一来，原本规矩的折角，从刚硬终结为柔软；有的顺着云头的回转，又骤然不经意地添加一些湖蓝色作为点衬，成为蓝天白云的缩版。

放眼整个画面，色彩鲜亮，图案繁缛却不杂乱无章。纹样多变却不离云、雷的主题。组合看似随意，却万变不离其宗。

一宗：边框红线，走笔纤细，宽不过0.1厘米，属铁线描，其他色彩属平涂填色。这和俑坑出土的车、鼓所见彩绘技法一致，与秦陵出土铜车所见彩绘一脉相传。这一宗，属秦器装饰纹样的时代风格，建筑材料上如瓦当、铺地砖以及日常装饰品如带饰、带钩等，云纹占主导地位。

二宗：考古其实就是给现实生活找原宗。从新石器时代的旋涡，到明清时代的蝙蝠捧寿，直至2008年奥运会祥云满天，中国人对云雷纹的喜爱无刻不在。

三宗：皮盾绘彩纹样与铜盾有明显的区别，体现了尊卑等级的礼仪制度。铜盾属皇帝玉辇配置的模拟，级别高，不仅通体上下、正反双面都有彩绘，纹样也选择了至高无上的龙纹。兵马俑坑的盾，使用者身份显然难以望其项背，只在正面边缘绘图，纹样选择当时最普通的云雷纹。所谓有礼走遍天下，中国人向来如此，秦俗也讲礼。

为了说明皮盾的重要性，我专门统计了一下秦盾在陕西地区的出土情况。截至目前考古发现了7件朽迹，分别现身3处地点。

1.户县（今西安市鄠邑区）：春秋早期，疑似盾迹3件。藤条编织物，上半部呈椭圆形，面外鼓，残存深褐色漆皮两层。该墓出土了五鼎四簋，墓主为卿大夫[①]。

2.凤翔：春秋早期，2件。皮条和藤条编成，髹漆，面上有盾钖。钖是盾上的

---

① 陕西省文管会秦墓发掘组：《陕西户县宋村春秋秦墓发掘简报》，《文物》1975年第10期。

金属装饰，似龟背[①]。

3.秦始皇陵：秦代，2件。分别有兵马俑一号坑1件，皮质，车用；封土西侧陪葬坑1件，铜质，属写实模型。

从春秋早期到秦代末年，300多年间在总面积约为21万平方千米的陕西省，盾仅仅留存7件"痕迹"，难怪今人会对秦军打仗是否有防护产生疑问，我确信实际情况并非如此。

经历了将信将疑、确信不疑，最后"官宣"，2010年10月，兵马俑一号坑发现皮盾的消息不胫而走。皮盾朽迹，对，是腐朽的痕迹，成为我们此次发掘的重宝。在我心里其价值比陶俑更高一筹。时至今日，对它的探索我依然没有停止。

包括我负责的这次发掘在内，在一号坑发现多例和木车共存的"圆形木环"。环为木质，环周有褐色或黑色漆皮，外径56~63.5厘米，环体径3~4.5厘米，有的环状残迹还保留有彩绘花纹，但环内未发现有其他迹象。这类圆形木环是圆形盾吗？

在位于意大利罗马奎利那尔山边的图拉真广场，有为纪念罗马帝国图拉真所立的石柱。图拉真是古罗马五贤帝中声望最隆的一位，公元98年继位，在位19年。在位期间，他文治武功，罗马帝国的疆域达到最大，地中海变成了罗马帝国的内湖。石柱上有浮雕，把1900多年前图拉真大帝两次远征达契亚的全过程栩栩如生地展现在世人面前，其中可见罗马军团手持大方盾和圆形盾。

藤、皮、木、金属等各种材质的圆形盾，在中国出现的时间有点晚，例如西藏古格王朝时期藤盾、新疆焉耆县七个星佛寺遗址执盾武士俑。古格王国建立于公元10世纪前后，雄踞西藏西部，曾经有过700年灿烂的文明史。焉耆县七个星佛寺遗址曾是晋唐时期焉耆国的佛教中心，距今1700多年。

内蒙古自治区宁城县南山根101号墓有过一件疑似圆形铜盾，年代应为西周晚期到春秋早期，约当公元前9世纪中叶到8世纪初叶或稍晚。这是一座石椁墓，被

[①] 陕西省雍城考古工作队：《陕西凤翔八旗屯秦国墓葬发掘简报》，《文物资料丛刊3》，文物出版社，1980年。

图拉真圆柱浮雕局部图

怀疑是当时所谓"诸戎狄"的遗存。所谓铜盾，中心有长方形銎，却没有手握持的握手，根本无法把持。它的直径不足30厘米，如此之小，起不到护体作用。根据周边密布的小孔及皮革痕迹判断，这是钉缀于皮盾上的盾饰，即盾钖。[①]

河南汲县山彪镇的"战国水陆攻战纹铜鉴"上，绘有不少执盾步卒，郭宝钧先生曾认为是圆盾。他说："汲县所出水陆攻战鉴图案，其中武士象（像）多有一手执戈、一手执盾者。其盾，由侧面视为弧形，当系凸面圆形的盾，象（像）后世的藤牌一样。"[②]但如果单从侧面看，有些漆木盾也是弧形。

总之，从商代到西周，中原地区主要流行长方形或者梯形盾；春秋战国时期，梯形盾继续使用，同时出现了新的双弧盾，一直延续使用到魏晋时期；圆形盾不是秦盾的主流。现在兵马俑坑中出现多例圆环朽迹，如果判断是圆形盾，我个人感觉有点不合常理。

第四节　皮盾只是"普品"

十几年来，一直有个自寻烦恼的疑问存在我心底：对盾的发掘，是不是有过失？

盾牌不使用的时候，一般装在皮革或者竹木制成的套子中，这种套称盾箙。在曾侯乙墓中有实物，在秦始皇陵一号铜车内也有一件。广西贵县罗泊湾汉墓出土木牍《器志》记载有"丹画盾各：一：缯囊……丹即朱色，画则绘彩，'各：一：'为'各一'的重文……缯囊即用缯做成的囊袋。此指朱色盾和彩绘盾各一件，都各有一个缯质囊袋盾衣"[③]。

我清理的皮盾所属二号木车，之前发现过"木车彩绘"，一度让我万般欢喜，

[①] 辽宁省昭乌达盟文物工作站、中国科学院考古研究所东北工作队：《宁城县南山根的石椁墓》，《考古学报》1973年第2期。中国科学院考古研究所内蒙古工作队：《宁城南山根遗址发掘报告》，《考古学报》1975年第1期。

[②] 郭宝钧：《殷周的青铜武器》，《考古》1961年第2期。

[③] 广西壮族自治区博物馆：《广西贵县罗泊湾汉墓》，文物出版社，1988年。另，现今人们书写文字，如"彬彬"，第二个"彬"不写原字，用一个符号代替，这种符号不是近代人的发明，而是古人的创造，是重文符号，如"子子孙孙"一词，往往写作"子彡孙彡"。

心旷神怡。随着时间沉淀,"盾箙""囊袋盾衣"时不时地冒出来,我的心隐隐不安起来。也许曾经的万般欢喜和心旷神怡只是一场浪漫的误会。

考古发掘是一项总有遗憾的工作,我已经没有机会验证浪漫误会的真伪,揭开真相还得依靠考古工作进一步深入,也许会是"君问归期未有期",但所有等待都有希望!

坦诚说出"木车彩绘"可能是盾箙的误会,激发了我继续说真话的欲望。和秦始皇陵其他重要发现一样,兵马俑坑发现皮盾的消息宣布以后,很快被罩上了高、大、上的外衣,弄得人五迷三道,在此我泼点儿冷水。

第一,物以稀为贵,这件皮盾的出现绝非偶然,在当时根本不稀缺。

坚甲、盾、鞮鍪、铁幕、革抉、咙芮,无不毕具。(《战国策·韩一》)

革抉,皮扳指,射箭时套在右手拇指上,用以钩弦。芮是系盾的带子。配备齐全的士兵装备种类,盾处于坚甲之后,既是标配,又是刚需。《康熙字典》记载:"《诗·大雅》'干戈戚扬',又司干,官名。"干即盾,有"大动干戈""倒持干戈""化干戈为玉帛"等成语流传至今,也从侧面说明了盾的重要性。

早在1976年发掘的云梦睡虎地秦墓,双弧形盾已有踪影。云梦睡虎地秦墓,以基层小吏"喜"和他记录工作用的浩瀚如海、堆积如山的竹简而闻名,也以"黑夫"与"惊"兄弟俩两封家书木牍而出名[①]。你知道吗?还有一面神品铜镜也很著名。

武士斗兽纹铜镜出土于9号墓,时代为秦统一后,现收藏于中国国家博物馆。镜面直径10.4厘米,缘厚0.2厘米,桥形方钮,背面以细线勾连纹为地,上有两位威武雄壮的武士左手持盾,右手握剑,各自面对一只凶猛的金钱豹做斗兽状。在日常使用的青铜镜上装饰武士斗兽的场面,是秦人尚武风气的反映,其手所持的盾即为双弧形。

---

① 《云梦睡虎地秦墓》编写组:《云梦睡虎地秦墓》,文物出版社,1981年。

双弧盾一般为皮革制成，尺寸较小，背后装有供士兵竖持的把手，外形曲线起伏，部分部位形成钩齿状的造型。在当时，军队常用戈戟类武器，对于这类武器来说，利用横刃钩割是主要的攻击手段之一。有人认为，双弧盾钩齿的用途便是锁拿戈戟的横刃。现代工业设计有一个基本原则：对用户负责。实现用户共同需求的同时，满足个体用户的特色需求，以人为本的实用性设计理念古今一理。

　　第二，冷静下来，再从制作精美程度上看，可知它只是一件秦军指挥车上的防护配置，即使不腐朽，也属常见的"普品"。

　　考古所见盾髹漆并绘彩，自商代已然如此。河南安阳殷墟侯家庄一墓葬中曾出土一盾，形状是上底略窄于下底的梯形，上面绘有龙虎纹图案。到了东周时期，出于土壤环境等原因，湖南、湖北保存了更多的木器和漆器。江陵

武士纹斗兽铜镜

中国国家博物馆藏品。直径10.4厘米，缘厚0.2厘米，1975—1976年湖北云梦睡虎地9号秦代墓出土。

第五章　秦军装备　181

李家台、曾侯乙墓、包山楚墓、九连墩楚墓等地都出土过双弧盾，这些盾的盾面均绘有精美的花纹，个顶个漂亮。

江西南昌西汉海昏侯刘贺墓，最新出土了多件双面绘彩双弧盾[①]。盾正面绘一条蛟龙，獠牙利齿，二目圆睁，双耳耸立，形象凶猛；背面分上、下两层横向绘"力士斗牛图""力士斗虎图"，力士着冠巾，怒发冲天，做斗状；牛身体健硕，四蹄撑地，头低垂，做撞状；虎身矫健，四爪飞扬，虎口大张，呈飞奔状。在力士与牛、虎之间，以云气填充画面，气韵更为生动，冲击感很强。盾面又有铭文，自名为"髹丹画盾"，记载了髹丹画盾的制作机构、时间、数量及原料、用漆量、价格等信息，表明这些髹丹画盾应是某部门生产的同批次，研究价值极高。

刷红漆画纹样的盾即髹丹画盾。不同颜色的髹漆有等级意义，实际作用有三点：第一，防腐防水、结实耐用；第二，提高盾的强度和韧性，轻松应付刀砍斧劈，并造成刀剑"卷刃"；第三，美观，以壮军威。

总之，兵马俑一号坑发现的皮盾是当时的普品。它上承东周，与时代相近的楚国彩绘龙凤纹双弧盾属于同类器物；下启汉代，与西汉双弧盾一脉相传。同时，秦军绝对不可能只有一种形状和规格的盾。

> 旅贲氏掌执戈盾，夹王车而趋，左八人，右八人……丧纪，则衰葛执戈盾。军旅，则介而趋……司戈盾，掌戈盾之物而颁之。祭祀，授旅贲殳、故士戈盾。授舞者兵亦如之。（《周礼·夏官·司马》）

司戈盾专职负责戈、盾使用。按照五种名目，使用有不同，由司戈盾掌握具体发放。此文中提到的盾，有人说是指舞盾、车盾、步盾、藩盾等，实际上现代人很难一一甄辨清楚。藩盾也是一种车盾，设乘车两旁。车止则设，车行则收，主要用于藩卫王车。藩盾规格比子盾大，等级也高，兵马俑坑里不可能出现。我猜

[①] 黄可佳：《江西南昌西汉海昏侯刘贺墓出土丹画盾研究》，《文物》2022年第3期。王子今：《海昏侯刘贺墓出土"髹丹画盾"正名》，《文物》2023年第1期。

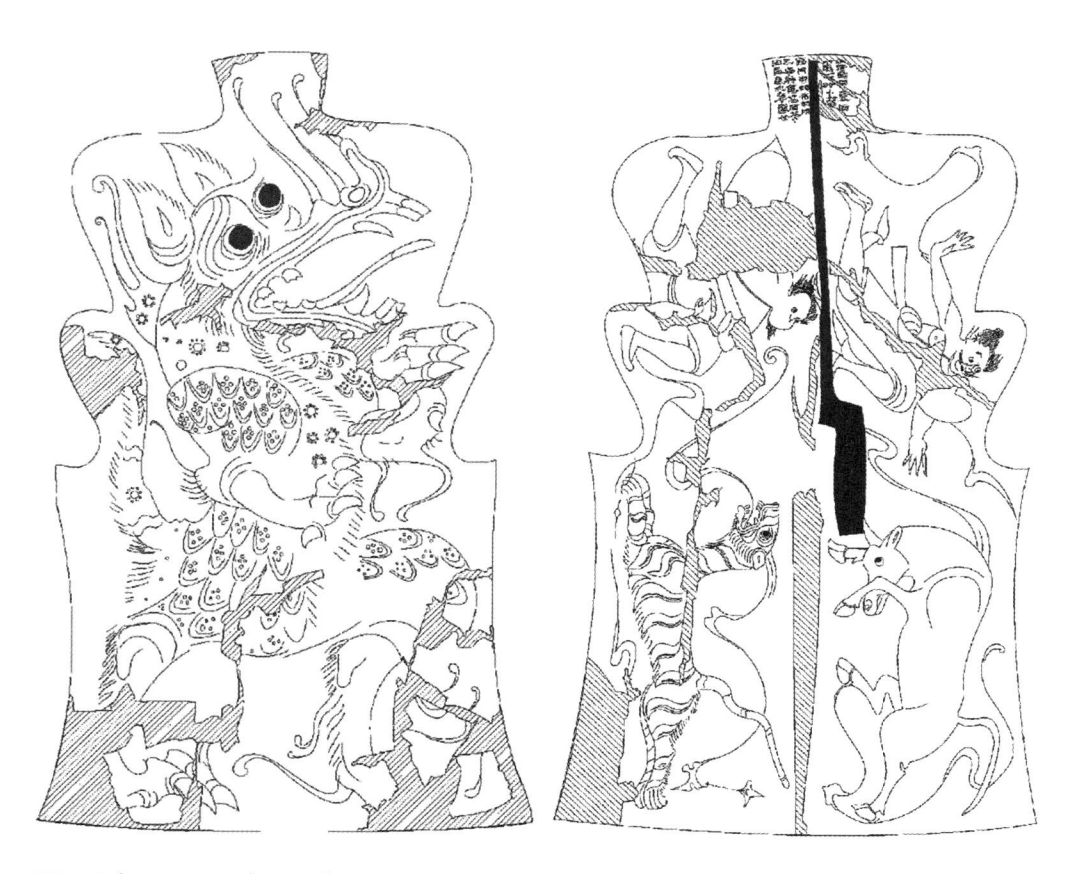

丹画盾（M1：1408）正、背面

刘贺墓出土漆木盾，同批次制作了20件，多数已经残碎，盾长90.6厘米、宽50.4厘米、厚1.1厘米，盾握长27厘米，应为武舞用盾。南昌海昏侯博物馆陈列有复原件。

兵马俑坑中可能会有比子盾规格更大的步盾，或者类似汉代文献记载的"彭排"。

十几年对皮盾资料持续反刍，我发现好玩的事挺多。《史记·项羽本纪》记载，项羽设鸿门宴招待刘邦一行，刘邦的随从樊哙觉察大事不好，"带剑拥盾入军门。交戟之卫士欲止不内，樊哙侧其盾以撞卫士扑地，哙遂入"。樊哙怒气冲冲，饮了项羽赐的酒，又"覆其盾于地，加彘肩上，拔剑切而啖之"。原来，关键时刻盾可以用来撑人，又可以作为切猪肘子的案板。

作为发罪赎刑的手段之一，赀盾频频出现在秦律中。如睡虎地秦墓竹简《秦律杂抄》：

伤乘舆马，夬（决）革一寸，赀一盾；二寸，赀二盾；过二寸，赀一甲。

按照造成马匹损伤的过失程度，罚交数额不同的盾和甲衣。我曾以为这是秦国的特色，百姓闻战则喜，君主穷兵黩武，一部秦国史就是一部战争史，为了解决军需消耗，他们也真是绞尽脑汁，后来我读到了以下这个故事。

齐桓公是春秋五霸之首。他在位期间，任用管仲进行改革，一时间齐国大治。有一次君臣二人聊天，齐桓公问道："军令已经包含在政令中实施，可是齐国缺少铠甲和武器，怎么筹办呢？"管仲回答说："减轻对罪犯的惩罚，让他们用铠甲和武器来赎罪。"桓公说："怎样实施呢？"管仲回答说："判死刑的罪犯，可以用犀皮甲和一支戟来赎罪；犯轻罪的可以用鞼盾和一支戟来赎罪……"桓公采纳了管仲的建议，齐国的军需物资非常充足。

正如秦代双弧盾是当时的"普品"，正如秦代以赀盾解决军需供给，没有什么是一拍脑门儿的偶然，大秦帝国的方方面面都有历史的影子，是中华文明赓续的实证。合抱之木，生于毫末；九层之台，起于累土；千里之行，始于足下。一统天下的大秦，久久为功。

以子之矛，攻子之盾。接下来，与盾对立的进攻型兵器该出场了。

第五节　长兵器上的精致

秦军进攻型兵器有戈、戟、矛、铍。戈、戟属于勾兵，矛、铍属于刺兵，四者各有特色，都属于长兵器。其"长"即金属部分之外的柲，俗称"柄""把"。常说秦国人善于制造长柄兵器，至于如何"善"，我和很多人一样，首先联想到了金属部分的锋锐，割人头如割韭菜。2009年冬季的发掘经历，让我有了改变看法的契机。

一号坑发掘区冬季没有任何取暖设备，我们虽是室内考古，依然难免挨冻。我龟缩在第十过洞陶俑残片的夹缝中，全身伏地，浑然不知从何时起双膝、双肘已经被寒气浸透。此刻，只需要凝神静气地一点点剥离黄土。起身时，我脑海里飘过一首诗：

清人在彭，驷介旁旁。二矛重英，河上乎翱翔。
清人在消，驷介麃麃。二矛重乔，河上乎逍遥。
清人在轴，驷介陶陶。左旋右抽，中军作好。

这首诗来自《诗经·郑风·清人》。公元前660年（鲁闵公二年，郑文公十三年），狄人侵入卫国。卫国在黄河以北，郑国在黄河以南，郑文公怕狄人渡过黄河侵入郑国，就派他所讨厌的大臣高克带领清邑的士兵到河上去防御狄人。高克的军队在驻地无所事事，整天游逛，安逸得不得了。诗句"二矛重英，河上乎翱翔""二矛重乔，河上乎逍遥"，毛传解释是："重英，矛有英饰也。"郑笺："二矛，酋矛、夷矛也，各有画饰。"

随着手下一朵朵水涡纹、一组组三角纹彩绘正在破土而出，欢畅、逍遥、乐陶陶的诗境恰如那个时刻我的心境。诗文咏唱的柲上彩绘"重英"，经过一下午的努力，被我真切、完整地清理出来了，这个受冻真值。

我看到了秦人善于制造长柄兵器的第一个"善"：重英——柲的上下端各有长44厘米的精致彩绘。具体做法是先刷一层褐色大漆，再罩一层黑漆，再用鲜艳的红漆描绘出四方连续图案。红色纹样时而铺张，时而收敛，打破黑色的禁锢与沉

清理重英

重英图案局部

重英图案复原

闷，造成云雷纹翻卷、勾连的动静。

长兵器装饰重英是很普遍的现象，我亲手清理了14处柲的朽痕，10处有绘彩，比例占70%以上。画饰构图一样，具体绘色并不一致。有的只刷底层褐色漆，漆层很薄，红彩和底色对比度弱。这说明柲的制作流程不固定，至少在这个环节上，不存在所谓流水线标准化生产。

跟拍的摄影师小白很快提交了纹样复原图，大家一起盯着看，纷纷发表评价，"精致""多此一举"……对这种做法褒贬不一。无论或褒或贬，一个事实抹杀不掉，那就是我们经常关注秦军长兵器之长，重视金属部分之凛凛寒光，而柲上所体现的"善"与精致，却被忽视了很久。

为什么会这样？是因为兵马俑坑的主题是军事内容，更得强调暴戾，还是因为我们以为秦代以征伐为首要？真可谓人各有心，心各有见，很多事只是你以为而已。

我看到的第二个"善"是柲的制法。按照具体材质分三型：第一，纯木质，就是一根木棍；第二，木为芯，外加若干竹篾；第三，若干细竹竿积攒。后两种统称"积竹柲"，都可使柲坚韧而富有弹性。

直兵造胸，勾兵钩颈。（《吕氏春秋·恃君览·知分》）

凡兵，句兵欲无弹，刺兵欲无蜎。是故句兵椑，刺兵抟。（《周礼·冬官考工记》）

椑，椭圆形；抟，圆形。这段话是在讲长兵器的具体用法和对柲外形的一些要求。直兵，如矛、铍，攻击对方的胸部。出手时，刺扎一条线，直抵胸部，不能软得像虫子屈曲蠕动爬行，圆形柲最好。句兵，如戈、戟，攻击对方的脖颈。出手时必须是弧线，像割麦子，先搂脖子，再砍掉。柲扁圆形才利于控制锋刃方向。

我所见一号坑长兵器柲的三种制法，最后形成的效果正如书中所说，第二型以木为芯加若干竹篾者，刚柔相济更强；第三型以若干细竹竿积攒，弹性更佳。一根柲而已，也认真筹划，极费心思。

木芯积竹秘

秘直径约3.5厘米，根据腐朽的纤维特点判断，由木芯、竹片组成。

按《周礼·夏官司马》："司兵，掌五兵五盾。"郑玄注引郑司农云："五兵者，戈、殳、戟、酋矛、夷矛。"此指车之五兵，具有长短兼备、远近结合的特点，这五种兵器都插放在战车的车舆上，供甲士在作战中使用。步卒之五兵，则无夷矛而有弓矢，其中殳、矛较长，戈、戟较短，弓矢是远射兵器。对车兵来说，长度超过马头，才能发挥实效。夷矛长二丈四（5.54米）、酋矛长二丈（4.62米）、戟长一丈六（3.7米），这三样为长兵。另外，有成语"短兵相接"，指的是跳下战车，陆地对打，使用短兵有殳长一丈二（2.77米），有戈长六尺六（1.52米）。对步兵来说，戟长六尺（1.38米），与戈为短兵，弓弩为长兵。

兵马俑一号坑是步兵军种的方阵，出土长兵器多数为步兵所用。据原发掘报告，戟完整者1例，长2.88米。2009年秦始皇帝陵博物院对外展示了另外一件青铜戟，通长2.87米，矛与戈联装，有铜镦（尾部铜套）、柲、戈、矛四部分，经过技术人员以特殊化学材料加固分段整体提取，又经清洗、加固、粘接、补全、做旧、封护等多种技术操作，历时一年，最终使这件铜戟恢复了本来面目。

《周礼》所记步兵所持戟长六尺即1.38米，兵马俑坑发现长度接近3米，二者相差很远。我发掘14处柲朽迹均为残节，完整长度不详。接近完整的一处，陶俑的右手紧紧攥着柲杆，两千年不动，实测残长1.03米。摆在面前的情况与典籍记载根本不合，难免令我纠结。

纷繁复杂的世界，总是在不停地给人们画着问号。想消灭关于秦代兵器的所有问号，那肯定比登天还难，我们能做的就是放下执念，允许各种声音存在，没有定论才更有趣。时至今日，就如关于兵马俑坑出土兵器的命名、定性、制作方法……很多问题都可继续探讨。曾经我和申茂盛先生针对兵马俑三号坑出土的殳和秦代长兵器的品质优劣，临时起意召开了一次"家庭学术研讨会"。

殳是中国古代一种用于撞击的长柄兵器，用于车战。从出土实物来看，殳的金属首多为青铜，分有尖锋的实战用"锐殳"和无尖锋的仪仗用"晋殳"两类。1978年湖北随县曾侯乙墓首次出土了7件锐殳、14件晋殳。锐殳，简称"殳"，为前端似矛带刃、后端有刺球的青铜殳；晋殳，墓中出土的竹简上称为"晋"，则无刃而仅有铜套。

二号坑出土的铜殳

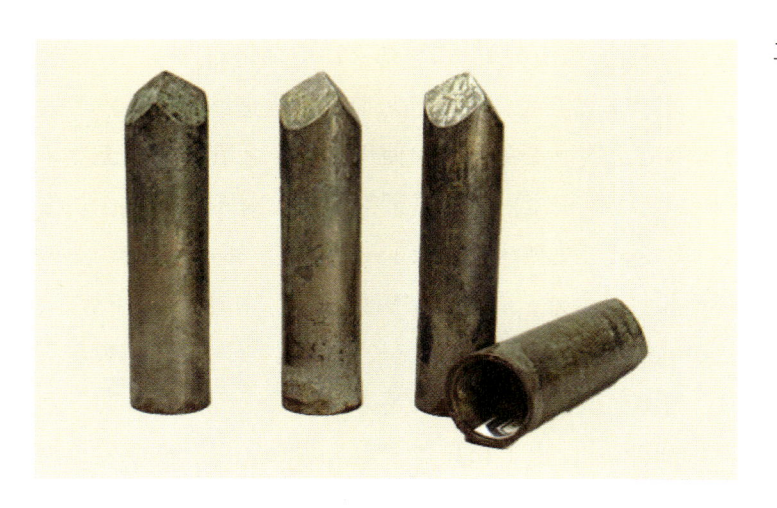

兵马俑三号坑出土的殳,青铜质,首在圆套筒顶端呈三角锥状,长约10.5厘米,径2.3~3厘米,深8.9厘米,用以装长柲。三号坑被认为是三军指挥部的模拟,因此铜殳被认为是秦始皇卫队的仪仗兵器,属于晋殳。

"不对,不对!"听我念完上述资料,申茂盛先生脖子上青筋暴起,有点急眼,叨叨了以下的话:"木柲残长1米,太短;直径仅有2.2~2.3厘米,太细。持长兵状的陶俑,拳心的直径都在4.5~6厘米以上,与木柲直径不匹配;成束放置,缺乏与陶俑之间的关联。"

"那是什么?"

"不是兵器,可能是搭帐篷时用来固定绳索的东西,类似橛子,名曰'铜镢',中山王陵就曾出土过类似的器物,应该与北方游牧民族有着密切的关系。"

申茂盛先生说长道短,我努力憋住不反驳。当我说到由于享国日短,秦军并没有形成自己独特的兵器文化,所谓秦军有逆天武器装备之说,纯属江湖忽悠时,申茂盛先

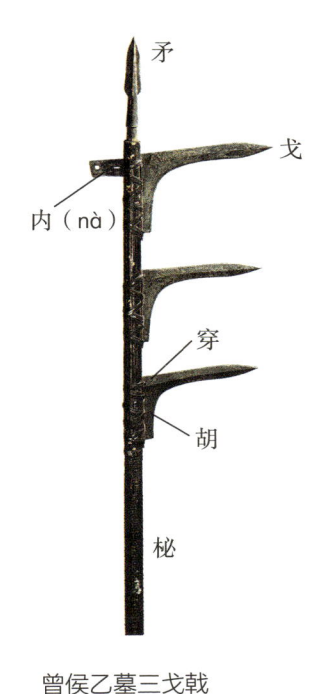

生保持了缄默。

我国目前发现最早的戟出现于商代。在河北藁城台西商代遗址出土的铜兵器中，有一件戈和矛联装在一根木柄上的长兵器，这便是戟的雏形。由于戟比戈和矛更为先进，它很快成为将士作战的格杀利器。

兵马俑坑中出土的戟都是联装形式，即戈与矛的结合体，攻击方式集合了戈的勾、啄与矛的刺、割，这些戟与典型的战国联装戟形制并无特殊之处。反观此时代在中国南方的吴、越、楚地区，流行一种独特类型的联装戟，即在一根长柄上装有2个或3个戈头，称为"多戈戟"，一旦勾向对方首、颈，可实施致命连环杀，攻击性更强。这样的多戈戟，却没有一件属于秦国。

会后，我俩达成一点共识：一号坑没有矛、戈。根据秦代已经很少使用戈作战的事实，那些独立出土的戈和矛，实际上都是捆绳腐朽之后散落的戟刺和戟援。

曾侯乙墓三戈戟

第六节　秦军有"强弓劲弩"

秦昭襄王四十七年（前260），长平之战打响，赵括率领的赵国主力部队，被秦国名将白起围困于长平。到了这年九月，赵军已断粮46天，士兵已饿得毫无人性，杀同伴止饿，这个现象十分严重。

为了解开困局，赵括成立了一支"敢死队"，企图杀出一条血路，可是并没有成功。失败之后，赵括又亲自带领挑选出来的精英部队强行突围，谁承想，赵括"一出门"就遭到了秦军强大的阻击，秦军的箭如同尖锐的冰针，银光一闪，打破清晨浓浓的雾气，瞬间血染大地。赵军失了领将，大乱。秦军趁机猛攻，这一战，赵军惨败，元气大伤，而秦军所用的先进弓弩发挥了巨大的作用。

秦军的弓弩真的很"先进"吗？如果没有所谓先进的弓弩，秦军打不赢长平之战吗？秦军的强弓劲弩所向披靡之说，很玄乎，真实性如何呢？

> 天下之强弓劲弩皆从韩出，谿子、少府时力、距来者，皆射六百步之外。韩卒超足而射，百发不暇止，远者括蔽洞胸，近者镝弇心。（《史记·苏秦列传》）

张仪游说合纵，大肆宣扬秦军虎贲之士跿跔科头，贯颐奋戟者，至不可胜计，吓得韩王闻风丧胆。与此同时，苏秦也来到了韩王面前，大谈连横共同对付秦国。在苏秦的嘴里，韩国地势优越，全天下的强弓劲弩都产自韩国，谿子、少府时力、距来等名品，射程远及六百步之外。弓箭手武技超群，箭无虚发，指哪儿打哪儿。如果西面事秦，那就只有让世人耻笑。一番鼓动下，韩王激动万分，信心满满地说："寡人虽死，必不事秦！"

历史的车轮驶入战国时代，突出特点是诸侯国各有所长，实力难分伯仲。为了当老大，于是你打我，我打你，逐渐形成了"战国七雄"的分裂格局。苏秦说服韩王的故事充分说明所谓秦军强弓劲弩之说，又是江湖演绎的神话。决定长平之战秦军大胜的关键是围歼战术，而弓弩这种武器最适合用于伏击、围歼。

《吴越春秋》记载："弩生于弓，弓生于弹。"《说文》把弩解释为"弓有臂者"。弓和弩机都装在臂上，弓横装在臂的前端，弩机装在臂的中部偏后尾处。从发射原理看，弩和弓是相同的，都是利用张弓储存能量，然后通过急速收弦把它转化为动能，将箭（镞）弹向前方。

兵马俑坑里有大量的弓弩，一号坑第一次发掘中就曾出土了132处。朽迹可见木臂部分，确定为弩，即使没发现弩机铜部件；如果没有木臂，则只称为弓。弓弩由弓干、弓弦、弩臂、弩机等部分组成。弓干弯曲长145厘米、直线长125厘米、弣径5厘米、萧径2~3厘米。通体用藤条和皮条缠扎。藤条缠扎在外层，宽约0.7

厘米；皮条缠扎在内层，宽约0.1厘米；藤条和皮条上髹褐色漆。弓弦通长130厘米、直径约0.8厘米，光滑圆润，材质似为动物筋。弩臂长约75厘米、含口宽3.5厘米，往下10厘米处存耳，耳残长2厘米、宽3.5厘米、厚1.2~1.5厘米。弩臂表面下凹为箭道，宽2.5厘米。关位于弩臂末端，宽3.5厘米、内径6厘米×14厘米、厚0.8厘米，置铜弩机。

这些格式化的信息陈述真是枯燥乏味，重复进行这些已经明确情况的发掘，一度也令我郁闷。很庆幸我们有一颗平常心，没有沉溺于虚幻神话，把自己的所遇见无限放大；更庆幸的是我们有一颗责任心，没有敷衍了事。世上没有白走的路，一切付出都有回报。这不，收获的季节来了——弓弩上有辅助部件。

这个用来矫正弓弩的部件，在一号坑简报中被介绍是"弓背内辅有细木，以增强弓背的张力"。但如果在弓背上加上它，弓背必然失去弹性，无法随着弓弦的拉伸而向内变形，弓弦将无法挂到弩机上，弓弩不能正常使用。于是在一号坑发掘报告中修改为"在韬壁内侧附撑木条两根。两根木条呈"八"字形，其下端分别位于韬的两角，上端位于韬的顶部"，以此为据，衍生的若干研究文章说"韬内侧有两根八字形的木条分开撑住韬顶及两角，使开合较为方便""俑坑中的弓弩遗迹出现的那种所谓的弓背'辅助木'，其实质似应为弓囊上所用辅木"。

韬即是一个软性的织物袋，功用类似今天的网球拍袋或羽毛球拍袋，根本不需要内部增加两节短粗的木条来辅助。

情理不合，说明认识不对。但要想在一堆已经腐朽的痕迹中找到完整的结构，做出纠正，一靠技术，二靠运气。显然，申茂盛先生的运气比我好，他遇到了相当完整的朽迹G11：0023和G11：0019，又技高一筹，在朽迹中抽丝剥茧，找到了问题的答案。

部件由两部分组成。主要部分是两根长木条，分别横在弩臂左右两侧，弓干与弦之间，通长46.5厘米、宽3厘米、厚4厘米。木条并不平直，在其内角微向上挑，均匀分布有3个直径为0.6厘米的圆孔。次要部分是两块小木块，夹在弓与长方体木条之间，长4.8厘米、宽3.5厘米、厚3厘米，中心也有一个小孔，直径0.6厘米。另外，在弓干藤条缠扎层之外，有三处绳子缠扎的痕迹，推测是和长方形木条上的小孔配合使用，以固定木条。

申茂盛先生说："弓弩上有檠木。"简短6个字的结论得出，历时近10年。从一号坑最初发掘开始，到申茂盛先生面对媒体公众言之凿凿，考古工作者对它的认识所耗费的时间接近半个世纪。《仪礼·既夕礼》罗列士丧礼的随葬器物说：

> 弓矢之新，沽功。有弭饰焉，亦张可也。有柲。

郑注：

> 柲，弓檠，弛则缚之于弓里，备损伤，以竹为之。

《说文》中说：

> 檠，榜也……弛弓防损伤，以竹若木辅于里绳约之。

保存檠木的弩

檠木是防止弓弩损伤弓的一个保护性部件。战时取下。或名韣，或名檠。一号坑第三次发掘清理木弩朽迹40余处，只有2件檠木保存最完整。

然而，10年凝聚的这6个字，在接下来的研究中，依然遭遇了怀疑。清华大学人文学院彭林教授有一新说：这是辅弓之"柲"[①]，而"檠"有一所指是"弓匣"之檠，并引《诗经·小雅·角弓》孔疏文献：

檠者，藏弓定体之器，谓未成弓时，内于檠中。[②]

上古之弓有王弓、弧弓、夹弓、庾弓、唐弓、大弓等六种，与使用者的身份适配。六弓依弓"往体"与"来体"的不同状态分为三个等级。往体，指上弦之前弓体外挠的程度；来体，指上弦后弓体内曲的程度。王弓与弧弓，往体寡，来体多；夹弓与庾弓，往体多，来体寡；唐弓与大弓，往、来体若。弧度的差等，在工艺上称为"深浅"，决定着弓的力量与射程等。因此，制弓的第一要义是定往、来之体。

简要之，彭林先生的意思就是制作弓的时候，有一种器具来规范弓体，用法是将弓干纳入"檠槽"内较长时间存放，慢慢消解弓体材料内部的应力，使弓干固定成型。檠的形状，据经学家均以"弓匣"释檠而论，当为四周合成某一形状的封闭体，或方、或圆、或随体诘诎，依物体形状而成。此处训匣之檠，亦当如此。至于材质必定硬于弓干，而绝不可能为软性的丝麻、皮革之类。

曰檠、曰榜、曰柲、曰闭，文字错杂，令人眩晕。柲、檠到底是一物两名，还是各有所指？一时间我也分不清了。那不如淡化一下名称的纠结，只明确一点，秦弩上为了防止弓弩损伤，在松弛状态下，弓内侧绑一个部件，或者名柲，或者名檠。以竹片或木条做成，置于弓背的内侧，通过绑绳子系约。在不使用的情况下，避免弓干变形、意外冲击损毁，以及弓弦长期紧绷弹性下降。战时将其去掉，蓄势待发，张弓迎敌。与文献记载不甚完美吻合，考古发现补充的细节是其上有三个小孔，并与弓干之间有短木支撑。

---

① 彭林：《弓檠与弓柲考辨》，《考古》2019年第1期。
② 《毛诗注疏》（中），上海古籍出版社，2013年。

弓弩"檠木"使用示意图

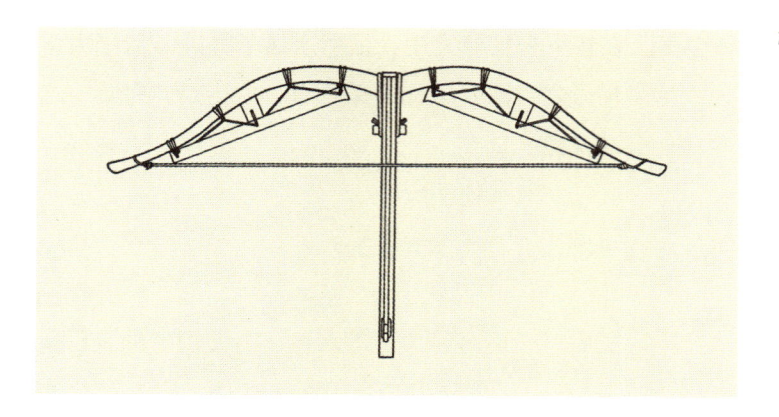

有了大发现，申茂盛先生喜悦之情难以言表，分享的欲望"沟壑难平"，"家庭学术研讨会"随即召开。我问道："弓干上的三处绳子痕迹，与长木条小孔并不对应，该如何实现固定呢？""长木条有三个小孔，小木块只有一个，又咋使用呢？"申茂盛先生有备而来，展示了一张复原图。我接着又问："这样的设置有啥好处呢？"不等他回答，通过复原图我已知晓——通过檠木上绳子的松紧调节，移动小撑木位置，对弓背进行灵活校正。

所谓文武之道，一张一弛。自古以来，人们在弓弩不使用的情况下，都会运用各种方法对弓弩进行保护。在秦始皇陵一号铜车马上曾出土了一件铜质弓弩，其上也有类似的保护部件。那是一根绦组状的铜条，经过复原，水平长50厘米、径0.3厘米[1]。近现代民族学的材料对此也有所记录，为了保护弓弩，"保存时要放松弩绳。用脚踏住扁担（弩的弓），使其弯曲，把弩绳的一端从扁担（弩的弓）

---

[1] 秦始皇兵马俑博物馆、陕西省考古研究所：《秦始皇陵铜车马发掘报告》，文物出版社，1998年。

头上的绳槽中取下，使绳处于松弛的位置且套在扁担（弩的弓）上。弩可以挂在高处，也可用布袋装起来，要蔽光保存"①。

辅助部件的发现，弥补了秦代弓弩结构的缺环，第一次明确证明了文献关于弓弩校正、保存方面的记载。而能灵活调整的设计细节，我觉得远比秦军因强弓劲弩而所向披靡之说，更令人称奇。

第七节　弓弭与距末

古人将弓的两端叫箫，在箫末端处附加弭，来增加弓弩箫端的强度，从而使弓箭获得更大的杀伤力。出于耐磨硬度的要求，弭一般选取骨、角、铜、玉、蚌等原料制造。弭上有一用来钩住弓弦的半月形锲口，又称弦槽、弝。

弭在考古发掘中早有实物出土，如石璋如《小屯殷代的成套兵器》一文曾介绍安阳殷墟小屯C区M20出土的弓体上装有玉质或铜质的弓弭，但多不识，命名五花八门。兵马俑一号坑第一次发掘报告称之为"片形骨钩"，11件，归入"车马器"分类。此类物件和高大威猛的陶俑比起来，尺寸小，很不起眼，如果不是领衔第三次发掘，我从未注意过这种命名、分类有什么问题。

该器物出土时两件为一组，一对同出，这是最重要的特点。2009年7月25日，我在发掘日记中写道：G9第二组车迹中有骨钩1对。一件通长5.8厘米、最宽1.8厘米、厚0.6厘米，长条形，弧角边，近一端有鸟喙状突出；另一件通长6.3厘米、宽1.9厘米、厚0.5厘米，长条形，近中部有月牙形豁口。从文字中不难看出，此时我下意识地在把这对"骨钩"向车马器靠拢。

2009年12月，开始清理第九过洞西段的第一处弩。手术刀小心翼翼地剥离弓干箫端时，突感有硬物，是一件小骨器"趴"在弓箫上。骨器形状近似三棱形，残长3.5厘米、底面宽1.4厘米、厚1.2厘米，尾端有小米粒般大的圆形透孔。很显然，这件骨器没有脱离原来的使用位置，一定是和弓弩有关了。

---

① 仪德刚、张柏春：《广西巴马县瑶族制弩方法的调查》，《中国科技史料》2003年第1期。

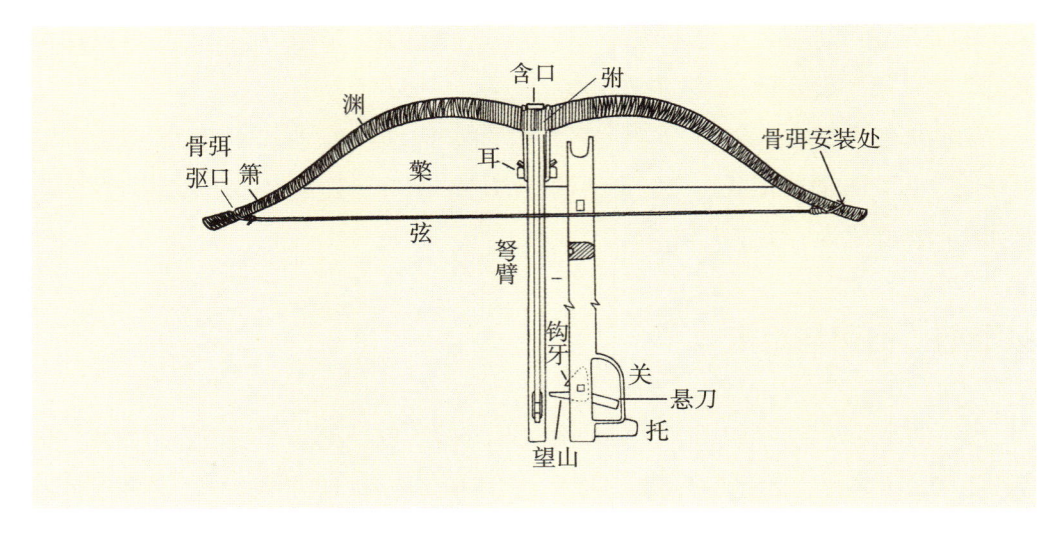

弩部件及骨弭安装位置

它是什么呢？翻资料。一番折腾查到了新疆考古所于志勇先生的文章①，读毕，顿感醍醐灌顶。熬过半年之久的"迷糊"，我终于明白兵马俑坑弓弩的箫端有骨质部件"弭"。依照外形和使用方法，分两型。

Ⅰ型：6件，三棱形，有3件明确出土在弓箫端，尾端钻小孔，与箫端应有绑束，多从弭体的驱口处断裂或酥解。与甘肃礼县大堡子山春秋晚期秦人墓出土的同类物很接近②，流行时代很短。

Ⅱ型：8件，片状，均已移位，窄长条形，可能是贴附在弓弰部位使用，以黏接剂粘贴。类似物分布范围广泛，流行时间长，多出土于长城沿线以及兴安岭一带，与

---

① 于志勇：《汉长安城未央宫遗址出土骨签之名物考》，《考古与文物》2007年第2期。

② 早期秦文化联合考古队：《2006年甘肃礼县大堡子山东周墓葬发掘简报》，《文物》2008年第11期。

"北方系文化带"①的因素共存。

春秋晚期秦人墓出土的同类物很接近,与"北方系文化带"的因素共存。这两点认识可真是"小题大做""事关重大"。大家都知道,兼容性是秦人非常明显的特性,他们从不排斥各种外来文化因素,拿来主义运用得非常娴熟。立国之初与戎狄接触最多,对戎狄文化的兼容吸收也最多,以至中原诸国称其为"戎","异类"。秦建国后在农业、青铜铸造、文字以及礼仪制度诸方面,受周文化的影响极大。秦始皇为王期间,李斯上书《谏逐客书》,从物质到精神,逐条陈述秦吸取东方六国文化的事实。

这种大场域的文化特质,一个小弓弭加以旁证,确实"事关重大"。第Ⅱ类弓弭的来路追踪下去,或许能在中原文化系统之外找到路径。《陈书·萧摩诃传》记载了这样一件事。

太建五年,众军北伐,萧摩诃随都督吴明彻渡过江攻打秦郡。当时齐派大将尉破胡等率领十万兵马来援助,他们的前队有"苍头""犀角""大力"之号,都身长八尺,气力超人,他们的锋头锐利。又有"西域胡",妙于弓箭,箭无虚发,众军士特别害怕。

将战时,吴明彻对萧摩诃说:"想办法先杀死此'西域胡',那就会使敌军丧失了锐气,你便可以立头功。"萧摩诃说:"保证完成任务,只需告诉我他的体貌特征。"吴明彻于是说"西域胡"穿绛红色衣服,用桦皮装弓,弓的两端有骨弭。吴明彻派人暗中窥伺,知道"西域胡"在军阵内,便亲自倒酒让萧摩诃饮。萧摩诃饮完,策马驰入齐军,"西域胡"挺身出阵前十余步,弯弓未发,萧摩诃远远地投掷铜,正中"西域胡"的额头,"西域胡"应声扑倒于地。齐军"大力"十余人出战,萧摩诃又斩之,于是齐军退走。萧摩诃以功被授明毅将军、员外散骑常侍,封廉平县伯,邑五百户。接着晋爵为侯,转任太仆卿,其余照旧。太建七年,又

---

① "北方系文化带",地域范围包括北起俄罗斯共和国外贝加尔叶尼塞河中游,南达四川永胜,东起辽宁兴城,西至甘肃灵台,呈多种考古学文化面貌,时间集中出现于殷商时期至周初和战国及两汉,分别与商代西北方国和后期的匈奴部族有关。

弭口

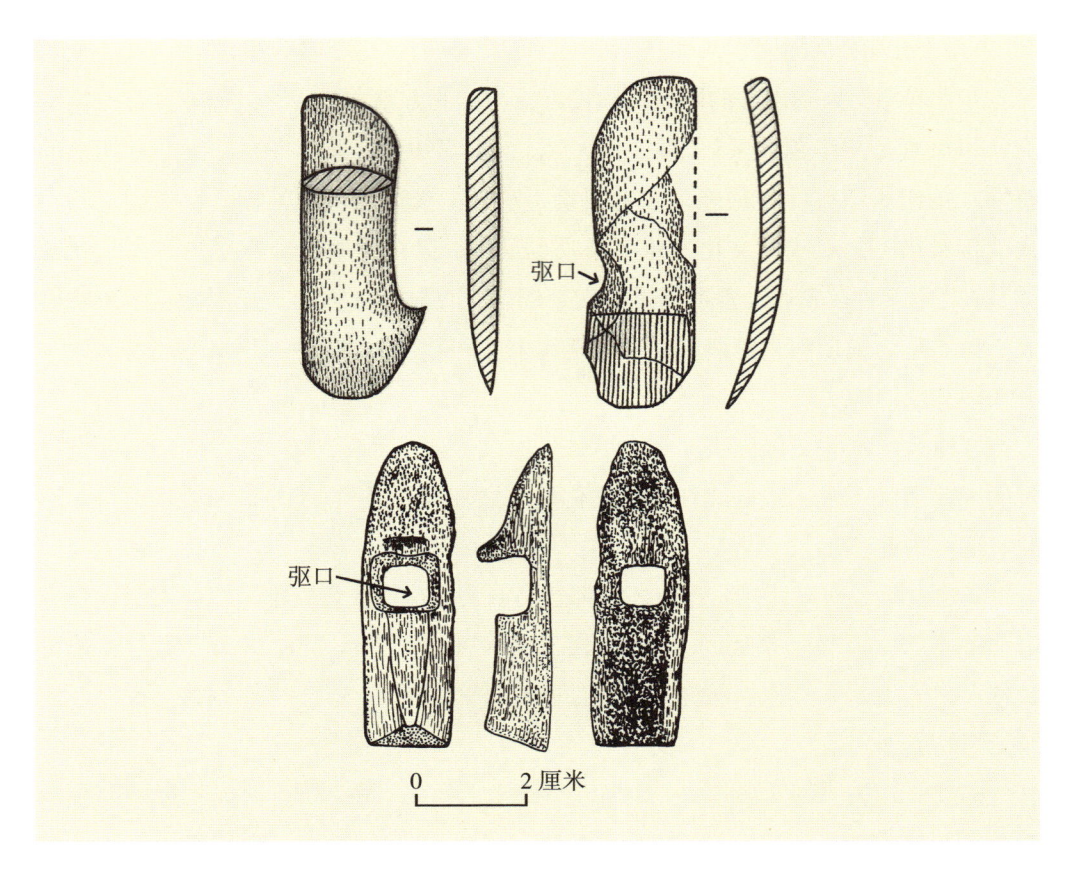

弭口

0　　2厘米

骨弭
弭是弓干箫端的附件，因时代和弓类型不同，长度、材质不一。

随吴明彻进军包围宿预，击走齐将王康德，以功被封为晋熙太守。太建九年，吴明彻进军旦里，与齐人大战，萧摩诃率领七骑先入，亲手夺了齐军大旗，齐兵大乱。

"桦皮装弓，两端骨弭"，是"西域胡"与一般齐兵外观上的显著区别，凭此指征，萧摩诃锁定目标，为北齐打赢北伐之战创造了条件。

考古揭示的事实，一方面让我感到文化兼容无所不在，另一方面也赞叹中华民族文化的多元。就在北方出现"耳朵"状弓弭的同时，在南方起同样作用的器物却是

铜距末

另外一番模样：管状，也有一端封口呈帽状，套入弓箫末端，一弓使用弭两件，自铭"距末"，是"距来之末"或"距黍之末"的简称。大家还记得苏秦说服韩王那个故事吗？被苏秦提名的韩国劲弩之一名距来，距末，字面含义就是距来末端，用途非常明确。

距末实物考古出土不多。1999年常德市德山寨子岭战国楚大夫墓有两件，铜质嵌金丝，外呈不规范的八棱形，柱状，中空，顶部开口，近口缘外侧有一系物的穿孔，一侧有一浅一深两个较大的驱口，每件有嵌金铭文8字，一为"愕乍距末，用差（佐）商国"，一为"光张上［下］，四尧是殕"。据引，类似第一件铭文的材料还有两件[1]。新蔡葛陵楚墓也有，骨质，其中一件上刻"邵之良之"。

弭字有止息、中断的意思。围绕这个意思的"弭"，有过两次著名的弭兵大会。事情分别发生在周简王七年（前579）和周灵王二十六年（前546）。

鲁成公十二年（前579），介于晋、楚两大国之间的宋国大夫华元，奔走于晋、楚之间，以调解晋楚的关系，促

---

[1] 陈松长：《湖南常德新出土铜距末铭文小考》，《文物》2002年第10期。

成晋楚之和，在宋国都城会盟。会谈结束后发表了一份和平公约：

> 凡晋、楚无相加戎，好恶同之，同恤菑危，备救凶患。若有害楚，则晋伐之；在晋，楚亦如之。交贽往来，道路无壅；谋其不协，而讨不庭。有渝此盟，明神殛之，俾队其师，无克胙国。（《左传·成公十二年》）

从今以后晋、楚不能再相互攻伐，一定要同进同退，共同渡过灾难，挺过危急的年份。如果有侵犯楚国的国家，那么晋国就去讨伐他。如果晋国被攻打，楚国也得这样做。两国相互通商，不要再设关卡，堵塞道路。两国要一起对付不听话的国家，征讨不臣服的国家。如果有违背这个盟约的，人神共讨，发兵攻打背信的国家，直到灭亡！

一纸盟约岂能消弭长期所积的仇隙，晋、楚两国之间不久即爆发了鄢陵之战，楚国被打败。宋国大夫向戌遂积极斡旋第二次弭兵活动。鲁襄公二十七年（前546），十四国聚集宋都城西门之外，会场气氛依旧笼罩着腾腾杀气，在紧张气氛中结束。签订的盟约是：

> 晋、楚之从交相见也。（《左传·襄公二十七年》）

意思是晋的仆从国要朝贡楚国，而楚的仆从国要朝贡晋国。大国结盟，弱国小国负担成本。小国必须尽其土实，重其币帛，供其职贡，从其时命，贺福吊凶，对晋国、楚国承担繁重赋税。而晋国、楚国两国，在牺牲小国利益的基础上，达成暂时的和解。战争减少使得中原小国承受的战争灾难与负担减轻很多，也使这些小国从此以后，"仆仆于楚之庭"，"牺牲玉帛，待于二竟"。

弱国无外交。在一定的历史条件下，可以出现和平的局面，但均衡是暂时的，一旦被打破，战争又会再起。这个时候能做的事真只如裴骃《史记集解》所言：

> 距来者，谓弩势劲利，足以距来敌也。

此为发掘出秦代弓弩之后我的感悟。

第八节　秦剑"锋披天下"

对于秦军武器，我最不愿意多说，却不得不说的，非铜剑莫属。

从很久很久以前开始，江湖广泛流传着这样的神话：秦式铜剑不仅长，而且很锋利。在桌面上放一沓纸，用一号坑出土的铜剑轻轻地从纸上划过，居然一次性划破了19张纸！其锋利的程度实在可以用"削铁如泥"四个字加以形容。

从很久很久以前开始，江湖还广泛流传着这样的神话：在清理兵马俑一号坑的第十一过洞时，考古工作者发现了一把"记忆合金剑"。这把青铜剑被一尊重达150千克的陶俑压弯了，其弯曲程度超过了45°，当人们移开陶俑之后，又窄又薄的青铜剑竟在一瞬间反弹平直，自然恢复。当代冶金学家梦想的"形态记忆合金"，竟然出现在2200多年前的秦代俑坑里，不能不使人由衷赞叹我们祖先所创造的奇迹。

从很久很久以前开始，江湖还广泛流传着这样的神话：1994年在兵马俑二号坑内又发现了一批青铜剑，长度为86厘米，剑身上共有8个棱面。考古学家用游标卡尺测量，发现这8个棱面误差不足一根头发丝，已经出土的19把青铜剑，把把如此。这批青铜剑结构致密，剑身光亮平滑，刃部磨纹细腻，纹理来去无交错，它们在黄土下沉睡了2200多年，出土时依然光亮如新，锋利无比。科研人员测试后发现，剑的表面有一层10微米厚的铬盐化合物。这一发现立刻轰动了世界，因为这种"铬盐氧化"处理方法是近代才出现的先进工艺，德国在1937年，美国在1950先后发明，并申请了专利。事实上，早在春秋战国时期，中国人就已掌握了这一先进的工艺。

还有一个神话，传播的范围稍小：兵马俑坑出土的铜剑是复合剑。所谓复合剑，是指剑脊和刃使用了不同成分的原料，制作时先铸造好剑脊，然后再把剑脊放在另外一个范中浇铸剑刃。这样就可以使用合金含量不同的溶液，剑脊含铜量大柔性好，刃部含锡量大硬度好。

神话是真是假？我之所以不说这些是秦剑的"神奇"而称之为"神话"，是因为它们属于"事出有因，查无实证"。是谁做过"削铁如泥"的试验？是谁看到了"反弹平直"？对"铬盐氧化工艺"一说，也有另外检测结果——可能和剑鞘上的髹漆残留有关，至于"复合剑"更好甄别，拍个X光透视片，结果自然明了。

青铜剑在技击格斗中，首要功能是刺杀敌人、穿透对方的铠甲，劈砍、划拉只是辅助功能而居于其次。回顾中原铜剑的发展历程，剑身一直在不断地加长。初起之时，剑长只有二三十厘米；至春秋战国之际，长度普遍达到50~60厘米；战国晚期，一些剑超出了70厘米，最长达75厘米、76厘米；秦代，剑的长度更上新台阶。

兵马俑坑所出青铜长剑，柳叶状剑身，又细又长又尖，长度均在81~94.8厘米，超过了80厘米，最长者将近95厘米。同时期其他诸侯国的铜剑，长度一般在50~65厘米，比对手的剑长出近30厘米的秦剑，在格斗中显然更容易占上风。

长且不断，姑且算是秦军铜剑的一个神话吧。所谓一寸长一寸强，一寸短一寸巧。剑之长短，各有优劣，长剑不好出鞘，短剑使用的范围有限。公元前227年，咸阳城的大殿上，荆轲刺秦王的过程充分体现了这一点。千钧一发之际，秦王的长剑因太长，竟然卡了壳，荆轲因短剑太短，最终失去了机会。

秦始皇佩的长剑到底能有多长？据说刘邦为亭长时佩剑长三尺，后来做了皇帝，佩剑改为七尺。汉高帝只比秦始皇小3岁，两位皇帝用剑规格应该差不多。高帝剑长七尺，按照秦汉一尺约合现代23厘米计算，约长1.6米。秦始皇陵一号铜车御手佩剑为1.2米，合秦代五尺三寸多。根据周易五行与数字关系，三、八为木，二、七为火，五、零为土，四、九为金，一、六为水，秦为水德以六为纪。好事者会按照这样的逻辑做一番演绎，秦始皇佩剑的最大长度约1.4米，比刘邦长剑略短。考古工作的特点是"一分材料说一分话"，这样的推算，我认为毫无意义。

毕竟是金属制品，秦人用什么方法让长剑不易折断呢？

兵马俑坑出土的铜剑是青铜合金，主要成分是75%左右的铜、25%左右的锡，另外还有极少量的铅或铁，锡过多易断，过少硬度减弱，基本属于当时"大刃之齐"配方。

> 金有六齐。六分其金而锡居一，谓之钟鼎之齐；五分其金而锡居一，谓之斧斤之齐；四分其金而锡居一，谓之戈戟之齐；三分其金而锡居一，谓之大刃之齐；五分其金而锡居二，谓之削杀矢之齐；金、锡半，谓之鉴燧之齐。

"大刃之齐"语出《考工记》。这本器物制作的说明书，据说成书于战国，以齐国为蓝本，记录了30种手工业制作的规范和工艺。书中的"金"指黄铜和锡的二元合金，大刃指兵器，大刃之齐即兵器合金配比。用现在的大白话来讲，"六齐"配方分别是指铸造钟鼎、生产工具、戈戟兵器、刀剑兵器、箭镞以及铸造铜镜（或阳燧）的铜、锡合金比例配方，兵器的原料合金比例黄铜占2/3、锡占1/3。

实验室检测的数据表明，锡含量集中在20%以下，铅含量集中在15%之下，是东周时期兵器类合金成分的共性。华觉明先生统计了62件兵器合金成分，只有2件兵器与该范围略有出入[①]。锡少了，剑硬度不足，不锋利；锡多了，剑韧性不足，少弹性，容易折断。秦剑的铜锡配比，比东周时期更合理，硬度和韧性结合得恰到好处。

如此而已。

全国各地考古发掘出土了大量铜剑，尤以吴越铜剑最负盛名。越王勾践剑、吴王夫差剑、越王亓北古剑……有名者很多。地处长江下游的吴越之地，春秋中晚期铸剑水平远超中原诸国，涌现出了诸如欧冶子、干将、莫邪等杰出的铸剑能手。吴越铸造的青铜剑，坚韧锋利无比，威披天下，"吴戈越剑"因此美名流传千古。汉晋以来，文人墨客对吴越兵器多有吟咏。唐代诗人李贺有诗云：

> 男儿何不带吴钩，收取关山五十州。（《南园十三首·其五》）

在众多文学作品中，吴国的利器已经超越刀剑本身，上升成为一种骁勇善战、

---

① 华觉明：《中国古代金属技术——铜和铁造就的文明》，大象出版社，1999年。

刚毅顽强的精神符号。秦始皇生活的时代，文献记载了很多名剑——湛卢、纯钧、胜邪、鱼肠、巨阙、干将莫邪雌雄剑等，基本都是吴越地区铸造。李斯历数嬴政拥有的世界名品，有太阿之剑，系吴国铸剑大师欧冶子和干将联手打造[①]。

既然从铜剑本身难以列举更多"超越"，秦剑其他部分是否绝伦超奇？1974年，洛阳一座战国墓葬出土两把铜剑，一铭"繁阳之金"。它纳于鞘内，剑首垂饰为自大至小排列的十二颗珍珠。剑鞘为象牙制作，上叶正面双钩浮雕饕餮纹，下叶系用两块象牙接合，鞘的上端附有两对象牙质的琫，楔入下叶内面凿出的凹槽而固定于鞘上。鞘内面髹漆两层，为黑漆外覆以红漆。

> 赵平原君使人于春申君，春申君舍之于上舍。赵使欲夸楚，为瑇瑁簪，刀剑室以珠玉饰之，请命春申君客。春申君客三千余人，其上客皆蹑珠履以见赵使，赵使大惭。（《史记·春申君列传》）

魏国的信陵君、楚国春申君、赵国平原君、齐国孟尝君，是战国时期的"四公子"。有一次，平原君派使臣拜访春申君，两拨人暗暗比富。春申君安排来访者住在"超五星级酒店"，赵国使臣特意用瑇瑁簪子绾插冠髻，亮出用珠玉装饰的剑鞘。当时春申君有三千多名宾客，其中的上等宾客都穿着缀有珠玉的鞋子，气势更高一等，成语"三千珠履"由此而来。"繁阳之金"铜剑，以珍珠为剑首垂饰，以雕刻精美的象牙作鞘，主人佩带上它，想必有赵国使臣一般的心态。

兵马俑坑出土铜剑，竹木片为鞘，髹黑褐色漆，素面无纹，有青铜璏、青铜琫两种附件。剑长而不断，朴实不浮夸，能用、好用。因为它们本来就只是秦代的一种实用器具而已。

能用，好用，这难道不是已经很棒了吗？！

[①] 楚王闻之，引泰阿之剑，登城而麾之。三军破败，士卒迷惑，流血千里，猛兽欧瞻，江水折扬，晋郑之头毕白。楚王于是大悦，曰："此剑威耶？寡人力耶？"风胡子对曰："剑之威也，因大王之神。"（《越绝书·越绝外传记宝剑第十三》）

第九节　铜剑不仅是兵器

实用器具而已，这里的用词是"器具"而非"兵器"。

在中国人的心中，剑是百兵之君，更是一种与身份、地位、等级挂钩的标签，所以剑是礼器。秦王嬴政13岁登基，9年之后开始亲理朝政，在旧都雍城举行加冕仪式，庄重地戴上了王冠和宝剑。公元前595年，楚庄王因为宋国杀了自己的使臣，一气之下忘了穿鞋带剑就出发亲征，随从赶紧带上这些东西去追，楚庄王穿鞋和带剑同样重要。所以，铜剑是器具，有多种使用目的，作为兵器只是其中之一。

拥有与佩带铜剑，本为王公、贵族、士人阶层的特权。《考工记》中专有"桃氏为剑"一节，对铜剑的形制、比例关系以及对应的使用者身份有明确规定：

> 桃氏为剑。腊广二寸有半寸，两从半之。以其腊广为之茎围，长倍之。中其茎，设其后。参分其腊广，去一以为首广，而围之。身长五其茎长，重九锊，谓之上制，上士服之。身长四其茎长，重七锊，谓之中制，中士服之。身长三其茎长，重五锊，谓之下制，下士服之。

《太平御览》引《贾子》曰：

> 古者天子二十而冠，带剑。诸侯三十而冠，带剑。大夫四十而冠，带剑。隶人不得冠，庶人不带剑。

这种礼制的规约至秦简公时始有突破，史载公元前409年简公下诏"初令吏带剑"，第二年再次推行"百姓初带剑"。两个"初"字从吏到百姓推广范围越来越大，看来带剑这事对秦国来讲的确意义深远。

这个深远的意义是什么呢？自卫防身？全民皆兵？非也，是规范男子的礼仪。简公，战国时期秦国国君，献公的叔爷，在位期间秦国正处于低谷期。秦简公一边应对魏国伐秦、尽占河西地的险峻形势，一边推行政治、经济改革。允许官吏、百姓带剑，打破了只有贵族才能带剑的特权，是革新礼制的一大措施。

规范礼仪，打破贵族特权又意味着什么？

受各种因素影响，春秋时政治上具有决定地位的强宗巨室基本绝迹于战国政治。历史学家许倬云先生曾对战国时期各国宰相的背景做过详细调查，发现相对于春秋时期，大部分世家大族此时在政治舞台上已经销声匿迹。

在许倬云先生所列的81位宰相中，本人属于本国公子或属于本国宗室、王公室姻亲的有26人，占总数的32%。与其他国家王公有关联的有8人，约占总数的10%，两者合计亦占总数的42%。与王室完全无关者则有47人，占总人数的58%。与此相应的另一面则是士、庶人势力大增。赵国的虞卿、廉颇，魏国的惠施、李悝，齐国的邹忌，楚国的吴起，秦国的张仪、甘茂、蔡泽，韩国的申不害等，都是战国时期执掌大权、声名卓著但出身寒微的卿相。而在春秋时期鲁、晋、楚、宋、郑五国有史可稽的85位主政者中，世族占92%，世卿之族也高达76%。

贵族特权的消失，标志着夏商以来宗法血缘组织的彻底覆灭。道家说"人法地，地法天，天法道，道法自然"，"自然"是什么？是本来的样子，不为外力及人为干涉的状态，不要勉强和强迫就是自然。东周时期贵族世袭特权属于自然衰落的趋势，秦简公佩剑令遵循了自然规律，之后至商鞅变法完全被废除，属于循序渐进、水到渠成的"道法自然"。

因此，佩剑这件事刨根问底意味着礼制层下移，意味着旧世族生存环境江河日下，意味着新活力的到来，意味着商鞅变法的基础奠定由来已久。

作为一种兼有礼器和武器双重功能的器具，从很早时期开始，剑的形制、材质就已经复杂多样了。河北省博物馆藏玉柄铁剑，经北京科技大学冶金史研究所鉴定，剑身成分为块炼渗碳钢，是公元前9世纪—前8世纪的早期人工冶铁制品，剑柄装饰着华美的玉剑首，剑身与剑柄的结合处镶嵌绿松石片，是迄今发现最早的一把玉具剑。在贵州省博物馆有剑首、剑身分铸的宽格扁茎铜剑，在陕西省宝鸡市青铜器博物馆有金柄装饰绿松石、剑身为铁质的金柄铁剑，在湖北省博物馆有鸟篆文"越王鸠浅自乍用剑"。大英博物馆收藏着一件一百多年前从中国掳掠至此的东周蟠螭纹黄金剑柄，虽然剑身已经无存，只剩下一个孤零零的剑柄，但这件

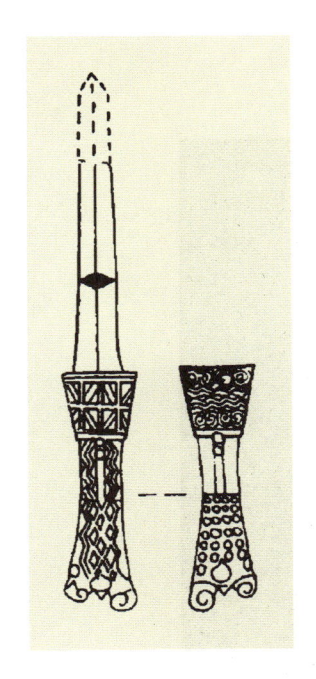

宽格青铜短剑（湖南省怀化市溆浦马田坪采集）

两千多年前由黄金打造的蟠螭纹剑柄，其精致程度让人惊叹。这件工艺精美的黄金宝剑，其剑身可能是铜制或者铁制，已经朽坏无存，只留下这件黄金打制的剑柄，向世人彰显着中国古代文明的辉煌……

让我感到最神秘的铜剑，是主要流行于湘西、湘西北地区的宽格青铜短剑。剑身甚短，又被称为匕首。最主要的特点是有可以活动的宽格，格上有繁复的几何图案；扁茎，与剑身一次铸成，茎脊贯通，茎正中有一个或呈一直线的两个乃至数个穿孔。这种剑与常见的铜剑样式有很大区别，推测可能属于濮系民族文化的遗留①。濮系民族大部分逐渐同楚人融合，这种风格独特的铜剑，向历史证明他们曾经的存在。

武器类文物中最能让人开眼界的是剑，数量多，变化大，绝品形形色色。多看看不同时代、不同地域的同类文物，可以避免一叶障目。而"令人咋舌"的秦代铜剑剑身光亮平滑，刃部磨纹细腻，纹理来去无交错，我们可以再看看这条文献：

刑范正，金锡美，工冶巧，火齐得，剖刑而莫邪已。然而不剥脱，不砥厉，则不可以断绳；剥脱之，砥厉之，则划盘盂、刎牛马，忽然耳。（《荀子·强国篇》）

模子端正，铜锡质量好，冶炼技术高，火候得当，打

---

① 濮族是我国南方古老的族系之一。部落分散，支系众多，不相统属，又有"百濮"之称。濮分布在长江中游巴楚地区及其西南，楚庄王在打败各族后，楚地濮人大部被征服，逐渐同楚人融合，并与楚人、蛮人、戎人等共同创造了春秋战国时期的楚文化。

大英博物馆藏东周蟠螭纹黄金剑柄

开模子而莫邪宝剑铸成了；然而不去除它粗糙的表面，不磨光，就不能割断绳子；除去粗糙的表面，磨光它，那么削割盘盂、宰杀牛马就可一挥而就。所谓"剥脱""砥厉"，指的是铜剑铸成后，对剑身、剑刃采取的磨锉加工工艺。

荀子是战国末期思想家。从他的论述中，可见东周铜剑刃部经过精致打磨是惯例。考古出土的实物亦证明，东周铜剑绝大多数剑刃的宽度掌握极为规范精准，每柄铜剑自剑锋至剑格处，剑刃的宽度始终保持一致；东周剑刃部常见有与剑身方向纵向垂直的磨痕，这种打磨痕迹规则齐整，绝少凌乱。学者华觉明认为，这应该是使用了设计成熟的具备传动与固定装置的整套机械磨制床具[1]。

我负责一号坑期间，遇到了一件非同寻常的残剑柄，由两把粗细不同，显然属于不同个体的剑柄，焊接凑成，焊接的地方就像是一块"补丁"。

"呀呀，铜剑上还打'补丁'，这是穷，还是真在哄鬼？"这让在场所有人都很不解。于是一竿子人动员起来，查找文献：

> 王于兴师，修我甲兵，与子偕行。(《诗经·秦风·无衣》)
>
> 稟卒兵，不完善(缮)，丞、库啬夫、吏赀二甲，法(废)。(睡虎地秦墓竹简《秦律杂抄》)

原来，修缮兵器这事绝对可以有，在首都博物馆，甚至发现了不少于4柄"铜剑改制"的东周时期遗物[2]。

---

[1] 华觉明：《中国古代金属技术——铜和铁造就的文明》，大象出版社，1999年。
[2] 李健：《东周时期铜剑改制现象初探》，《文物春秋》2014年第3期。

第六章

人间烟火气
最抚凡人心

历史犹如一位姑娘，在没有任何认证资料时，它只能任由后人随意打扮。然而真相永远无法被淹没，终有一天会浮出水面。50年的兵马俑考古历程，发掘、修复、研究，穿越时间长河，让沉睡两千年的武士与今人有了面对面的接触，给了我们一个认识历史真相的契机。

有道是人间烟火气，最抚凡人心。我希望自己能通过考古手段真正唤醒兵马俑，嗅出伟大奇迹背后隐藏的人间至味，体会最普通亦最珍贵的清欢，探索到尽量多的历史真面目。

第一节　多彩兵马俑

秦兵马俑雕塑是写实主义风格的作品，它的"大、多、精"震撼了整个世界。

"大"——场面宏大。3个俑坑的总面积为2万多平方米，单件雕塑酷似真人、真马。陶俑通高1.8米，陶马身长约2米，这个"大"确实是前无古人后无来者。

"多"——个体数量多。7000多件兵马俑按一定阵形摆布，队形纵横排列，整齐有序，威武壮观，浩浩荡荡，构成了一个庞大的艺术群雕，体现了气势碾压的群体美。

"精"——精雕细刻。陶俑、陶马塑造严谨，面面俱到，惟妙惟肖，栩栩如生，刻意追求写实完美。因此有民间传言称，兵马俑并非普通的泥俑，而是令人惊悚的活人俑。意思就是在真人表面涂上泥浆后烧成。

除了"大、多、精"，我还想再加一个字："彩"。在最初放入俑坑的时候，陶俑、陶马通体有彩绘。

彩绘犹如画龙点睛，为陶俑增添了神韵。看发色，有的漆黑，有的棕褐。看肤色，脸、手、足等暴露部分或粉红，或肉红，或牙白。陶俑眼仁虹膜部分，不同个体也有暗红、漆黑、淡棕等诸多变化。

眼睛的颜色是指虹膜部分，现实中根本就没有百分百黑色的"漆黑的大眼睛"。人的虹膜基色只有三种——褐色、蓝色和绿色，褐色最常见。褐色虹膜含的黑色素多了，看起来像黑色，黑色素少则看起来像棕色或是更浅的琥珀色。琥珀色又被称为猫眼色，很少见。亚洲人头发的本色大约为棕色，加上身体原因，个体有变化，黄毛缺锌。2000多年前的秦国人和我们如今的中国人一样，虽然有着明显的一致性，但也各有各的风格特点。

陶俑彩绘清理是一件磨人性情的工作，性格毛躁者做不了。用棉签蘸着蒸馏水，粘掉俑头表面的淤土，我给陶俑"洗眼"。

"眼睛睁大，让我看看你的眼珠子。"我叫来正在画图的两位小伙子，先看了一位，又看了另一位。

"再低下头让我看看头发的颜色。""转个身，对着光线让我再看看。"小伙子一脸茫然，不知道我葫芦里卖的是啥药。

两名年轻人，一人头发是黑色的，眼睛深棕色，另一人头发有点黄，尤其是鬓角上的两撮，眼睛浅棕色。黑眼睛，黑头发，黄皮肤，我们都是龙的传人。没错，但每个人黑的程度不一样，在不同的太阳光下又会不一样。真实情景如此，陶俑艺术创造也如此。

兵马俑彩绘涉及三个关键词：大漆、颜料、调和剂。

大漆，涂抹在陶俑彩绘的最底层，又叫天然漆、生漆、土漆、国漆，一般由漆酚、漆酶、树胶质和水分组成，中国特产，各种成分含量因产地而异。割开漆树树皮，从韧皮内流出的一种白色黏性乳液，加工后制成大漆。它是有机质，有机质必然有退化现象。

颜料，以矿物性的无机颜料为主，主要有红、绿、蓝、黄、紫、褐、白、黑8种颜色。红色由辰砂（朱砂）、铅丹、赭石制成，绿色为孔雀石，蓝色为蓝铜矿，紫色为铅丹与蓝铜矿合成，褐色为褐铁矿，白色为铅白和高岭土，黑色为无定形炭。这些矿物质都是中国传统绘画的主要颜料。将矿石研细，加水漂洗，撇去浮面杂质，选取中上层色丽质细的粉末，再掺入胶质即可。再加上调制合成色，基础色之上又有了朱红、粉红、枣红、中黄、粉紫、粉绿等颜色数十种，总之是色彩斑斓，不可一言以蔽之。

颜料本身没有黏性，需掺入调和剂——胶。胶属于蛋白质固形物，以动物的皮、骨或筋等为原料，将其中所含的胶原经过水解、萃取和干燥而成，依然属于有机质。

在陶俑彩绘方面，调和剂寂寂无闻，肉眼看不到，却越来越引起学者的关注，成为彩绘保护难点之一，也是复原陶俑制作工艺重要的一环。2020年电视剧《大秦赋》热播，有李斯在秦国宫廷喂鸡的剧情，触发我回想起了一个插曲。

2009年发掘现场，吴永琪馆长和周铁总工来现场视察工作。

吴馆长问："调和剂真用的鸡蛋清吗？"

周工说："应该是。但是检测有的标本中脯氨酸含量较低，羟脯氨酸缺失。"

我心里犯嘀咕："脯氨酸、羟脯氨酸，这些化学名词我不懂，但鸡蛋清涂在脸上美容护肤，黏糊糊的，做调和剂应该没问题。这可需要不少鸡蛋，秦代有充足蛋源供应吗？"我把疑问抛给学生。

"有，《秦律十八种·仓律》规定说养鸡应远离粮仓，小鸡不需要的应卖掉，卖掉的钱要单独记账。很有经济头脑。"

"鸡是人类的好朋友，古人最早驯化的家禽就是鸡。江苏邳州大墩子遗址距今6000多年，出土过一件陶鸡雕塑，母鸡形体大小与今天的鸡相似，正蹲在窝里下蛋，蹲伏形态也与今天的鸡生蛋的形态一致。"

"2012年西安临潼发掘的秦汉时期墓葬，发现一只'整鸡'骨架。"

学生们言之凿凿，不可辩驳。

始皇陵兵马俑彩绘工艺属于烧后施彩，大漆、颜料、调和剂，这三种成分组成的"彩"如外皮，覆盖在陶体表面。"出土后15秒就开始发生变化，几分钟内就完全起翘、剥落了"，这个有机质经历两千年自然老化的结果，至今还让考古工作者蒙受不白之冤。"兵马俑挖出来的时候还花花绿绿，彩绘保持得非常好，挖出来后保护不当，很快就完了"，误传不只流传于民间。

"我不挖，它也脱落了！"面对质疑，我多次为考古发掘工作者发声。老化、失去黏性在地下已经发生，生漆层、调和剂暴露在自然环境中失去了最后一点水分，于是起翘、剥落。皮之不存，毛将焉附，随之我们肉眼可见颜料脱落。

俗话说眼见为实，但真的眼见到的不一定是真实的。"耳听为虚，眼见为实"一语出自汉代刘向《说苑·政理》。这句话本意不是说只有耳朵听到的都是假的，眼睛看到的都是真的。它本身的内涵是指不要轻易相信传闻，只有自己去验证，看到了的事情才是事实，更强调了"亲自查看"的作用，而不是说"亲眼看到"的作用。

"看"相当于一个摄影镜头，将外境摄入底片，丝毫不加以识别，"见"依靠眼识，于内在层面予以反复捕捉思考。看见了陶俑出土几分钟后彩绘脱落，因为没有"亲自查看"——经历发掘过程，经历生漆、调和剂老化过程，想当然地就认为是发掘技术不行，是挖出来后保护不当造成的，再加上说者无心，听者有意，考古发掘者就莫名背了黑锅。

30多年来，博物馆的科研人员围绕彩绘脱落的问题绞尽脑汁，目前主要采取两种方法进行加固保护：一种是使用PEG200+聚氨酯乳液对生漆层及颜料层联合加固保护；另一种是通过电子束辐照陶俑表面，使组成彩绘的所有物质在电子束的引发下加强团结，达到加固效果。PEG，学名聚乙二醇，无毒、无刺激性，是保湿美容霜中不可缺少的成分。电子束，我们身边也有，比如电视机屏幕的画面就是用电子束形成的影像。

陶俑面部彩绘一般分以下几个步骤。

整体面部统一上色。一般是刷褐色底漆，再上白色，再上粉红色；根据人眼的生理结构，用棕色或红色圈出虹膜部分，也就是俗称的黑眼珠；眼珠中间点一个小黑点，表示瞳孔；唇部上色，朱色覆盖。

这段认识的第四部分源自朋友一次补妆。看着她描眉画眼，突然想起陶俑的朱红嘴唇，我问她："你化妆是先画眼睛还是先涂嘴唇？""先上后下。否则描眼线、打眼影时，口红蹭花了。"

原来如此。

第二节　多巴胺穿搭风

多巴胺是人类的一种神经传导物质，由脑内分泌，可影响一个人的情绪。不知从何时开始，时装界开始流行多巴胺穿衣法，通过高饱和度、高明度的绚丽穿搭，利用色彩和图案调动正面情绪，呈现轻快明亮、元气活泼的氛围，创造积极的力量，达到让自己心情愉悦的目的。

穿多彩的衣服让自己更快乐，只要喜欢，可以忽略搭配是否匹配。这样的流行时尚，秦代人早就尝试过了。秦始皇陵出土陶俑所穿服饰五彩缤纷，每一位在第一现场的人，都会心生"绕行惊地赤，移坐觉衣红"的幻觉，一个"惊"字最能反映出彩绘映入眼帘那一刻的视觉感受。

服装施色以红、绿、蓝、紫为基本色，如绿色衣袖，基本对应绿色裳摆，说明衣料主材是绿色。袁仲一先生曾对陶俑服装颜色做了以下统计。277件陶俑上衣，绿色118件（42.6%）、红色88件（31.8%）、粉紫色52件（18.8%）、天蓝色16件（6%）、白色2件（0.7%）、褐黑色1件（0.4%）。425件下衣，绿色223件（52.5%）、红色78件（18.4%）、天蓝色61件（14.4%）、粉紫色50件（11.8%）、白色13件（3.1%）。177件腿部的胫衣，粉绿色102件（57.6%）、粉紫色29件（16.4%）、红色20件（11.3%）、天蓝色19件（10.7%）、白色7件（4%）。182件壅颈，绿色68件（37.4%）、粉紫色60件（33%）、朱红色26件（14.3%）、白色18件（9.9%）、天蓝色10件（5.5%）。239件袖口中，绿色99件（41.4%）、粉紫色80件（33.5%）、朱红色47件（19.7%）、天蓝色8件（3.3%）、白色5件（2.1%）。

结论是：绿色最受欢迎，白、黑色很少，黄色没有。事实上，对陶俑服色定名非常困难。姑且不说每位观察者对色彩的视觉感受不一样，绿到什么程度是粉绿？何种蓝是天蓝？颜料涂抹的薄厚、脱落程度、观察的角度、光线、时间等因素都会引起色差变化。粉白，一般应该是红加白，颜料涂抹厚的地方就显得接近肉红色，涂抹得稀薄些就接近肉粉色。脱落多了，颜料层稀薄，粉的感觉强，脱落少了，红的感觉强。总体而言，坑中陶俑衣摆部位颜色常见杂色。有灰白杂黑，淡蓝杂绿，整体斑驳、混沌状。具体怎么称呼，是大家争论的第一个问题。

"你看的这片是绿色,我看的这片是绿中有蓝。"

"明明是粉白,不是粉红,你色盲啊?"

听到队友们的"相互攻击"和多次尝试量化记录服色失败,我觉得这个问题可以偃旗息鼓,不必强求结论一致。即使是现代工业纺织染色,不同批次的成品也存在色差。相比之下,大家争论的第二个问题——陶工为什么这样施色——更值得持续。

是无意?"陶俑施彩毕竟是美术作品,虽整体有较强的写实风格,不能和真实生活完全画等号,调好的颜料用完了,工匠来不及再调,利用其他涂料左涂一下,右补一下,只要保证最后表面都有颜色就行了。"

是特意?"为了表现色中套色的面料,工匠们故意把几种颜色混合涂抹。现代人穿的衣服,有时也是这样含含糊糊的颜色。"

我判断不了哪种推理更接近真相,但无疑服装的施色源于衣料织品的染色,与之对应的问题是秦代织物染色。

> 七月鸣䴗,八月载绩。载玄载黄,我朱孔阳,为公子裳。(《诗经·豳风·七月》)

七月伯劳声声叫,八月开始把麻织。染丝有黑又有黄,我的红色更鲜亮,献给贵人做衣裳。

> 画缋之事,杂五色。东方谓之青,南方谓之赤,西方谓之白,北方谓之黑。天谓之玄,地谓之黄。青与白相次也,赤与黑相次也,玄与黄相次也。青与赤谓之文,赤与白谓之章,白与黑谓之黼,黑与青谓之黻,五采备谓之绣。土以黄,其象方,天时变,火以圜,山以章,水以龙,鸟兽蛇。杂四时五色之位以章之,谓之巧。凡画缋之事,后素功。(《周礼·冬官考工记》)

周代把绘画、绣、染丝等与丝有关的工艺技术统称"画缋"。画缋技艺的总体特征是"正五色"和"杂五色"。"正五色"比较好理解,就是单一颜色。而"杂五色"是指运用青、赤、白、黑、黄这五种正色,统杂于一,自由施彩。杂的含义是指两种以上不同颜色的并置,不是指颜色的混合。

秦始皇陵陶俑服饰,全部都是"杂五色",是两种以上不同颜色的并置。除此之外,还有真正的"杂色",即青、赤、白、黑、黄并列为正色外,有间色。从现代色彩学观点看,青、赤、黄为三原色,白和黑为极色,原色产生间色,原色和间色产生复色,所有这些色彩原理在"杂五色"中皆有体现。"杂五色"的五行色彩学原色同方位观念的联系,又指出了配色和审美基本规范,最终落实在"五采备谓之绣"。多彩才绚丽,才漂亮,多巴胺之风成为华夏民族审美的最高标准。

织物的正色和间色的形成需要染料。比如原始社会时期有赤铁矿,夏商周时期有赤铁矿、朱砂、石黄、空青、石青,又有靛蓝、茜草、紫草、荩草、皂汁,是矿物燃料和植物染料并用。官府手工业作坊设置掌染草的"染人"。

为了达到更好的效果,这个时期还有媒染料和媒染剂。媒染剂有明矾、绿矾、青矾、白矾、草木灰等。大多数的植物色素,不能对纤维直接染色,必须借用某些"金属盐"作为媒介,促使植物色素与布料纤维的络合。常用媒染剂有铁媒染剂、铝媒染剂二类。铁媒染剂有3种,一是锈蚀铁器的浆液,也就是铁锈水,二是绿矾,三是含铁河泥。铝媒染剂是明矾或者白矾。

"哦,我明白了,香云纱为何要用河泥反复涂抹,原来是河泥里面有媒染剂。"一起学习的队友突然学以致用,令我惊讶。考古真是一个包罗万象的学科,我们得了解调和剂里的脯氨酸、羟脯氨酸,为了深入了解秦人多巴胺穿搭又得开始补习纺织染色知识。

古代用于织物的着色材料可分为矿物颜料和植物染料,并以后者为主,和陶俑所用都是矿物颜料不同。染料品种和工艺方法的多样性使古代印染行业的色谱十分丰富,古籍中见于记载的就有几百种,特别是在一种色调中明确地分出几十种近似色,这需要熟练地掌握各种染料的组合、配方及改变工艺条件方能达到,因此杂色现象在所难免。

黑而有赤色者为玄。(《说文》)

> 三入为纁，五入为緅，七入为缁。(《周礼·冬官考工记》)

如黑中扬赤即为"玄"，赤与黄（合）即是纁，纁、緅、缁随着染色次数就有变化了，成了黑中有红。文献中关于服装衣料的记载，常有色中色的词汇。一种色调有十几种近似色，往往很难区分，有时还专门在一块衣料上通过蜡染、夹结等方法染出混色图案。秦代工匠用几种基调比较一致的颜料涂抹，或许就是为了表现这种近似色或色中套色的印染工艺。

"你们觉得我说得对不对？"我把自己的看法提出，同伴中信者寥寥。

陶俑服色应该是秦人日常所穿衣服的颜色，因为秦军士兵来自普通老百姓，并不统一配发军服，因此身高基本一样的陶俑，衣襦却长长短短，有的近膝，有的刚遮臀。再看看现今国旗班的旗手，个头1.8米，统一配发军服，5号军衣，穿出来绝对都是一样长。

1975年，湖北云梦县睡虎地四号秦墓出土了两件木牍家信，是秦军自备服装的证据[1]。黑夫和惊两兄弟，当兵在外，写信向家中要衣服和钱。黑夫说，如果家乡安陆布价低廉，可以做成衣服捎来；如果价高，就把钱捎来由我自购。惊说，老妈，给我几百块钱，给我寄二丈五尺布，不然，我活不成了。这两信清楚表明，衣服是由士兵自做或购置，不发军饷。所以个人衣服的颜色不统一，可根据个人喜好自由挑选。这个观点是前辈早就得出的结论，我觉得靠谱，同伴们也普遍认同。

多巴胺穿搭风格侧面体现了秦社会自由奔放的一面，更体现了中国人的审美喜好。无论是民间美术中的年画、社火脸谱、剪纸，还是宫廷艺术中的雕梁画栋、戏剧脸谱、刺绣作品等，我们擅长用鲜艳的色彩对比。在中国戏剧脸谱中，色彩又成了身份、性格的象征。有这样的传统：红色忠勇，白为奸；黑为刚直，青勇敢；黄色猛烈，草莽蓝；绿是侠野，粉老年；金银二色色泽亮，专画妖魔鬼神判。

---

[1] 王关成：《再论秦代士兵的服装供给问题》，《秦文化论丛（第11辑）》，三秦出版社，2004年。

从原始的自然单色崇拜中解放出来，陶俑服饰"含含糊糊的颜色"，给秦代百姓带来了无穷的欢乐与情趣，向我们展示了色彩艺术创造多元化的走向。

第三节　蚕丝绕指柔，不止为霓裳

纺织技术关联着一个国家人民的穿衣问题，在古代也体现着一个地区的"工业水准"。除了通过陶俑衣着间接推测秦人衣服布料、染色，秦始皇陵考古也发现了许多可以体现秦国纺织技术的直接线索——尽管它们只是一些星星点点的痕迹。

线索一：麻布。麻布分别见于鼓环、车幕、夹纻胎漆器、弓韬等处，自然都已经腐朽化为印痕，尤以弓韬数量最多。

> 载櫜弓矢。（《诗经·周颂·时迈》）

唐孔颖达的疏文为：

> 櫜者，弓衣，一名韬。故内弓于衣，谓之韬弓。

弓韬，存放弓弩以便随身携带的袋子，由织物缝合而成，外形似一个狭长的河蚌。这是古代常见的军事装备，在画像砖、墓葬壁画、石雕中都出现过。材质一般为皮革，多用虎皮或豹皮缝制而成，故有"虎韔豹韬"之说。

2010年5月12日至5月26日，经过半个月的努力，我们清理出了一处完整的弓韬朽迹。复原全长150厘米、中段宽26.5厘米，两端圆弧角，形状与弓背相似，平纹组织结构，色褐、黑，中心部位可见内外层重叠，外表髹漆，东缘直，有白色缝合的针脚痕迹，针脚长0.2厘米。

织物纹理有点像现代的斜纹卡其，非常密实。后来，申茂盛先生率队发掘，陆续又有相同的发现。这一次他们的工作更加细致，采集了弓韬遗迹表面纺织品残留物，送入实验室做了红外吸收光谱分析，检测到了植物纤维的特征振动峰，数

弓韬

麻布弓韬，表面涂漆，全长150厘米，白色线缝合，麻布经纬线平纹组织结构，为秦代纺织技术提供了参考资料。

弓韬麻布组织示意图

通过显微镜观察并结合红外光谱，弓韬纤维种类鉴别为苎麻，经线密度为8~16根/厘米，纬线密度为6~13根/厘米。

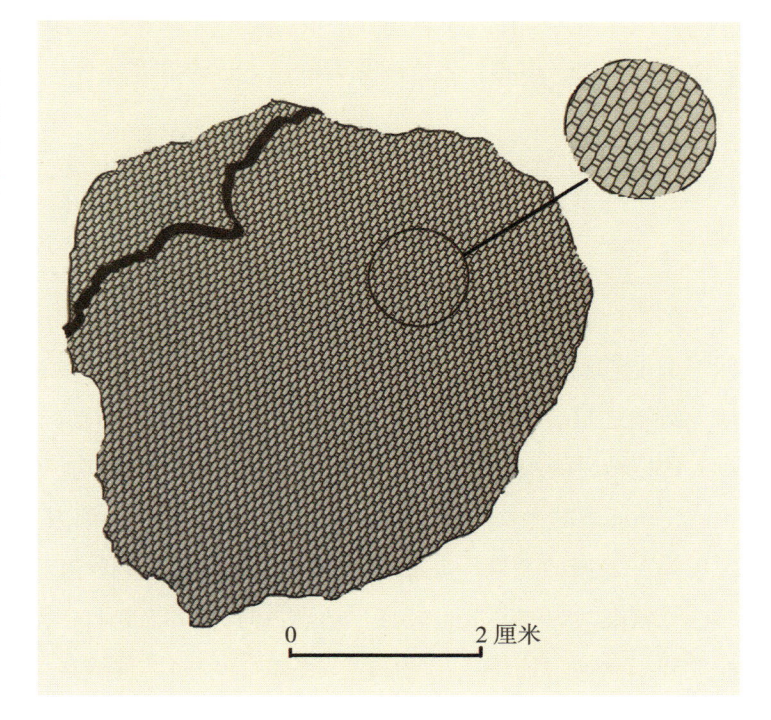

第六章 人间烟火气最抚凡人心

据主要集中在800~1800cm^{-1}，以真实数据证明弓韬应该是苎麻编织物。具体经纬线直径粗细一致，可能为统一制作，经纬线密度为9×9根/平方厘米，这样的纺织密度并不精细，没达到制作服饰的要求。"和以前生产队里装粮食的麻袋一样"，和我一起清理弓韬的师傅这样形容道。

苎麻纤维脱胶后质地柔软、强韧，加上表面粗糙，用以存放弓弩经济实惠，便于徒手抓握。现代人对这些特点不陌生，我们在野外进行考古勘探，遇到地下埋藏太深，洛阳铲杆子长度不够，师傅们会强烈要求"一定买麻绳"。

东门之池，可以沤麻。彼美淑姬，可与晤歌。（《诗经·陈风·东门之池》）

东门外面护城池，可以用作沤麻池塘。美丽善良三姑娘，可以和她相对唱。沤麻池，三姑娘，想必二者之间必有联系。这个联系是什么呢？

女子十年不出，姆教婉娩听从，执麻枲，治丝茧，织纴组紃，学女事，以共衣服。观于祭祀，纳酒浆、笾豆、菹醢，礼相助奠。（《礼记·内则》）

女子于家中十年闭门不出，在长辈的教导下，学习与成妇相关的各项工作，以期将来能够勤于女红、仪态端庄，成为被人称道的贤妻良母。执麻枲，即麻的种植、纺绩之事。炎帝神农治麻为布、轩辕黄帝教人们缝制衣服，高山族水妖向赛夏人传授精湛的织布技艺，自然都是传说，这方面的功绩非女人莫属。

兵马俑坑的弓韬等麻织物出自女红。同类遗物在南方多有出土，如江西贵溪龙虎山崖墓发掘的苎麻印花布，古越族先民所作，春秋晚期至战国早期遗物，其经纬纱线较细，织物密度也较高，达到古时称为15.5升的标准，称"幼布"，其精细程度犹如丝绸。俑坑中出土的苎麻织物，较之其他地区贵族墓葬的用品，组织结构粗疏，应是使用目的不同，也有使用者身份的原因。湖南长沙马王堆汉墓出土两块苎麻布，经密为32根/厘米，约合21升，已接近现代的细布。另外一块灰加工苎麻布表面有乌亮的极光，经鉴定含有铜、汞、钙等成分，类似近代经过踹布轧光加工的麻织物。马王堆汉墓墓主是长沙地方官员家属，身份高贵。

线索二：大型夹纻胎漆容器。

秦代战鼓的鼓桶使用了夹纻胎工艺，以麻布和漆层层堆叠而成，所以胎骨极轻，工艺优势明显，我以为那已经是兵马俑坑考古发现的天花板了。

结果……

结果我们发现了3件大型夹纻胎漆容器，分别属于两辆木车。平面长方形，像箱子，长近90厘米，宽50厘米，残高25厘米，壁厚不足1厘米，器壁夹层有织物。如此大型的漆容器，考古发掘属孤例。

2009年10月25日，袁仲一老师来馆，他问道："最近情况怎样？"那段时间我的心情极度低落，用手术刀尖挑起残留物，示意袁老师自己看。老师沉默片刻，说："可能是车茵吧。"车茵即车厢里的垫子。"咋可能是车茵！车茵应该是一个平板。这三处的炭迹是长方形框，框内堆积是黄色淤土，说明里面是空的，空盒子人咋坐？再说，二号车配了两件，一辆车放两个车茵也不合适。"

跟着袁仲一老师学习兵马俑发掘20年，那是我第一次也是唯一一次顶嘴。11月5日，袁老师再次来到现场。这位古稀老人，白发苍苍，全身匍匐趴着，脸几乎贴在土里，双手颤抖着做残留物剥离。苟利国家生死以，岂因祸福避趋之。我站在他身旁，认识到自己因某些事而拿工作撒气是多么可耻。

大型夹纻胎漆容器到底是什么？大型夹纻胎漆容器以前发掘有5件，有人认为是"马槽"。此说肯定不靠谱，谁家的马槽能奢侈到夹织物内衬呢？车茵说与现场情况不符合，也得放弃。看来得发现更多的细节证据才能破题。

漆器底层出土的东西对用途定性非常重要，它们有可能是原来容器内盛放的物品。2011年11月24日，漆器底层清理出摆放整齐的箭镞多件，我马上连线袁老师。随即谜底揭开：这3件漆器是木车上配备的笼箙。

（辐车）胄甲弩之箙。（《后汉书·舆服志》）

笼箙，车上盛储武器的容器，"车载整理箱"。一号坑出土木车与军吏、金、

第六章　人间烟火气最抚凡人心　225

车軎炭迹

25cm

88~91cm

器底包边

陶俑冠部残片

50cm

陶　俑　残　片

照片标注：
- 丝织样本提取点
- 伏兔
- 织物
- 成束箭镞
- ☆铜锏
- 器底龙骨
- 厚度0.8~1cm
- 淤泥堆积
- 铺地砖

左：1号笼箙，器底有织物内衬包边；
右：2号笼箙，器底有竹片做成的龙骨。

笼箙

笼箙是木车上配置的"整理箱"，是目前所知秦汉时期体形最大的漆容器。

丝织显微照片

鼓等构成组合，随车配置盛物器具的笼箙很正常。只要是车上放得下，配一件可以，配两件也正常。一乘车上带两件马槽就属于多余了。

2012年中国社会科学院考古研究所王树芝老师送来了一个更大的结果。她在笼箙胎质的检测报告中写道："这是一个大惊喜！在显微镜下用双片刀将表面漆层轻轻剥离后，看到残留物上贴着一层规则的纵横交叉织痕，织痕线丝有蚕丝的特点。通过金相显微镜观察其结构，纺织物由清晰交织的经纬线织成，呈平纹组织，每平方厘米约有30根经线和30根纬线。丝线平均直径约0.38毫米，几十根茧丝合成一股丝线。夹层丝织物是夹纻胎质组成部分，另外器物的内壁还有丝织物里衬。"

回复邮件，我给出了三个大大的感叹号。蚕丝绕指柔，不止为霓裳。这是秦始皇陵考古第一次得到有关秦代丝织品的材料，我引以为傲。

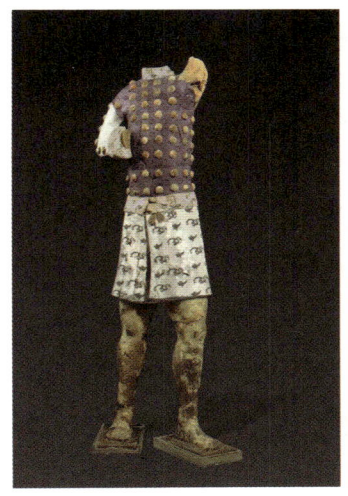

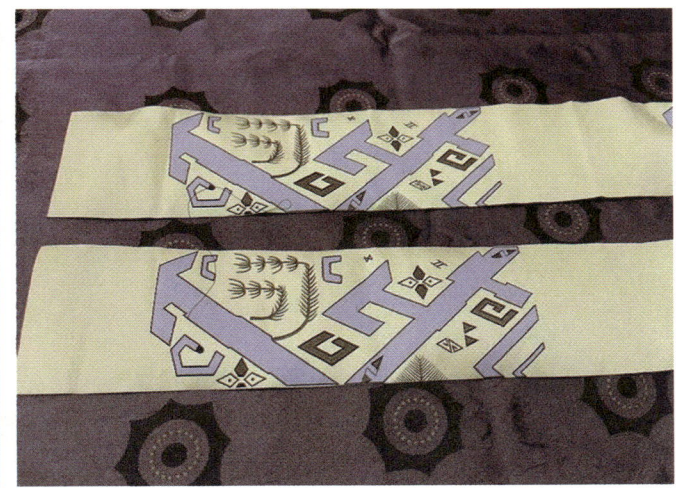

百戏俑坑4号俑服饰复原

4号俑是百戏俑坑目前发现的陶俑中彩绘保存最好的一件。研究人员根据残留的颜色纹饰，并结合文献记载和相关考古资料，对这件百戏俑的服饰进行复原。

按常理，丝织物原料是蚕吐出的有机质，年深日久，容易风化腐朽殆尽。然而，在一些考古发现中仍然见到有关炭化丝织物的报道。例如早在1958年吴兴钱山漾遗址中就发现了距今4000多年的丝织物，大部分已经炭化[1]；秦都咸阳第一号宫殿建筑遗址曾出土一包已经炭化的丝绸衣物[2]；北京大葆台汉墓[3]出土的丝织物也已炭化。这次我们清理出来的笼箙，丝织物也呈炭化状态。它们之所以经历2000多年还能堂而皇之地给我们出难题，是因为秦代工匠对丝织物大量髹漆，形成了很好的封闭，隔绝了空气、水分等环境的腐蚀和伤害。

---

[1] 徐辉、区秋明、李茂松、张怀珠：《对钱山漾出土丝织品的验证》，《丝绸》1981年第2期。

[2] 秦都咸阳考古工作站：《秦都咸阳第一号宫殿建筑遗址简报》，《文物》1976年第11期。

[3] 大葆台汉墓发掘组、中国社会科学院考古研究所：《北京大葆台汉墓》，文物出版社，1989年。

2022年，秦始皇陵考古有关秦代丝织品发现，再次抛出炸弹。秦始皇帝陵博物院联合中国丝绸博物馆，对百戏俑坑4号陶俑的服饰进行复原。根据陶俑残留彩绘纹饰，结合历史文献和考古证据，确定4号陶俑所穿服饰代表丝绸材质，上衣、领缘、袖缘和腰带为提花机织造，下裳则使用平纹绢作为绣地，施以锁绣。

经常有人问我，以后人们全部使用火葬，考古人会不会失业。不说考古不等于挖墓，仅说日新月异的高科技已经为考古插上了翅膀，从一号坑的弓韬、笼箙，百戏俑坑的百戏俑服装复原，就不难看出研究探索没有尽头。一代代文物保护工作者，成功"唤醒"了无数在地下沉睡成百上千年的纺织物：微痕检测技术发现了距今5000多年，世界上最早的丝绸实物；用传统织造技术，成功复原"五星出东方利中国"汉锦；用丝蛋白加固技术，修复法门寺地宫出土的礼佛的丝绸……

第四节　秦国的女性

秦国杰出女性榜单上，昭襄王之母、宣太后位居第一，巴寡妇清排第二。巴寡妇清在《史记》中有传，是大工商业主，中国乃至世界上最早的女企业家。丈夫死后，巴寡妇清守着家族企业，凭雄厚财力保卫一方，被国家当作上宾。

我从负责俑坑发掘开始，总想在充满男性荷尔蒙的地方找点秦代普通女人的气息。陶俑铠甲表现的缝合方式、麻布弓韬、笼箙丝织内衬，属于秦代的女红作品，让我有了切入点。

> 治丝麻以成之，谓之妇功。（《周礼·冬官考工记》）

> 一女必有一刀、一锥、一箴、一铢，然后为女。（《管子·轻重乙》）

按传统性别分工，女人是纺织劳动的主要承担者，有剪刀、锥子、笸箩、针，才是女人。秦代女人当不例外。对此，秦律是这样规定的：

> 隶妾及女子用箴（针）为缙绣它物，女子一人当男子一人。（睡虎地秦墓竹简

《秦律十八种·工人程》)

> 隶臣欲以人丁粼者二人赎，许之……女子操敃（缗）红及服者，不得赎。(睡虎地秦墓竹简《秦律十八种·仓律》)

秦代职业女性包括女红技术骨干，来自"隶妾"——因触犯刑律而被没收入官，即官奴和服徭役的"女子"。很遗憾，在现有考古资料中我没有找到她们的姓氏名讳，只是根据秦律记载知道这两类人，在从事女红工作时，可以领取到和男人一样的薪酬；为保证人才队伍稳定，如果技术高超，就不能跳槽，终身服务于专属机构。按照周礼所说，她们的上级主管"典妇功"，与王公、士大夫、百工、商旅、农夫合称为国之六职。这些人中，最成功上岸的人，是西汉文帝之母——薄太后。她原为魏王豹姬妾，在魏王豹兵败后被俘，被安置在西汉后宫织室，偶然得刘邦宠幸，诞下皇子，历经磨难，最终走上人生巅峰。

借助湖北省考古资料，女红系统之外，我找到的第二类职业女性，是漆器行业的"大女子""小女子"。她们制作的如彩绘云凤纹漆圆奁、彩绘云兽纹漆圆盘，分别针刻了"钱里大女子""宧里大女子骜""小女子"。

根据秦国兵器铭文，凡制器者是刑徒身份的，铭文总刻有"工隶臣""工鬼薪"等名称；在秦律中存在"从事公"的隶妾、冗隶妾和更隶妾。所谓从事公，泛指为官署服杂役。冗隶妾是为官府做零活的隶妾。更隶妾则是为官署轮番服役的隶妾，"更"字有灵活、机动之意，具体工作听从调遣。因此，"大女子""小女子"这些漆器铭记可能不是刑徒或官奴，而是庶民。

第三类职业女性是侍女。李斯《谏逐客书》一文中，谈到后宫中的郑、卫之女和赵女。这些宫殿中的美人承担着侍奉主人衣食住行等日常工作，是具有侍女性质的女奴。古墓葬中更常见陪葬女俑，例如在长沙马王堆一号墓有10件女俑，她们面前放着几杖、绣枕、香囊、梳妆用品和盛有食物的漆盘、漆案，说明她们是墓主的贴身侍女，每天侍奉主人盥洗、梳妆、更衣、进食。在湖北江陵凤凰山出土的一批奴婢俑遣策中有这样记载："大婢绿承巾""大婢缚承疏""大婢留人承疏""大婢廥養",不同的婢女从事不同工作,分工明确。

综而概之,没有户籍的"隶妾",有户籍的"大女子""小女子",在秦代创造着社会价值,从事各种各样的社会劳动,但有名有姓者寥寥无几。

> 妻悍,夫殴治之,夬(决)其耳,若折支(肢)指、胅膿(体),问夫可(何)论?当耐。(睡虎地秦墓竹简《法律答问》)

这条秦律被认为是"秦代反家暴法"。意思是:妻子凶悍,其夫加以责打,撕裂了她的耳朵,或折断了四肢、手指,或造成脱臼,问其夫应如何论处。回答说,应处以耐刑。有人以此证明"秦始皇尊重女性",认为这是"已知的最早的对婚姻中妇女的法律保护,对家庭中男人对女人实施暴力的恶行采取了法律处罚的明确规定"。然而,真相果真如此吗?

从秦律看,男子身高六尺五寸、女子身高六尺二寸以上均称为"大",在此之下则称"小"。"大""小"之别,主要是依据身高,称"大"的年龄大于15岁。秦代民户聚居之所称"里",里中民户有户籍,入籍者有义务为国家纳税、服徭役。女子是纳税人,一旦出点意外,国家税收会受到影响。反对家暴是出于保护女性,还是另有所图,诸位可自辨之。

汉初,萧何"捃摭秦法,取其宜于时者"作汉律九章,汉律与秦律本来有明显的继承性。考察汉代涉及家庭暴力内容的律令,如1983年出土的湖北江陵张家山汉墓竹简《二年律令·贼律》,有益于认识当时社会性别关系的若干特征。摘录三条如下:

> 妻悍而夫殴笞之,非以兵刃也,虽伤之,毋罪。

如果老婆是泼妇,挨了丈夫的打,只要不使用"兵刃",即使遍体鳞伤,丈夫也无罪。也就是说,男子施用暴力若不使用"兵刃",则可以因"妻悍"的前提免予追究。关键是,评判"妻悍"的标准是什么?律文中没有明确指出来。

> 妻殴夫，耐为隶妾。

不管出于什么原因，必须绝对维护夫权，妻子打丈夫就是不对。

> 妇贼伤、殴詈夫之泰父母、父母、主母、后母，皆弃市。

妻子不善待婆家长辈，严重违背了伦理道德，游街示众，以儆效尤，这一规定体现了维护宗法秩序的法律原则。但同样的行为如果是男人干的，我认为更属于天理难容，但法律规定也是"弃市"。

确实，现实生活中有"悍妇"，很强势，压迫得男子不得不反抗。但从上面列举的三条汉律，可以看到汉代社会对家庭中"妻""妇"是单方面的压制，在秦国也是同样的情景。

睡虎地秦墓竹简《封诊式》中有这么一段记载。

有一天，某里公士甲捆送大女子丙来官府告状，指控说："本人是某里五大夫乙的家吏。丙是乙的婢女。乙派我来控告丙强悍，请按法律对丙施加黥劓。"审讯时，丙对县丞说："我是乙的婢女，没有其他过错。"于是，县丞发函至乡，调查事实是否和其所说的一样，并核实丙的姓名、身份籍贯、是否有前科，看看还有什么其他问题，要求乡政府用书面汇报。

这段简文让我们知道了两点：第一，妾"悍"，要被处以"黥劓"之刑；第二，控告女性"悍"不需要提供证据，没有具体情节。审讯过程中，司法官员问被告，她的"悍"是不是如家吏所说，而不是"谁有诉求谁举证"，哪一点有"对婚姻中妇女的法律保护"呢！

被大书特书的那"一点"保护，可能是这句"夫为寄豭，杀之无罪"，语出秦始皇东巡立会稽刻石。全文内容是：

> 饰省宣义，有子而嫁，倍死不贞。防隔内外，禁止淫佚，男女絜诚。夫为寄豭，杀之无罪，男秉义程。妻为逃嫁，子不得母，咸化廉清。

"夫为寄豭，杀之无罪"，意思是说允许擅自杀死和别人通奸的丈夫。部分学者认为，此为"秦朝女子的特权"，"从这条特权可以看出，秦始皇尊重女子"。

> 爰书：某里士五（伍）甲诣男子乙、女子丙，告曰："乙、丙相与奸，自昼见某所，捕校上来诣之。"

这则简文记录了秦国如何处理通奸案，见于睡虎地秦墓竹简《封诊式·奸》，意思是"将两人捕获并加木械，送到官府"。其中"捕校上"之"校"，有学者认为是指木械。捉奸捉双，抓住通奸者，凭借证据将他们交由官府处理，而没有任何权力私自施以伤害。

其实，在万恶淫为首的古代，奸罪必然为世人所不耻，但又最难被杜绝。在汉律也有一些类似的案件，当时除了与庶母、御婢奸和同产相奸等乱伦行为以外，对奸罪的惩罚远没有那么严重。据张家山汉简《二年律令·杂律》：

> 诸与人妻和奸，及其所与皆完为城旦舂。其吏也，以强奸论之。

另据张家山汉简《奏谳书》：

> 奸者，耐为隶臣妾。捕奸者必案之校上。

而敦煌悬泉汉简中规定：

> 诸与人妻和奸，及其所与□为通者，皆完为城旦舂；其吏也以彊（强）奸论之。其夫居官……

先秦时期对奸罪最重的处罚也就是宫刑，上述汉律对奸罪的处罚分别为"完为城旦舂""耐为隶臣妾"，出土秦律中并没有发现直接规定奸罪处罚的法律，但是通过汉简大概也可以做推断秦律中对奸罪的处罚也不会太严重，至少不会被处以死刑，任何人捉奸时都没有"杀之无罪"的权力[①]。秦始皇在会稽刻石中规定男子与人通奸，任何人都可以杀死他，或是妻子可以杀死他，千万别信，这显然与基本法相抵牾。

为什么秦代有名有姓的职业女性，史书阙如，考古发现寥寥？因为这本来就是一个男权的时代。人对自我的定位很多时候是源自外界乃至社会的影响，从小被灌输"女性应该如何"，女性在思想层面已经被限制了，根本不会觉得自己有可能成为响当当的人物。那个位居职业女性榜首的巴寡妇清，能在职场上脱颖而出，自然与其遭遇家庭变故性格变得强势脱不开干系，是一种情非得已的结果。

第五节　男人的"将军肚"

秦始皇陵兵马俑坑出土的中壮年武士俑，一般都有鼓起的小腹，尤其是所谓"将军俑"更堪称是"大腹便便"，也就是我们现代人常说的"将军肚""啤酒肚"。为什么会这样？我曾经在网上看到过这样一些讨论：

"平胸挺个大肚子，是艺术美化，还是武士的标志，抑或是秦代军人的营养好？"

"古代那些军官年轻时候习练武艺，官职高了训练量肯定和年轻时没法比，年纪大一点代谢水平下降，胖出'将军肚'简直是必然现象。"

"人体三大要害之处分别为头、胸、腹，唯独腹部没有相应的防护措施。所以'将军肚'可能并不是人身体的脂肪堆积，而是人为添加的腹甲。"

诸如此类，不一而足。

腹甲之说肯定是臆测，秦代军人营养好也不靠谱。我们可以参考睡虎地秦墓竹简《秦律十八种·传食律》来看看：

[①] 宋磊：《"夫为寄豭，杀之无罪"是严惩奸罪的法令吗》，《法律史评论（2013年卷）》，法律出版社，2014年。

御史卒人使者，食粺米半斗，酱驷（四）分升一，采（菜）羹，给之韭葱。其有爵者，自官士大夫以上，爵食之。使者之从者，食糲（粝）米半斗；仆，少半斗。不更以下到谋人，粺米一斗，酱半升，采（菜）羹，刍藁各半石。●宦奄如不更。上造以下到官佐、史毋（无）爵者，及卜、史、司御、寺、府，糲（粝）米一斗，有采（菜）羹，盐廿二分升二。

《秦律十八种·传食律》是一份供餐标准的法律，适用于驿传接待站，规定不同级别爵位所享有的大致一天的伙食标准。御史的卒人出差，每餐粺米半斗，酱四分之一升，有菜羹，并供给韭葱。如系有爵的人，爵为大夫、官大夫以上的，按其爵级规定供应饭食。出差者的随从，每餐粝米半斗；驾车的仆，粝米三分之一斗。爵为不更到谋人的，每餐粺米半升，有菜羹，并供应刍藁各半石。宦者与不更同例。爵为上造以下到官府中没有爵的佐、史，以及卜、史、司御、侍、府等，每餐粝米一斗，有菜羹，并供应盐二十二分之二升。

参照这个供餐标准，秦代普通人的伙食好不到哪儿去，更谈不上营养过剩而造成沉积。那陶俑普遍小腹突出，有"啤酒肚"，这种体形会不会和秦人饮酒的习俗有关？

无酒不成礼、无酒不成欢、无酒欠敬意的酒文化是一种国粹。酒在维护社会秩序，促进邻里和谐，维系家族成员关系等方面发挥着非常重要的作用。酒起源早，仰赖我们是农业大国。粮食多了便出现了酿酒，北京大学李零教授总结道："国人饮酒，夙有以划拳行令、吹拉弹唱、猜谜射覆、棋牌赌博助兴之习俗。"极是。

秦人自不例外。2019年，我率队在秦都咸阳城遗址岩村墓地，发掘了一座战国晚期至秦代平民墓，其中出土的一件铜壶内，保存有约300毫升"秦酒"。经过西北大学杨璐教授、美国斯坦福大学刘莉教授进行检测分析，认为样品中含有可检出的游离氨基酸或蛋白类物质，其中相对含量较高的分别是羟脯氨酸和谷氨酸，还检出少量的脂肪酸物质，主要是任二酸和月桂酸。液体中含有4种微化石残留物，包括淀粉粒、真菌菌丝、酵母和棒状方解石晶体（rod-shaped calcite crystals）。除菌丝外，其他种类的出现率都很高。从残留微化石判断应是未经蒸馏的麴酒。两次分析结果都提出，这次出土的秦酒与今天中国北方的小米黄酒大致类似[1]，即粮食类酿造酒，称"醴"。

> 一酿用粗米二斛，曲一斛，得成酒六斛六斗。（《汉书·食货志》）

用蘖酿出的酒被称为"醴"，甜酒，"小人之交甘若醴"，酒精度很低。用曲酿造出来的才是真正的酒，酒精要重一些。酿酒按照酿造过程，分为自然酿造和人工酿造两种。自然发酵的原材料主要是指富含发酵性糖分的野果，这些野果和空气中的成分结合从而发酵酿成酒。人工发酵的原材料主要是黍、谷等粮食作物，通过人工干预发酵酿制成酒。无论是自然发酵还是人工发酵，发酵都是酿酒过程中最主要的一项工艺。

> 酿，醖也，作酒曰酿；醖，酿也。（《说文》）

"酿""醖"二字互训，说的就是酿酒时的发酵过程。酿成之后，酒质上也有清、浊之分，一般来说，酒的浓度和酒的酿造时间以及含水量有关，酒的酿造时间越短，含水量越高，酒的浓度越低，渣滓含量越多，酒越浊，称为浊酒，反之则称为清酒。

> 醴，酒一宿，孰也。（《说文》）
> 酤，一宿酒也。（《说文》）
> 醪，汁滓酒也；醨，浊酒也。（《说文》）

一个晚上即可酿制而成的酒，大致相当于现在南方的米酒、北方的醪糟，酒味单薄，酒精含量较低，渣滓较多。因为酿制时间较短，工序简单，这种浊酒一般

---

[1] 陕西省考古研究院：《陕西咸阳岩村墓地M41发掘简报》，《中原文物》2020年第1期。

为平民使用。比如有这样一句话：

何不铺其糟而歠其醨。（《楚辞·渔父》）

不得志的屈原被放逐，游于江潭，行吟泽畔，颜色憔悴，形容枯槁。这时他偶遇一渔夫。渔夫关切地问屈原："你咋成这副模样了呀？"屈原回答说："举世皆浊我独清，众人皆醉我独醒，是以见放。"这个理念对渔夫来说就是跟自己较劲，"圣人不凝滞于物，而能与世推移。世人皆浊，何不淈其泥而扬其波？众人皆醉，何不铺其糟而歠其醨？何故深思高举，自令放为"。所谓圣人是能够不拘泥于世俗的形式与干扰，能够与时俱进，能够随事态的改变而改变，能够禁住世俗的磨难与黑暗，要对生活抱有希望、积极的态度。吃酒糟、喝薄酒，随波逐流，从俗沉浮，做个普通人，又有啥不可？！"沧浪之水清兮，可以濯吾缨；沧浪之水浊兮，可以濯吾足。"人生需要难得糊涂，小隐隐于山，中隐隐于朝，大隐隐于市，在世俗中超脱，才是真真之名士，浩浩之君子。

放不下，不会玩，那生命就没有活力了。久未谋面的知己不期而遇，游子远行时朋友间伤怀话别，失意不遇的人独自以酒消愁，科考中第后的欣喜……喝酒狂欢给自己放放假，我们有无穷的理由一醉方休。琢磨陶俑鼓起的小腹造型，联想到了"啤酒肚"，又天不负我，发掘到了真正的秦酒，接着我就看到这样一条资料——北京大学收藏秦简《酒令》。

《酒令》分别写在一枚竹牍和两枚木牍上，与行令的令骰同出，是筵席上行酒的令辞。语言自然朴素，幽默诙谐，具有浓浓的生活气息，很好玩。特转抄李零先生释读内容如下[1]：

歠不醉，非江汉殹。醉不归，夜未半殹。趣趣驾，鸡未鸣殹天未旦。■一家翁濡（姁）年尚少，不大为非勿庸谯（憔）。心不翕翕，从野草斿（游）。（正面）

---

[1] 李零：《北大藏秦简酒令》，《北京大学学报（哲学社会科学版）》2015年3月第52卷第2期。

再多的酒也喝不醉，除非浩荡如江汉。喝醉了也不回家，只要还没喝到夜半。就算坐上马车往家赶，也要拖到鸡未鸣、天未亮，四周还是大黑天。老夫老妻还年少，没做亏心事，不必把心焦。与世俯仰心不慌，愿如野草随风倒。

喝啊，喝啊，一股混不吝的酒徒劲。喝啤酒必然吃肉，结果暴饮暴食便有了"啤酒肚"。秦人铺其糟而歠其醨，划拳行令，击缶而歌，大概情景也是如此。

酒与陶俑鼓腹造型的关系，仅可作戏说。为了保留一点学术性，我严肃地对这个事做以下分析：秦始皇陵出土陶俑均是写实主义的美术作品，属于力量型的陶俑往往小腹凸出，比如百戏俑坑的3号俑及5号俑，被认为分别是表演扛鼎、寻橦的演员。3号俑有圆鼓的腹部和凹陷的后腰，绷紧的肚皮及突起的肚脐，说明正在运用丹田之气发

出土于秦始皇陵K9901陪葬坑的百戏俑

左：5号俑，左臂与躯干间有一条约10厘米的空隙，应插着一根竿状物，是百戏中持竿寻橦的形象。

右：3号俑，右臂上举，是百戏中举鼎力士的形象。其胸部的人为破坏痕迹对破解俑坑被毁之谜，有非常重要的价值。

第六章 人间烟火气最抚凡人心

力承托重物。5号俑宽肩、圆腰，体魄硕健，四肢粗壮，肌肉坚实发达，胸部两侧的肌肉隆突形如双丘，腹部圆鼓做运气状，和胸肌的双峰相互辉映。腹大、胸肌发达，表现了男性体魄的雄健。

所以相对于其他猜测，"啤酒肚"是艺术美化抑或是武士的标志一说，更靠谱。中国古代的大力士很注意练丹田之气，气发于丹田则力大无穷。冷兵器时代，需要力量型的赳赳武夫。"身长九尺，腰大十围"，"膀大腰圆"，确实属于职业体形，这在中国人眼里等于勇猛。

第六节 爱玩是人的天性

1996年，我在兵马俑二号坑犄角旮旯发现几块砖围着一堆炭迹，炭灰里有小动物的肢骨；2010年，我又在一号坑第三次发掘时发现了两把小刀和一节大型动物肢骨。这些亲身经历让我知道，参与修陵的一些人可以有点小钱，可以忙里偷闲，可以偶尔吃点肉。后来读了《史记·黥布列传》，我知道了黥布在骊山修始皇陵，混在建筑队里经常"串门"，与其中的徒长豪杰来来往往。再后来随着对陶俑"将军肚"的追踪，以及北京大学藏秦简《酒令》的面世，我越来越明确原来秦代人也爱玩。

任何时代的人都得会玩，不会玩，生命就没有活力了。秦始皇陵不仅有横扫六合的铁甲雄兵，还有汇集浓厚人情味和烟火气的娱乐生活，这里有关"玩"的考古发现可真不少。

1976年4月，陵园内建筑遗址中发现一件石茕，是守陵人的娱乐用品。石球环周刻磨成14个小圆面，每个小圆面的直径为1.5厘米。其中12个圆面上分别镌刻阴文一至十二的数字。另两个上下对顶面刻"骄"与"妻男"文字。各面刻字的排列情况为相间交错。其用途，或为陆博之琼，或为酒令骰子。陈雍老师告诉我说，"妻男"等于"畏妻鄙"，即怕老婆可耻；"骄"即"骄次己"，表示起与止。

有关"玩"的考古发现，以"银蟾蜍"最令人羞于详解。1976年到1977年年初，陵园东墙外偏南处，上焦村第15号陪葬墓——墓主是一位30岁左右的男性，头骨上嵌有箭镞，疑遭射杀而死——墓中出土银蟾蜍，内侧有铭文"少府"。少府，职官名，

石茕

秦汉九卿之一，掌山海池泽之税，以供养天子。银蟾蜍内侧有少府铭文，显示了墓主和银蟾蜍都与"皇室关系密切"[1]。

饮食男女，人之大欲存焉。（《礼记·礼运》）

银蟾蜍的用途是什么？我也多次被问，起初我是真不知道，后来拜读了北京大学李零先生的最新研究成果[2]，我还是搪塞说不知道。在不同地方的博物馆，这件展品的说明牌也多语焉不详，可能策展人和我一样"羞于启齿"。

其实，饮食和男女情爱是人的最大欲望。少府是供皇家奢侈享受和满足其犬马声色之好的机构，做这么一件银

---

[1] 秦俑考古队：《临潼上焦村秦墓清理简报》，《考古与文物》1980年第2期。

[2] 李零：《角帽考：考古发现与明清小说的比较研究》，《秦始皇帝陵博物院2011》，三秦出版社，2011年。

质器物，满足一些人性本能的生理需求，如此而已。希望今后关于这件展品的名称可以写成角帽的套箍。所谓角帽，即性玩具。它和西安北郊明珠新家园M54汉墓出土的骨套箍相似，只是没有三道箍，形式更为简洁，其质地为银，更为贵重。

展现一些秦国人的娱乐方式，银蟾蜍似乎有点"少儿不宜"，离经叛道，那我聊聊乐府钟。

乐府钟是秦始皇陵礼仪性建筑遗址中的最重要宝器，通高13厘米，小巧玲珑，工艺精美。钟上不同纹饰相间排列，相互衬托，外形精美。钲和鼓部饰错金的蟠螭纹，篆间饰错金流云纹，钟带为错银云纹，舞部满铸纤细的云雷纹，其内侧为纤细的阳线纹饰。

它奇迹般出现。1976年2月6日，袁仲一先生春节值班，沿陵区散步时，无意间看见土崖边有个"指甲盖"大小的绿光，一抠，正是这宝贝。先生回忆说，见到乐府钟，他极度惊喜，饮酒庆贺，于是接下来的几天连续发高热。村民调侃他说："袁先生，虽然你是个很有福的人，但你的福气压不住秦皇大帝的东西，你必须病一场，不然你就过不去。"这到底是唯物还是唯心呢？说到被村民打趣，先生哈哈大笑，一反常态的文气，甚至有点顽皮。听起来，为了这个意外惊喜，先生不后悔那夜的狂欢，很开心能为此高热几天。

它身世坎坷。1986年夏天，文物系统出了内贼，乐府钟在博物馆展柜中"不翼而飞"。闻讯后，师母说先生多日沉默不语。1998年，乐府钟辗转至香港收藏家手中，先生赴港将之带回，他说："'乐府'两个字被磋磨掉了。我翻来覆去地看，侧边有几道磋磨痕迹，是谁也不知道的特征。"

先生十分看重乐府钟。一是它体错金银，纹饰极为精美。二是钟体有四条调音带，带上发现锉痕数道，表明当时已有调音。三是钟纽鼻处刻有"乐府"二字。"乐府"一词首见于司马迁《史记》，唐代颜师古注释《汉书·礼乐志》误以为乐府是汉武帝时期始置。从此这个说法便被历代史书、文献转载使用，成为颠扑不破的真理，直到1976年秦始皇陵乐府钟出土，才纠正了这个历史错误。1982年，音乐家吕骥先生敲响了乐府钟两千年后的第一声，辨别出其音调为c调，音质清脆悦耳，音准度很高。

> 夫击瓮叩缶，弹筝搏髀，而歌呼呜呜快耳者，真秦之声也；《郑》《卫》《桑间》《韶》《虞》《武》《象》者，异国之乐也。今弃击瓮叩缶而就《郑》《卫》，退弹筝而取《韶》《虞》，若是者何也？快意当前，适观而已矣。

这段史料出于李斯《谏逐客书》。《谏逐客书》是李斯给秦王嬴政的一个奏章，规劝秦王驱除外籍人才不能"一刀切"。开篇直截了当，说商议驱逐客卿这件事，我认为十分荒谬，十分错误。接着李斯一股脑儿地抛出秦国博采众长的事实，比如秦国在音乐方面的改变。敲打着瓦器、弹着秦筝、拍着大腿呜呜唱歌呼叫，本来是真正的秦国音乐。《郑》《卫》《桑间》《韶》《虞》《武》《象》这类乐曲，都是别国的音乐。现在抛弃了敲击瓦器而接受商代《郑》《卫》之音，屏退弹筝而求取周代《韶》《虞》礼乐，结果让人很陶醉。

原来，秦始皇既喜爱原生态的"真秦之声"，也接受得了外来的"异国之乐"，如现在西安城墙公园里，有人唱Rap，有人吼秦腔。为了追求艺术享受和艺术效果"快意""适观"，长期流行于中原各国的民间音乐，被移植到了秦宫，被传播到了三秦大地，乐坛百花齐放，一派繁荣景象。

民歌都是经典，一代又一代人永恒的记忆，百听不厌，聆听舒畅。秦建都于周之旧地，而秦国公然把"郑卫之音"等一类俗乐列于雅乐之前，发扬光大，这在当时有点大逆不道。再则，秦始皇把所有的雅乐都加以修改，只保留了《韶》《虞》《武》《象》等片段，可见秦贵族集团是多么喜爱和重视俗乐的发展。

关于秦代人的玩，秦始皇陵里还有很多。

比如前面断断续续提及的百戏俑坑，秦始皇的"娱乐杂技团"，经过1999年、2002年、2011—2013年多次发掘，考古成果越来越引人入胜。4号俑，上衣装饰有98个圆形泡饰，被称为"泡钉俑"。有专家认为此泡钉的名称可称为"钖"，是古代巴人的衣着传统，该俑表演的是秦代宫廷的武舞。28号俑，上体赤裸，下穿短裙，呈仰卧姿态，造型独特、身姿舒展，这姿势一般人拿捏不了，被网友调侃是在"做瑜伽"。它的下一个动作会是什么呢，鲤鱼打挺？鹞子翻身？后空翻体180°？没人能知道。

> 秦始皇既并天下，分为三十六郡，郡置材官；聚天下兵器于咸阳，铸为钟镶，讲武之礼，罢为角觗。（《文献通考》）
>
> 是时，二世在甘泉，方作角抵优俳之观。（《史记·李斯列传》）
>
> 作角抵戏，三百里内皆来观。（《汉书·武帝纪》）

从斗力、斗勇的角力向角抵戏演变，用娱乐表演代替讲武之礼；从供帝王观赏，到偶尔面向普通大众的公演，秦汉帝王玩得不亦乐乎。

再如青铜水禽坑，编号K0007，2001年至2003年发掘，共清理出土彩绘青铜水禽46件，箕踞姿和跽姿陶俑15件，以及假指甲盖等与乐器有关的骨器和小铜器260余件。[①]从中可以复原出一个足以疗愈伤痛、忘记压力的宁静场景：乐师轻挑银弦，琴声委婉缠绵；微风吹皱了湖面，波光粼粼，漾起层层涟漪；天鹅、仙鹤、鸿雁或觅食，或小憩，或展羽欲翱翔；湖岸边，垂柳依依，几枝野花含苞乍开；一曲终了余音袅袅，霎时间岁月一片静好。

他们席地而坐，远远地望着，静静地听着……

用行舍藏，静是为了更好地动，和这个努力奋斗的时代并不矛盾，我们应该看到秦代的这一面。

何止秦俑！不，应该说何止兵马俑，何止军事武力、政治斗争！从秦始皇陵发现来看，秦朝时舞蹈、演唱、音乐已经融为一体，宫廷中演出的百戏场面非常壮观，有大力士举鼎、角力，有优俳唱歌表演，各种杂技幻术连番上阵，驯养的珍禽闻乐起舞……这些属于娱乐类的陶俑、铜水禽，摆着动作，一动一静，定格在了2200多年前，展示了一个鲜活的精神世界。

还是得强调，秦始皇陵园所见有关"玩"的设置，如果仅从满足一个人衣食住行基本需求，无疑会有"骄淫奢侈"之感，确实应该遭到唾弃。但是，在什么山

[①] 陕西省考古研究所、秦始皇兵马俑博物馆：《秦始皇陵园K0007陪葬坑发掘简报》，《文物》2005年第6期。

头唱什么歌，作为一位帝王，秦始皇采用的丧葬礼制是国家和个人两方面的结合体。国家管理体制得有，服务于这一体制机构的人和物得有，私人生活用品得有，后世的追悼祭祀得有。

"骄淫奢侈"是一种时代的局限和必然。

第七节　秦人取名

兵马俑出土陶俑、陶马，发现了许多刻画或戳印的陶文。这些陶文少则仅一字，最多的也不过区区四五字。其中包括编号数字、陶工来源地和人名、尚不知含义的刻符等三类。以此为据，大量文章论证了秦代"物勒工名"管理制度的完善性[①]。

以陶俑"勒名"为切口，探讨秦代手工业管理制度，这可是个大课题。但我更迷恋通过物证的研究，了解秦人的生活方式，以及古今文化的历史传承，于是开始琢磨这些人取名的本意。

据袁仲一先生统计，兵马俑坑发现工匠名249个，除去重复的还剩85个；一号坑第三次发掘，我们辨识出工名类独立刻文共16例，其中2例同名，数字与工名复合类刻文4例。总之形成一份近百位秦工匠花名册。我将这百余例人名粗略进行了分类。

陶文简要列表

分类	发现位置	数量	工匠名
"宫"字类陶工名	都发现于陶俑身上，陶马尚未发现。大多在陶俑衣下摆底部的隐蔽处，少数位于衣角或腿上	共发现106件，其中印文75件，刻文12件，去掉重复的计11种。宫是宫司空的省文，宫下一字均为陶工名	係（9）、宫臧（13）、臧（2）、宫欬（10）、欬、宫穬（3）、宫魏、宫朝、宫颇、颇、宫眽、宫水、宫庄、宫（4）

[①] 钱小康、程学华：《略论物勒工名制度始于秦》，《西北农业大学学报》1995年12月第23卷。

续表

分类	发现位置	数量	工匠名
"大"字和"右"字类陶工名	"大"字类陶文一件见于头部，一件见于面颊。二号坑也出土一件	5件，无重复，计5种。右是右司空的省文，衣为陶工名。大和匠均为大匠（将作大匠的省文，羛为陶工名）	大羛、匠、大遬、右亥（？）、右
来源于地方的陶工名	散见于俑的腋下、胸部、颈部、背部、臂、腿、头、手腕、足踏板等处。以腋下居多	共发现71件，有25个不同的陶工名。地名有咸阳、栎阳、临晋、安邑等。其中以咸阳居多。人名前冠一地名	咸阳衣、咸衣、咸阳危、咸阳野、咸野、咸阳赐、咸阳午、咸午、咸阳笴、咸阳木、咸阳高、咸阳秸、咸秸、咸姝（2）、姝、咸阳庆、咸庆、咸阳亲、咸阳晋、咸处、咸行（2）、行（3）、咸诩（2）、诩（11）、羽、咸路、工路、咸敬（3）、咸穧、穧（4）、咸阳（文）忌、咸阳（3）、咸（3）、咸□、高、咸阳虔、咸阳亦、咸稚、咸渭、栎阳重、临晋蕇、安邑□
其他类陶工名	散见于陶俑胸部、腰、腹、头、颈、腿、面颊、手腕、足踏板等处	共63个不同的人名，计125件。除了一件为朱书外，其余都是刻文。字迹为小篆，较潦草。仅具人名，未冠官署名或地方名，具体归属难以判断，故暂入此类	甲丁、诣留（2）、小遬（2）、次遬、大遬、民、封、杏、越悁、越（4）、悁、丁未、脾、安（8）、饼（2）、北（8）、王、其（3）、冉（5）、屈（4）、甲（3）、捍（2）、小辰、辰卫、中（2）、亯、丙、眼、悲、吴、文、棠（2）、胥、巳、车、尚、禾、丁、巳、鼋、由（2）、示（3）、未、土、山（2）、止（？）（4）、铲、铫、牢□、丹、斗、矢、秸、巴、蟜、米、诽

第一类，取义物品或物品的状态。有"木""秸""米""禾""山""棠""渭""蟜""羽""衣""水""冉""铫"等。山，寓意有踏实、稳重、出众、威严之义，现代人取名还在用。秸，形声字，农作物茎秆，禾表意，吉表声，表示秸是吉祥之物，

可用来制祭天时用的垫席。禾，"嘉谷也，二月始生，八月而孰，得时之中，故谓之禾"（《说文》），这些人名字义直白，如今还在用。还有一些字，寓意稍显隐晦，比如羽。

羽，即鸟羽。春秋时期，鲁隐公要到棠地春游，观看渔人捕鱼。臧僖伯劝阻说："国之大事，在祀与戎。鸟兽的肉上不了祭器的，它们的皮革、牙齿、骨角、毛羽上不了兵器的，国君就不去射它们，这是古代的制度。至于像山林河流水泽的出产，日常器物所用的材料，那是从事贱役的小臣的事，是主管官吏的职责，不是国君所要过问的。"以"羽"命名人名，取义于鸟羽虽普通，算不上完美，但依然可以有所作为。

唐代人茶神陆羽，字鸿渐，长相丑陋，说话结巴。有人推断正是这些缺陷，造成他被亲生父母遗弃。传说抱养他的禅师算了一卦，根据卦文给他确定姓名和字。这个卦是这样写的：

鸿渐于陆，其羽可用为仪。吉。（《周易·渐卦》）

鸿雁缓慢降落于地，两羽力量虽不强大，但翩翩而动，动作整齐有序，自有别样壮观，可供效法，为吉兆。天道忌满，人道忌全，凡事过犹不及。太过求满，反而会适得其反。真正的智者懂得放低期待，留点余地，留点空间。取名为"羽"，喻义不完美才美的哲理。但有时候也会事与愿违，甚至背道而驰。

鲁隐公时期，宗室贵族公子翚，字羽父，此人权力欲强，一向恣意专兴，不听政令。鲁隐公四年（前719），宋国联合卫、陈、蔡三国讨伐郑国，请求鲁国出兵，被鲁隐公拒绝，公子翚却执意请求后带兵参加了战争。鲁隐公十一年（前712），出于个人野心，公子翚向鲁隐公提出一条建议：杀掉鲁桓公，自己出任太宰。鲁隐公当即回绝了公子翚。公子翚害怕鲁桓公即位后知道此事，对自己不利，又跑到鲁桓公那里诬陷鲁隐公，请求杀掉鲁隐公。公子翚狂妄自大，无情无义，害惨了鲁国，导致鲁隐公最终未能按国君之礼入葬。

还有一个人，取名也为"羽"，西楚霸王项籍，字羽。项羽少时，学书不成，放弃，学剑又不成。叔叔项梁很无奈，问他到底想干吗。他说，学文化只不过会抄抄写写，练剑只能和人单打，我要学统领万兵的本事。

> 秦始皇帝游会稽，渡浙江，梁与籍俱观。籍曰："彼可取而代也。"梁掩其口，曰："毋妄言，族矣！"梁以此奇籍。籍长八尺余，力能扛鼎，才气过人，虽吴中子弟皆已惮籍矣。（《史记·项羽本纪》）

人狂没好事，狗狂挨砖头。公元前202年，项羽兵败垓下（今安徽灵璧南），突围至乌江（今安徽和县东北）边自刎而死。

考古发现名为"羽"的普通人，见于里耶秦简，是一位男性"邮人"。还见于湖南岳麓书院藏秦简，其中简文《识劫冤案》记录的是一起民事财产纠纷，过程很复杂，涉案人多，其中有一人名羽。完整案件中，有这样的一些人物关系：沛是主人，识为奴仆，上造狗是媒人，上造羽的女儿叫黔，识迎娶了黔。这个地方的人，咋这么喜欢用动物为名。黔，蜥蜴，适宜生存的环境温度在10℃~30℃，常见于沙漠及海岛，我猜想秦国本土人取名应该不会用这种动物。

笴，箭杆，是箭镞不可缺少部分，取义比"羽"更婉转。首先，笴取义于植物的自然生长状态。箭杆形状影响箭镞运行轨迹，要求笔直，匀称，自然竹、木材料适合者百不及一，百里挑一。取名寓意珍贵、至关重要、不可多得。其次，笴属于兵器的一部分，类似的人名还有"矢"。古代男子要么从文，用笔挥洒文场；要么从武，用兵器驰骋沙场。这两条路是古代男子成功的路径。从武者，阳刚大气、意气风发。因此，这种与兵器有关的名字，可能是取义勇敢、阳刚。

> 自直之箭，自圜之木，百世无有一。然而世皆乘车射禽者，何也？隐栝之道用也。（《韩非子·显学》）

自然生长的材料，很少能符合制造车子和箭杆的要求，但人们世世代代都有车可乘坐，有箭来射鸟。为什么呢？那是因为使用了隐栝这种曲木矫正方法。如此，以"笱"为名，是不是有鼓励先天不足后天补的意思呢？

经过对秦简的梳理可知，人名取义于植物，有性别之分，男性人名多源自木类，女性人名主要源自草类。说明女性是以小弱的面貌示人，而男性仍然是以大强的面貌示人，这种现象至今依然如此。

第二类，取义于时间，与天干地支计时序号有关，包括午、甲、甲丁、丁未、己、丁、辰、未、申等。这种起名方法源自夏商时期，如父丁、鱼父丙、妣辛、妣戊等。春秋时期鲁隐公三年（前720）二月己巳日开始，明确使用干支纪日，到清末2600多年，干支纪日从未间断和错乱，这也是世界上记录时间最长的纪日法。

甲，天干第一位。"甲"古字，就是盾牌的形状，本义为士兵作战时手持护身硬牌，用于挡箭或抵御矛戟。粗略看也说得通，古代士兵打仗不就是手持盾牌防御或进攻的吗？但是，"甲"的盾牌之形似乎难以承载其所包含的天地运行之道。所以，另一种说法更能够揭示"甲"的自然之理。依据同样的字形，可解读为植物的种子在春雨浸润催发下，破壳而出。"十"字形，如同种子外壳的裂纹；伸长的把柄，应该是幼苗破土后的根茎。由此判断，"甲"的本义应该是种子破壳而出的芽，也就是种子萌发的状态。

> 甲，东方之孟，阳气萌动。从木戴孚甲之象。（《说文》）

又是东边方位，又是春天生机勃发，又是草木初生时破壳而出，"甲"具备了万物初生的意义，也就是"第一""初始"，同时又表征了坚硬的外壳。农历纪时的十天干，把"甲"作为第一次序，与日出东方、万物初萌的自然现象可能有关系。

> 辰，伸也。物皆伸舒而出也。（《释名》）

辰，地支第五位。"辰，震也。"（《说文》）对应农历三月，此时阳气动，雷电振，农民开始春播，万物复苏，用作人名，取生机勃勃之意。辰字属于秦人取名的常用字，秦简中已经发现9例，身份分别是令、邮人、仓佐、隶臣、求盗，都是男性。郭沫若先生说："辰本耕器，故農（农）、辱、蓐、耨诸字均从辰。星之名辰者，盖星象于农事大有攸关，古人多以耕器表彰之。"（《甲骨文字研究》）

第三类，取义于疾病或生理缺陷，如"眼"，目斜不正，斜眼；如"欸"，咳嗽。

第四类，取义于情感。有"越悁""悁""越""悲""姝"。越悁出现过1次，越出现过4次，悁出现过1次，所指可能是同一个人。越是姓，悁是名。姝，美貌，按字形和字义，最应该是个女性用名。如果这个推断成立，那可是一个大发现——从来没有人想过，塑造兵马俑会不会有女工参与。

第七章 被记住的时代不应只有兵马俑

兵马俑太出名了，有点"功高盖主"。秦始皇陵考古一旦有啥新发现，就会让兵马俑上热搜。2009年，百戏俑坑出土"巨人俑"，身高达到2.5米，脚掌约54码，很多网络平台发布的标题是"秦兵马俑第三次发掘：巨人俑高2.5米"。2019年，秦都咸阳城宫殿区发现石铠甲制作遗址，判断与秦始皇陵石铠甲陪葬坑有联系，网络平台发布的标题是"兵马俑战袍在哪里制作"。令人哭笑不得。

兵马俑很美，美在艺术创作，美在写实风格，美在高大气势。有人说它是当时整个社会昂扬奋进、积极向上精神风貌的表现，是帝国兴旺发展的象征，充分表达了一个年轻民族的血气与行动力。"对于一个积弱百年的民族，梦回大秦是一种强烈的诱惑！"

中华民族具有悠久历史和灿烂文化，曾长期走在世界发展前列。近代以来，由于封建社会的衰落和封建统治者的腐朽，尤其是西方列强坚船利炮的入侵，中华民族落伍了、衰弱了，甚至沦落到亡国灭种的危险边缘。从那时起，救亡图存、振兴中华始终是每一个中国人特别是无数仁人志士的强烈愿望。

百年披荆斩棘，百年风雨兼程，今天的中华民族早已不再仰人鼻息。我们需要梦回大秦吗？我们从大秦兴亡的历史中，真正需要接受什么呢？

第一节　秦代精品工程

在发掘兵马俑的过程中，我越来越确定兵马俑坑建筑不是秦代的精品工程。建筑的主材例如木料，粗细不一，截面形状有圆有方；铺地砖规格有大有小，甚至有的是残砖拼凑。建筑顶部覆盖的席子，有竹席，也有苇席。

俑坑建筑内部普遍存在淤泥堆积，陶片空隙处，陶俑、陶马体腔内，一层层的淤泥。和我一起工作的秀霞姐说："就像是千层饼，捏碎了是细面面。"细面面正是流水携带的沉淀物所具有的特征。

根据淤泥的分布情况，大致可分为四类。

第一类，无处不在，分布广，面积大。一座建筑发生坍塌，成为残垣断壁的废墟，到处是空洞，雨水、山洪随着空心产生的吸力，短期或长期灌涌聚集，夹裹杂物产生沉淀，渗入甚至灌入高低不同位置。此类淤泥因水中夹杂气泡，上层有很多蜂窝，像冻豆腐，下层细腻致密。

从坍塌到2000多年后盖保护陈列大厅，空洞缝隙无时不在，无处不在。种地的农民都知道，浇地时水流突然断了，不是地下有地漏，就是缺德鬼在截流偷水。我在野外考古找墓葬，引导老乡提供线索，提示之一就是"有没有啥地方浇地时漏水"，漏水的地方十有八九是古墓。

第二类，分布于棚木与席子之间，少量，薄，分布不均匀，有的地方呈黑色板结的胶泥状。形成时间在建筑顶部铺席之后、覆土之前。俑坑建设过程中，没有大棚，纯露天建设，工期不是一天、一月、一季度，而是跨年度，难保哪块云彩不下雨，二号坑坑壁发现的雨水冲刷痕迹就是证明。

第三类，分布棚木炭迹层下至铺地砖上，淡黄色，土质细，形成对立柱、陶质残片下部的包裹，分布情况多与陶片堆积密度成反比。陶片堆积密集区域，淤泥堆积较薄；陶片堆积稀疏处，淤泥堆积厚；局部层理可达十几层。为什么会有这样的区别？说明淤泥形成的时间与陶俑堆积状况有关。本来陶俑摆放的行间距、排间距大致相当，空间的疏密大致一样，倒塌后，残碎了，原来的阵形也就乱了，陶片扎堆的地方空间小，淤泥当然就薄了。

第四类，出现在墙基与地基之间、地基夯土层中。前者目前可见位置在隔墙东段，为黑、黄色层位交替状；后者分布广泛，厚度不一，最厚为12厘米、最薄2厘米，青灰色，含细沙，类似地基夯土中的"夹心"，表面有多处工具痕、踩踏面。说明工程修建伊始就曾遭受规模较大的水患侵扰，地基的营建当为多雨时节。

淤泥也有层位关系。考古层位学中有个概念叫"层位倒置"。意思就是本来形成晚的层位，却分布在下层。比如山腰上原来有一个新石器时代的遗址，突然遭

第一类淤泥

第三类淤泥

遇地震了，遗址堆积随着山体滑坡压在了山下的村落房屋上，很多年以后，考古学家去发掘，"哎，这是新石器时代的陶器啊，时代早"，再挖深点，发现一部手机，时代晚。这就是层位倒置了。当然所谓倒置，只能用于形容局部，大范围上还是属于打破或叠压关系。

第四类淤泥

　　淤泥的分布层位也是这么回事，站立着的陶俑体腔常有淤泥，所处位置高，属于层位的上层；坑底铺地砖上包裹俑脚的淤泥，所处位置低，属于层位的底层。比较这两种淤泥，判断一下谁形成得早，谁形成得晚。不知道。

　　知之为知之，不知真不知。水，最不定性，俑坑从来不是密不透风。2000多年前建筑竣工不久就已经到处都有漏洞。哪儿有洞，水就往哪儿钻，钻不动了，泥水静止下来，时间一长，水干了，形成了淤泥层。

　　普遍存在的淤泥堆积，是陈景元先生质疑兵马俑主人不是秦始皇，而是宣太后的另一个证据。他对记者说"俑坑竣工时，以砖铺地……这个俑坑密不透风，非常坚固，是很难涌进大量洪水的"，"一号坑内的平均淤泥厚度为44厘米，这至少需要经历14场大暴雨。临潼地区大暴雨的频率,是三年一遇,而要出现14场大暴雨,至少要延续42年的时间,加上俑坑本身建造的10年时间、俑坑自然垮塌形成缺口的时间,说明俑坑的始建时间,要从秦朝的末年向前推移半个多世纪"。

听起来有理有据,实际上有悖生活常识,或者说是太理想主义。以前的发掘资料认为,俑坑的边壁为生土圹的内侧包镶夯土,但实际上并非所有的土圹内侧都包镶夯土,而是在垮塌的区域用砖或夯打进行了补筑,说明俑坑的土结构也不是特别坚固。另外俑坑的砖铺地面并不平整,第八至第十过洞中部有明显的凹陷,通过解剖,发现有一条宽度较一致的条状沟,深1~1.2米。推测俑坑在修建时分成若干个小组,有些小组的人干得比较快,挖过了,就回填了,也没有好好地夯打,结果基础不稳定,铺砖大面积下陷,摆布在上面的陶俑七扭八歪早早地倒下了。秦代的工程质量竟然如此不堪,有违我们对大秦帝国强大国力、秦人做事认真的认识呀。

兵马俑坑建筑质量差,与秦代工程建设质量没有必然联系。因为俑坑建筑本来就是陪葬用品,完全没必要创造建筑史上的奇迹。真正考验或者说代表秦代建筑奇迹的工程,是万里长城、都江堰、郑国渠、灵渠,是咸阳都城的宫殿。

在内蒙古乌拉特前旗地界的秦长城,因山上无土,全是岩石,就地取材而建,高5~6米,最高处有10米,底宽4~5米,顶宽2.5~3米,用石块及石片垒砌,层层叠压、交错咬合,虽然是毛石,但都选择平面部位砌墙,而且上下两层石块勾缝。秦长城屹立至今。

大型渠系灌溉工程之一郑国渠,始建于秦王政元年(前246),那时的嬴政才13岁。为了自救,韩国使出了"疲秦"计谋,派郑国到秦国当间谍,忽悠着秦王搞了个超级大工程,本想以此拖垮秦国。结果却是:

臣为韩延数岁之命,而为秦建万世之功。(《汉书·沟洫志》)

公元前236年,郑国渠完工,绵延124公里,是一个既引泾入洛又引泾入渭的规模宏大的灌溉水系,灌田115万亩。

郑国渠未建拦河大坝，采用无坝引水方式，利用客水和川泽结合的方法，使供水输水的水源问题得到解决。渠首的引水口设置在谷口泾河河湾段河道的凹岸顶点下游，此处流速大，进水量多，且枯水期主流仍靠近引水口，水易入渠。渠系布置根据地势将干渠修筑在渭北平原二级阶地最高线的北山山麓，将渠道布置在灌区最高的一线，使灌区的自流引灌，获得良好的灌溉效益。①

这些惠泽后代的精品工程，才是秦始皇团队致力打造的奇迹。

也许有人会说，兵马俑作为秦始皇陵的外围陪葬，当然不能视为秦国工程技术的"最高展示"，在秦始皇陵的核心区域——丽山园内，一砖一瓦无不彰显着秦国工程技术的高超水平，从一件巨型夔纹瓦当可见一斑。

巨型夔纹瓦当呈大半圆形，直径达61厘米，高48厘米，瓦当的正面周围有宽1.8厘米突起的边轮，内饰夔纹，夔纹由左右两半互相均衡对称的夔龙蟠曲组成，每半有夔龙两条，一上一下。上部夔龙的龙首向外侧伸展曲卷回顾，身体上折，尾部折转屈曲下垂；下面的一条龙首向内侧折转回顾，身体上翘，尾部钩卷，首尾呼应。左右两半龙体的构图相同，方向相反，互相辉映，均衡对称，构成一组和谐绚丽的画面。其纹样为浮雕，线条遒劲流畅，阴阳分明，立体感很强，承袭了商周青铜器纹样，是中国古代陶雕史上的优秀作品。其背面带有残长32厘米的半圆形筒瓦，人称"瓦当王"。

但是，"瓦当王"绝非仅有。分布在全国各地的秦代离宫别馆，都有雷同的大瓦当。如位于辽宁省葫芦岛市的碣石宫，秦始皇东巡的驻跸之地，有瓦当直径54厘米；中国国家博物馆藏品，有瓦当直径42厘米；陕西省历史博物馆藏品，有瓦当直径52厘米；临潼区博物馆藏品，有瓦当直径52厘米；陕西眉县第五村乡的成山宫遗址，有瓦当直径78.3厘米。

从尺寸上看，成山宫瓦当居魁首。"大"是秦始皇的标志，他用的很多东西都以大著称，因为那是四海归一的多民族国家的具象标志。纹样如出一辙，让我们

---

① 李昕升：《郑国渠技术成就研究评述》，《华北水利水电大学学报（社会科学版）》2014年4月第30卷第2期。

更应该体会到的是：唯有统一，方能达到如此步调一致。

第二节　考古研究注重实事求是

透过兵马俑发掘出土实物的表面现象，很多深层次的研究成果可圈可点，但也有些属于研究者在"自说自话"，研究成果言过其实，例如对秦代标准化水平问题。

一号坑正式发掘之后，众多保存完好、锋刃凛凛的兵器，吸引了自然科学的介入。通过多手段科技检测，学者们得出秦代机械工程产品标准化、通用化水平高超的结论。[①]

结论引据之一，是出土数量最多的铜箭镞。陈列厅摆放的整束箭箙，一束百余枚，从外形上看，确实几乎一模一样。

结论引据之二，是出土的铜弩机，不同个体的部件之间可以互换搭配。

> 为器同物者，其小大、短长、广亦必等。（睡虎地秦墓竹简《秦律十八种·工律》）

标准化即规范化。实质是通过制定、发布和实施标准，达到统一；目的是获得最佳秩序和社会效益。有文献记载，有考古实证，二元证据法完美形成结论。

事实果真如此吗？

铜镞1000多枚，一一记录，测尺寸、称重量、观察制法，实习生张燕交来统计结果："零散箭镞的铤尾截面形状有三大型六亚型；整束箭镞的单枚通长最小值6.5厘米，最大值19.1厘米；单件箙中箭镞形态特征大致相同，推断箭镞有以箙为单位范制而成的总趋势。"

挑选5件箭镞送检，结果令人吃惊：镞头和镞铤的含锡量有较大差异，含量在4.1%~11.3%；1件带铤箭镞为铜锡铅三元合金，铅含量为4.6%；2件带铤铜镞为铜

[①] 杨青：《论秦代机械工程的标准化》，《西北农业大学学报》1995年12月第23卷增刊。

锡合金，头和铤都含有1%左右的铅；2件镞铤基体为铜锡二元合金，不含铅。3件镞头外形相似，整体制作工艺不同，1件整体浇铸，2件接铸。

"对，文献说了，是外形一样，没说成分和制作工艺。"听完科技大学方面的解释，我咂摸出《秦律十八种·工律》的意思。

标准化规定的内容不包含原材料和制作工艺，怎样做是工人的事，做出来样子一样就行了，这不是现代工业的标准化内容。

2009年，我们在进行考古发掘的同时，还接受过"企业管理标准化"考核，来人说"正在进行的考古工作，诸多环节不达标"。"标"即ISO，国际标准化组织的英语简称。对照ISO规则，再对照考古发掘规程，我选择坚决遵守后者。僵硬的标准化等于"一刀切"，在复杂变化的考

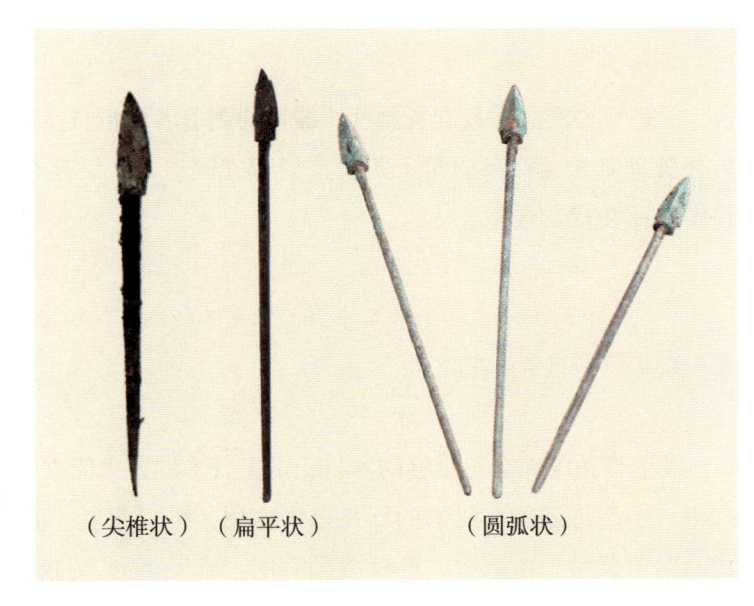

镞铤尾端形状

箭镞主要有首、铤、笴三部分，不仅镞首与铤的铸造有两种形式，铤尾部也有尖、圆弧、扁平等不同形状，体现了个体加工方式的多样性。

（尖椎状）　（扁平状）　　（圆弧状）

第七章　被记住的时代不应只有兵马俑　259

古现场，怎么干是我的事，完成任务即达标。

这种"怎么干是我的事"，助力了兵马俑坑陶俑的丰富多样。通过观察，可见参与工匠的人数众多，各部位捏、塑的痕迹突出，模制的部件少。具体制作手法很大程度上反映了工匠个人（组）的习性，个性更加突出。

仅就组装方法而言，足与踏板，或一次性制作，或烧成后粘接，不排除个例有分开制作但烧前粘接，有的踏板对应足的位置有浅凹槽，或许就属于这种情况。手与臂、颅与体的组合可烧前，可烧后。服饰的表现手法如襦身的长短、裳部的褶皱起伏、袖管的宽窄、鞋帮的高低等，也是在一定格式下各有不同。

秦代工匠的创作环境比较宽松，在整体设计思路的条框下，他们能按照自己对作品的理解，充分发挥想象，所说"模塑"结合，更要注意"塑""捏""刻"，这是导致秦俑"千人千面"的主要原因。烧成后再经过施彩描绘，异彩纷呈，这更加大了个性的比重。

另外一种对秦代历史有美化之嫌的研究，是关于手工业管理制度，即所谓"物勒工名"。

物勒工名，以考其诚，工有不当，必行其罪，以究其情。（《礼记·月令》）

这是一种产品质量问责制度，器物的制造者要把自己的名字刻在器物上面，以方便管理者检验产品质量。此制首创于齐国，并广泛存在于各诸侯国，与商业贸易发展社会背景有关。

故泽人足乎木，山人足乎鱼，农夫不斲削、不陶冶而足械用，工贾不耕而足菽粟。（《荀子·王制》）

湖边打鱼的人会有足够的木材，山上伐木的人也能吃上海鲜，农民不砍削、不烧窑、不冶炼还能有足够的器具以供使用，手工业者、商人不种地而有足够的粮食，商业贸易一派繁荣。春秋战国时期，全民下海，打破了"工商食官"国企垄断的局面,全国各地经济往来密切。齐国的临淄,赵国的邯郸,这些都邑店铺林立,商品买卖兴旺。

> 隙陇蜀之货物而多贾。献公徙栎邑,栎邑北却戎翟,东通三晋,亦多大贾。(《史记·货殖列传》)

秦国重农抑商,但并不排斥商业贸易的繁荣。大量咸阳市亭生产制作的漆器广泛流散。楚地湖北考古发现了许多漆器,赫然烙印文字"咸亭""亭""市",这些文字皆是市场管理机构"咸阳市亭"的省称,属于地方市府作坊的标记。咸阳市亭类似今天工商管理局,带有"咸亭"戳记的漆器即咸阳特产。

商品经济的发展,对每一个经商者尤其是手工业者,都规定了一个严酷的法则:质量是企业生存的唯一保证。只有好的产品质量,才能在市场的竞争中求得生存。这时产品上的某地、某人、某官府作坊生产的刻文标记,不管它是有意识的,还是无意识的,一旦标注制作者,就与质量好坏、信誉德行挂了钩。

购买者总是追求质量好的,久而久之就把产品上的刻文作为一种识别的标记。"张麻子"剪刀产品质量好,生意就兴旺。市场优胜劣汰,口碑好才是真的好。促进商品交流是"物勒工名"存在的积极意义。

手工业管理是一套系统,"物勒工名"是其中环节之一。既为一套系统,则设有组织机构,设立工室——工业部、工厂、车间、生产小组,从上至下,各司其职。例如楚国辖管手工业的职官,有大工尹、工尹、工佐、少工佐、左工师、右工师、市工等职官。大工尹为中央朝官,部级干部,位在诸工尹之上,直接受令于"王命",是百工之长。工佐是大工尹的副职,辅佐管理百工。其他各诸侯国情况大同小异。

> 公甲兵各以其官名刻久之,其不可刻久者,以丹若髹书之。(睡虎地秦墓竹简《秦律十八种·工律》)

"公甲兵"即国有武器，勒名内容最详细，从制作具体时间到各个环节的参与者[①]，从实刻勒，刻不成就用红笔写，制度落实最彻底，因为这些产品事关重大。

产品标明生产者，据此对产品的质量进行检测监督——"物勒工名"的匠役制度，魏晋南北朝、隋唐元明清，一直在沿袭传承，而且世界品牌也都这样干。

> 就于车上编号烙印，附册开写看验提调官并匠作姓名。日后有不坚固者，照名究治。（《明会典》卷二〇〇车辆条）

> 俱令腰封编号，开写提调及经织造官吏匠作姓名，不堪用者照号问罪。（《明会典》卷二〇一外织染局条）

产品要备注制作信息，出了问题，照名究治，照号问罪。21世纪的社会也是如此，拿起手机，扫一下二维码，每一道工序都能找到操作的人，时间精确到秒。

第三节 秦人为什么能统一天下

为什么秦国能脱颖而出，后来者居上，实现了大一统的梦想？

有人说是秦军武器先进。在前边我已经讲了，兵马俑坑出土兵器，与当时其他诸侯国相比，各有千秋，甚至略差。武器决定论非常荒谬，在此不赘述。

有人说是秦国军功爵位制刺激了士兵义无反顾地拼杀，这个话题可以展开聊聊。

魏国李悝（前455—前395）实行新法，有"食有劳而禄有功""夺淫民之禄"等重要内容。有禄的淫民，即混吃等死的旧贵族。李悝去世前一年，魏击继位，称魏武侯，继续按照李悝制定的国策、国法执掌魏国朝政。史书记载过一段他和兵家吴起的谈话。

武侯：赏罚严明就足以打胜仗了吗？

---

① 王辉、萧春源：《珍秦斋藏王八年内史操戈考》，《故宫博物院院刊》2005年第3期。梁云：《秦戈铭文考释》，《中国历史文物》2009年第2期。彭适凡：《秦始皇十二年铜戈铭文考》，《文物》2008年第5期。

吴起答：赏罚严明这件事，我不能详尽地说明，虽然这很重要，但不能完全依靠它。发号施令，人们乐于听从，出兵打仗，人们乐于参战，冲锋陷阵，人们乐于效死。这三点才是君主所应该依靠的。

武侯：怎样才能做到呢？

吴起答：您选拔有功人员，举行浩大宴会款待他们，这对无功的人也是一种勉励。

> 于是武侯设坐庙廷，为三行飨士大夫。上功坐前行，肴席兼重器、上牢；次功坐中行，肴席器差减；无功坐后行，肴席无重器。飨毕而出，又颁赐有功者父母妻子于庙门外，亦以功为差。有死事之家，岁被使者劳赐其父母，著不忘于心。（《吴子·励士》）

根据功绩分配位置，并以肉眼可见的等分差别分配桌位、餐品，甚至牵扯父母妻儿，就问面对这种事，谁能受得了？现在学校以考试成绩分配学生座位，又有职场绩效考核末尾淘汰制，都是古人用过的招数。被区别对待是一种什么感受？我自己会感觉有点膈应。不管是被区别对待的特别好还是特别差，心里总是感觉自己与身边人不同，甚至会变得更加敏感、更加脆弱，最终可能会因为某件小事而崩溃。

吴起的建议果然很奏效，方法实行了三年之后，秦国出兵到达魏国的西河边境，数以万计的魏国的士卒听到这一消息，不待官吏的命令，就自动穿戴盔甲奋勇抗敌。尚功酬劳作为赏赐的标准，与"世卿世禄"制度有着根本区别。

> 中试则复其户，利其田宅。（《荀子·议兵》）

这是一条魏国选拔武卒的制度，是把武卒与免除赋税、给房子给地等经济利益联系起来的措施，实际上已经是军功爵制的萌芽。

魏武侯与吴起君臣二人之间很快出现罅隙。魏武侯一改先王魏文侯任人唯贤的原则，回到任人唯亲、任人唯贵的老路上，让政治上虚腐的田文为相。田文自己也承认，在带领三军、鼓阵成列方面，在治理四境、教训万民、充实府库、变易习俗方面，都不如吴起。魏武侯之所以用他，是因为他出身显贵。吴起出身不好，自然不能号召天下人。然而这种任人唯亲、任人唯贵的不成文规定最终成了魏国的国策。吴起、公孙鞅、范雎等贤才最终离开魏国无不是如此。

后来，吴起在楚国继续自己的理想，实施变法。"使封君之子孙三世而收爵禄，绝灭百吏之禄秩"，"衰楚国之爵，而平其制禄"，然后把所收减的爵禄用来干正事——"以奉选练之士"和"厉甲兵，时争利于天下"。楚国也在一定程度上建立了军功爵制。

公元前493年，范氏、中行氏联合郑国和齐国进攻晋国，在今河南濮阳西北大打出手，史称铁之战。晋国当权派、大夫赵简子在前线发表动员讲话：

> 克敌者，上大夫受县，下大夫受郡，士田十万，庶人工商遂，人臣隶圉免。（《左传·哀公二年》）

意思很直白，按军功赐爵、赐田。这一招提高了工商业者和庶人的社会地位，即便是奴隶，依军功也可跻身自由民。因此很能鼓舞士气，提高军队的战斗力。

八月七日，两军将要开战，摆好阵形，赵简子巡视队伍，再次做总攻动员。他说："周文王姬昌后人毕万，曾一度沦落为平民，随晋献公征战有功，被授魏地为封地，以魏为姓。战国七雄魏国先祖是个普通人，七次战斗都俘获了敌人，后来有了四百匹马，功成名就。诸位努力吧！胜利永远属于勇敢的人！"

重赏之下必有勇夫。这种看战功而不看血统，看实力而不看名位的改变，正是咸鱼翻生的机会。

铁之战又称铁丘之战。1987年，濮阳西水坡有两个十分重大的考古发现[1]——仰韶文化时期M45墓葬及出土的蚌壳龙虎摆塑图案，东周阵亡将士排葬坑。引起

---

[1] 南海森：《濮阳西水坡》，中州古籍出版社，2012年。

人们兴趣甚至轰动一时的，是蚌壳龙虎图案及其墓主人①，而东周将士阵亡排葬坑几乎无人问津，其价值存在被忽视。

东周阵亡将士排葬坑全部数量达136座，总面积约为7000平方米，共埋葬尸骨约2700具。发掘了30座，人骨约600具，均是男性青年，年龄在20~35岁。有不少骨架上有箭头及刀砍、枪刺、锤击等痕迹，有些箭头、枪头还嵌在头骨、肢体骨之中。有一些尸骨无头颅，有一些头颅无尸骨。头颅聚集堆放，与尸骨数量不对等或异位异坑放置。

显然，排葬坑的死者为非正常死亡，最可能是因战争拼搏厮杀死亡。战争结束后打扫战场，因尸体身首异处，无法辨认，故将尸体埋在一处，而头颅集中堆放在一处。可见当年有关的战事之规模，战斗之惨烈，伤亡之惨重！

有奖有罚，奖罚并重。赵简子也说了战场上如果不拼命的后果：各种级别的参战者都会受到严厉的惩罚，大夫会受到绞刑，薄板棺材草草一埋，不允许入祖坟。考古发现显示，因战事牺牲的普通士兵基本算是得到了妥善安置。

西水坡遗址作为埋尸地，经过认真选址、筹划。此地在2500年前为高地，少水患。排葬坑的布局规律，开挖规整，东西南北成行，大小、深浅、宽窄、掩埋基本一致；掩埋认真，尸骨排放有序，且有规律。尸体朝向均脚南头北，"枕山蹬河"。甚至仰身微侧摆放，后放尸体略压先放尸体，并自西向东进行，整齐一致。阵亡将士身首异处无法比对的，尸体放置一起，头颅堆放在一起，不是随意而为、草草了之。

2017年，我在咸阳城遗址西侧发掘了两座秦墓，出土了一件斯离督造的青铜器。为了考证斯离是谁，从《史记》中查到，战国时燕国乐毅为总指挥，秦国曾派斯离参与联军攻齐。②这次写到"军功爵位制"，再查，又看到一点后续：

（乐毅破齐后）燕昭王大说，亲至济上劳军，行赏飨士，封乐毅于昌国，号

---

① 冯时：《河南濮阳西水坡45号墓的天文学研究》，《文物》1990年第3期。
② 许卫红：《考古有意思：秦始皇的兵与城》，中信出版社，2020年。

昌国君。

燕昭王的这次颁赏，以"上功、中功、下功、无功"为等差。后来乐毅和老板闹翻了，惧诛，逃亡于赵，给燕昭王之子燕惠王写了一封辞职信：

臣闻贤圣之君，不以禄私其亲，功多者授之；不以官随其爱，能当之者处之。故察能而授官者，成功之君也。（《战国策·燕策》）

乐毅书中所说的"贤圣之君"指燕昭王。燕在昭王时代是"不以禄私其亲，功多者授之"的军功爵制，现在换届了，一朝天子一朝臣，政策风向变了。

韩国，申不害制定任官制度：循功劳，视次第。

齐国，齐人隆技击，得一首者，则赐锱金。

…………

任何事件的发生都有其必然性和偶然性。孟子说："天时不如地利，地利不如人和。"马克思说："被断定为必然的东西，是由纯粹的偶然性构成的，而所谓偶然的东西，是一种有必然性隐藏在里面的形式。"

秦皇扫六合，虎视何雄哉。挥剑决浮云，诸侯尽西来。（李白《古风·其三》）

我尚未参透秦统一的必然性，只是从中华文明发展的趋势看，满天星斗，众星拱月、皓月当空，历史的潮流一直向着凝聚在涌动，或明或暗，或缓或急，从未停滞。东周时期是风云谲变的辉煌时代、中国历史的转型期，制度文化的传承赓续、变革进取的思想观念和务实开拓的人文精神，孕育出诸多举世闻名的王侯将相、圣哲贤士，推动着历史车轮一路向前，在激荡的硝烟中催生了统一融合的新生。

这个统一的必然性——纯粹的偶然性，是秦国发展轨迹上一以贯之的作风。九都八迁，一直保持东进；商鞅被杀，政策不变；攻打楚国失利，哪怕伏低做小，秦王再次请王翦挂帅；二世上位，货币改革继续推进……

坚持下去，一以贯之。做一件自己真心喜欢的、真心认可的事情，沉下心来忍受无数个孤独和寂寞的日子。心可以碎，手不能停，该干什么干什么，在崩溃中继续前行。慢慢地会有资源帮助你，你会距离目标越来越近直到功德圆满。

这个过程需要1万小时。

第四节　一花独秀不是春

非子为周天子养马，受封为大夫，经历九九八十一难，秦人始大。

> 秦僻在雍州，不与中国诸侯之会盟，夷翟遇之。（《史记·秦本纪》）

周成王时，熊绎受封为楚君。在偏僻的荆山，熊绎驾着柴车、穿着破旧的衣服开辟山林，桃木弓、棘枝箭是他奉献给周王的贡品；周成王在岐山之阳会盟诸侯，楚人只能在庭院看守火堆，并无参会资格。

筚路蓝缕，以启山林。秦人和楚人的经历毫无二致。

高达1.92米的凤鸟虎座鼓架、粗测口径超过88厘米的青铜大鼎、书有近千字的椁室盖板……2024年4月16日上午，"考古中国"重大项目安徽省淮南市武王墩一号墓阶段性发掘成果首次发布，令很多人兴奋不已。

武王墩一号墓外围设有独立陵园，平面近方形，四周为环壕，环壕周长约5000米，陵园总面积约为150万平方米。陵园内设有车马坑、陪葬墓、祭祀坑等遗迹。其中，车马坑位于主墓西侧，南北长约148米，是目前所知楚系墓葬中最长的车马坑。

墓室口大底小，开口平面近方形，边长约50米。墓圹四周有台阶，逐级内收，共21级。墓坑底部呈方形，边长约22米，中心用巨大枋木构筑椁室，木料以榉木为主，有少量梓木。椁室平面整体呈"亞"字形，四层椁盖板共计443根，总重约153吨。中心为棺室，四周各有一个边室，边室内部又以木料筑墙体一分为二，整个椁室被分隔为九室，为目前所见楚系墓葬分室最多的。

武王墩一号墓的主人为楚考烈王的可能性较大。考烈王名完，芈姓，熊氏，在位共25年，公元前272年开始在秦国做质子。成语"毛遂自荐"中的毛遂，是来自赵国的能人，他说服的正是楚考烈王。

安徽淮南武王墩和李三孤堆，湖北荆州熊家冢、冯家冢、谢家冢、平头冢，河北虚粮冢、九女台和辛庄头燕国贵族墓，邯郸紫山东麓赵惠文王陵，河南固围村、山彪村魏王陵，河南新郑胡庄和许岗的韩王陵，山东淄博南马坊齐国大墓……

楚考烈王、楚幽王、赵惠文王、魏安釐王、韩桓惠王、齐国田氏……

金器、铜器、漆器、玉器……

一鸣惊人、负荆请罪、毛遂自荐、鸡鸣狗盗、完璧归赵、纸上谈兵、徙木为信、风萧萧兮易水寒、赵武灵王胡服骑射、西门豹治邺……

一花独放不是春，万紫千红香满园。英雄辈出，战旗与权谋交织，争霸的号角声声不绝，2200多年前的荣耀与梦想，战国七雄的隽永，集结于公元前221年的大秦明月。

2002年，考古人员在湖南省湘西土家族苗族自治州龙山县里耶镇的一口古井里，发掘出了38000多枚秦代简牍。作为秦朝洞庭郡迁陵县的衙门档案，里耶秦简纪年之完整、资料之翔实，可谓罕见，它填补了秦朝史料缺佚，据此能推知秦代1100多个县的行政运作和百姓生活，让今人得以近距离走近秦代郡县制。薪火赓续间，里耶秦简为延绵至今的"郡县治，天下安"的县域治理理念提供了历史支撑。

迁陵隶臣妾积千四百。

迁陵县官方蓄养的男女奴隶一共1400人。官方奴隶中，男性称为隶臣，女性称为隶妾。奴婢买卖早在先秦就已存在。秦始皇统治时期，奴婢被视同牛马一类的财物，在市场上进行交易。奴婢交易有一定的制度，也有官定的常规市场价格。官府奴婢可以进入市场进行交易，而私家奴婢更是来自市场买卖。有人问我秦代是奴隶社会还是封建社会，我举了这条竹简为例，请他自己判断。

资中令史阳里釦阀阅：

十一年九月隃为史。

为乡史九岁一日。

为田部史四岁三月十一日。

为令史二月。

□计。

年卅六。

户计。

可直司空曹。

阀阅，积累功劳经历。里耶阀阅简的长度，大体相当于汉尺一尺之长，其形式为上半部分是履历，下半部分由户曹核对年龄，左下部则提出拟任职务的推荐意见。类似这样的竹简，我们看到了一众基层小官吏的"仕途"。[1]

釦，籍贯为资中阳里，于秦王政十一年九月初任为乡史，并担任这一职务达九年，然后转任田部史四年三个多月，再转令史，任令史才两个月，即被推荐担任迁陵司空曹。

釦虽然被建议推荐可直司空曹，是否确实已经担任？已公布的简牍材料中，只在行庙简中见到釦任职的少量线索。秦王政廿六年六月壬子行庙诏，简背后记载有各令史轮流行庙的记录，从当年的十一月己未到次年的六月癸巳间共16次，其中有"二月壬寅，令史釦行庙，五月丙午，史釦行庙"。这两条记录的釦，应是同一人，可证釦在廿七年仍居迁陵令史之职，并未任职司空曹，而且以后没有再在任何简中出现釦的名字。发掘报告列举的第十六层出土简牍中也有釦的记载，所记廿七年三月"釦手"，似乎也是以令史之职草拟的公文文书。由此可知，在对基层官吏进行考核选拔上，可能有多个人选的竞争，推荐的任职人员，也有被否决的可能。釦自秦王政二十五年由四川调入迁陵，直到二十七年仍旧担任其在资中

---

[1] 黄可佳：《秦代基层小吏的升迁模式：读里耶阀阅简札记一则》，《南都学坛》，2016年第2期。

所任的令史一职。此次干部选拔，釦落选了。

唐，另外一位小吏，同样担任过司空，仕途一路绿灯。先是由令佐迁为假畜官，又在秦王政卅五年任职假少内。少内秩级低于司空，唐可能由假畜官迁假少内，再迁司空，官途一路顺风。

壬，一名由干支取名的小吏，最初担任贰春乡乡佐，后由乡佐迁为田官佐，并由田官佐迁任迁陵少内，再由迁陵少内迁田官，重新回到他熟悉的田官任职。田部为县属的垂直专业机构，乡部则为基层区域机构，壬来回窜，说明田部和乡部的干部可交叉任职，基本都属县属单位，只不过同为县属吏，少内是县廷财政机构属官，在县级政权地位较低，进步方向是田官、司空。

据此可勾勒釦、壬、唐三位基层小吏的升迁路线图，即多由乡一级基层吏员转任某方面的县属专业管理机构，并由此升任到有秩层级。同属县廷直属的各曹，也有权重权轻之分，并据此形成升迁过程的隐形阶梯和步骤。

这些故事，关涉县级基层政权的运作和基层吏员的职业前途，我们在秦始皇陵及兵马俑坑中看不到。

南方小镇的故事，是秦帝国高效运转模式的缩影，从中可见从秦始皇二十六年到秦二世元年之间，幅员辽阔、实行郡县制的统一大国，其中央政府如何推行集权制度与各项统一政策。中央每年秋冬之时，各县将全年治理县里的情况上报到郡，再由郡上报中央；中央派人到各郡考察，郡、县也分别派人到所管辖县、乡考察，形成了自上而下的层层监督与考核体系；考核地方官吏政绩的记录，可证秦朝已形成完备而严密的地方吏治，中国古代的人事管理已具雏形。

官吏分工明确，处理政务井然有序。洞庭郡迁陵县官府往来公文的接收与发出都有准确的时间记录，不仅记年、月、日，还精确到时、分。从这些精确的时间记录来推断，秦朝官署集中办公时段为早上六七点至下午四五点，公文传递则是全天候状态。

年终写完总结，釦、壬、唐如释重负，异口同声地说：心累，不想上班。世界那么大，我想去走走。

于是催生了很多文博类打卡点，我非常想提醒"去走走"的人们，行万里路，也别忘记读万卷书。

第五节　还原历史的本来面目

也许讲"还原历史的本来面目",内容应该是兵马俑彩绘复原。所有秦始皇陵的陶俑原本都是通体彩绘,五颜六色,煞是好看。只不过后来出于各种原因彩绘脱落,让人们惋惜不已。

脱落的彩绘就像一件外衣,粘在泥土上,好像在随时等着主人来穿。

文保科技人员努力进行着一项实验:彩绘"回贴",把脱落在土块上的彩绘,通过人工干预的方法,再整回俑体上。就像我们每天晚上脱了衣服,早晨再穿起来一样。

倒推回贴流程,首先得有理想化剥离出来的彩绘层——提取到有彩绘的土块,进行土块切割。其次有可以入手的空间——脱落的彩绘土块面积往往很大,"老虎吃天,无法下爪"。最后要抓大放小,决定取舍——谁来动手?谁来决策?这个流程之后,才是如何实施回贴,继而精彩亮相。

"由你决定","你得派人来做","我不能插手,弄坏了可说不清",怕担责,怕指责,相互推诿。

2010年7月6日,连续高温,几位年龄大的工人已经出现中暑症状,决定每天下午工人放假,为配合文保、修复工作,耐热性高的人员值班。同天,文保方面与上海硅酸研究所人员来现场尝试彩绘提取新方法。我不太愿意配合,因为来者穿了一双松糕底的凉鞋,在我看来,这不是进入考古现场的工作状态。盯着那双鞋,我心疼那些残留下来的炭灰。

我安排杨靖毅配合文保人员对加固的土块进行切割,不一会儿却发现他双眼流泪。"杨师,你哭啥?切碎了,我又不扣你钱。""啥呀,我没哭,你不知道这个东西太辣眼了。"

新方法是薄荷醇及其衍生物加固彩色土块。主要成分薄荷乙醇,是从植物薄荷中提取的物质,无色针状结晶或粒状,可用作牙膏、香水、饮料和糖果的附香剂,

脱落的彩绘

无毒，有一定的刺激性。

听说切坏了"不扣钱"，估计杨师傅将思想包袱化为了被信任的力量，顿时被赋能。他很快协助提取了一批比较完整的彩绘土块进入实验室，包括几块马腿部的彩绘。据报道，2012年《薄荷醇及其衍生物作为文物发掘现场加固材料的用途》获得国家专利。

巴掌大的彩绘土块也不能随意丢掉。发掘人员尽量在清理时全部提取装盒，记好陶俑编号、具体部位，期待有一天它们能得到回贴。刘队友在盒子里铺药棉、放土块、扣盖子，再蹑手蹑脚地捧到储藏柜放好。"俺屋的宝贝"，锁上柜门，她再一次重复着口头禅。

做者，捧着这些盒子，心情也许犹如即将实施器官移植手术的医生，救死扶伤，悬壶济世，很神圣。观者，心里涌起感激，感激大家每天坚持做很多类似的琐事。我愿意相信工作过程中出现天大的失误，也绝非工作人员的本意。作为他们的"小头目"，这个时候我可以说的话只能

左：粘有陶俑袍底颜色的土块；

右：粘有陶俑袍面、铠甲颜色的土块。

她的"宝贝"

对粘有颜色的碎小土块，工作人员也都尽量收集，妥善保管，为今后彩绘回贴做准备。

表达宽慰并在一些场合自己包揽下责任。

其实，"唤醒"兵马俑，回贴彩绘，只是从兵马俑表面层次的"还原历史"，真正还原历史的本来面目，我们还有漫长的路要走。任何一项考古发掘，怎么挖即考古方法很重要，挖到了什么更重要，说明了什么问题更更重要。后面的两个重要所需要的时间更长，甚至可能是遥遥无期。

考古发掘报告会罗列挖到了什么。2011年年底，我开始进行将碎片化的收获重组，一一罗列，貌似枯燥乏味，实则如侦探查案，一个个问号闪现又消除，一直追下去，煞是有趣。

乏味枯燥的内容，林林总总，事无巨细。包括所有"挖到的"成果，肉眼可见的陶俑102件、陶马8件、建筑木迹200余根、兵器近80件（组）、车马器近140件（处），另有木车2乘、盾1处、鼓2处、弓弩10处、箭箙12处、柲12处、笼箙3处，在遗址中实体可见的遗物、遗迹，全景式录入。

还有肉眼不可见的更多信息表象，如陶俑塑造工具，

第七章 被记住的时代不应只有兵马俑 273

从篦栉痕、刀痕、绳痕、麻点痕、夯具痕、戳刺痕、指痕、毛刷痕，"无中生有"推演出对应的工具。篦栉痕与以前在附近窑址发掘所见的实物联系；绳痕区分出草帘和草绳；麻点痕确定了织物的捻度、线径、组织密度；毛刷痕有躯干大面积涂色与眼睫毛勾勒多种绘笔；刀痕刃部特点说明修胎有木质和铁质二类刀具。

对"无中生有"，我自己颇为特意。因为它属于考古学情境分析方法，正如侦探查案。"考古情境理论"，英文Contextual approach，它是观察考古遗存的出土环境，利用考古遗存间的种种共存关系，发现遗存联系形式的必然性，从而得出遗存性质与功能的认识，进而重建历史。英国学者伊恩·霍德和司格特·哈特森合著《阅读过去》一书，被称作后过程主义的诠释学基础之作，对考古情境理论有很好的阐述。

消除一个个问号，需要团队所有人贡献智慧。我独自一人时，"头疼啊，怎么也想不通这是为什么"。大家一起议论，七嘴八舌，各抒己见，也许荒谬，也许一语中的。

"快，电话通知你，你们上次统计的××号陶俑臂长尺寸有问题，叫复核。""不用复核，那件陶俑是先天残疾，胳膊没做小臂。"接到现场的回复，我赶紧思考这是为什么、说明了什么，于是有了关于秦代"物勒工名"制度的理解。

"淤泥堆积层的平均厚度是多少？""没法计算，有些在陶俑肚子里，有些在陶俑脚下，怎么算平均值？"于是，有了关于淤泥和隔墙坍塌的关系，有了对淤泥堆积层位与形成时间的理解。

"我给修复好的陶俑拍照，发现很多体形非常相似，但五官、面形不一样。"于是，有了做头的不做躯干，做躯干的不做手的陶工分组生产模式的理解。

"你来看看这些陶马的残片，很有意思呢。马屁股上的胎泥是二层泥片叠合的，但两层泥片是交叉薄厚，这样泥片之间咬合起来，不容易断裂。"于是，有了对陶工匠心独运的理解。

出土兵器貌似已经被学者研究透彻，也可以有新意，比如铜剑柄的二次修缮，铜箭头的材质和做法差异。车器体形小，外貌稀松平常，似乎没有太多的信息可提取。数量约为289件（组），种类包括络饰管、节约、马衔、亚腰形带扣、圆

胎泥叠合断面

环、方策、辖、锏、方形带扣、鸭嘴钩、铜构件等。涉及的工艺，有车、刨、铣、钻、锉、磨……这些术语得力于白建设师傅的传授。他从工厂退休，随夫人一起加入了"3860"部队。

随着发掘的持续，高空全景拍照问题亟待解决。一段时间，所有工作人员经常仰头看展厅房顶。发掘报告需要发掘区全景图片，怎样解决？氢气球？怕爆炸。航拍？空间高度有限。电视台摇臂？不好借。

"我爬展厅顶看看吧。"首先打这个主意的人，是小白。爬了一回，感觉尚可，就是"钢架梁里全是土，还有就是光线不足"。"不过，趴在钢架上看发掘区，确实有一览众山小的感觉。"2010年冬季，我的直接领导张天柱大哥爬上钢架梁，将发掘中期现场全景拍摄出来。2011年肖卫国爬上钢架梁，将发掘结束现场全景拍摄出来。他们的精神，比千万句爱岗敬业的口号都实在。

中国学者雷兴山说，考古是一种生活方式。考古的魅

观察车器制作工艺

高空拍摄

力就在于当你走在田野大地的时候，你永远不知道前面有一个什么样的重大发现在等着你。他还曾经说过，考古实际上是体力劳动与脑力劳动的完美结合，城市生活与农村生活的完美结合，探险活动与严肃科研活动的完美结合。

但愿前后历时十三年的一号坑第三次发掘，实现了这种完美的结合。如是，则可冒昧盘点一下发掘之新，形成一页快速浏览：

第一次清理出丛夯痕迹；

第一次清理出皮质画盾痕迹；

第一次清理出疑似剑带的痕迹；

第一次清理出丝织痕迹；

第一次认识到秦末汉初的破坏痕迹；

第一次认识到柲部彩绘属"重英"；

第一次认识到骨弭之属；

第一次认识到笼箙之用；

第一次认识到夹纻漆器的漆灰成分；

第一次认识到铺地砖类型与建筑格局的对应关系；

第一次提及木车制作的真实水平；

第一次提及陶俑烧成后进行的修补工序；

第一次提及"物勒工名"制度的落实局限；

第一次提及铠甲编缀次序细节；

第一次提及无处不在的等级礼俗；

贯穿此次千年之约，主角一直是人。

秦人，今人。这是本次发掘的亮点。

最终，《秦始皇帝陵一号兵马俑陪葬坑发掘报告（2009—2011年）》编写完成，作为项目领队，我的职责好像已经做完了。

尾声

Are you
ready

2010年5月，秦始皇兵马俑考古项目入选西班牙阿斯图里亚斯王子奖，最终从27个项目中脱颖而出。10月23日在奥维耶多举行颁奖仪式，主办方在最后确认领奖行程的邮件中询问：Are you ready?

阿斯图里亚斯王子奖于1980年设立，在欧洲和美洲具有较高知名度，被欧美科学文化界视为极其重要的国际奖，有"小诺贝尔奖"之称。该奖每年颁发一次，共设立8个奖项，用于表彰在科技、文化、社会和人文等领域做出突出贡献的个人、团体或机构。其中，社会科学奖旨在表彰在经济、地理、历史、心理、社会和其他社科领域为人类福祉创造性工作并做出特殊贡献的个人或团体，兵马俑考古项目获奖，是中国首次获得该奖项。

从2009年接手一号坑第三次发掘开始，我遭遇了很多事，在外人眼中是幸运的蛋糕砸在焦煳的外表，我克制个性吞咽下去。一路走过，蛋糕香甜的内芯，彰显出考古职业的魅力。在国外获奖是蛋糕上的点缀而已。从5月提交材料到10月赴西班牙领奖，I am not ready。

因为考古工作者从来都是以发现为快乐，古语说"书中自有颜如玉"，考古工作让从业者享受到"地下更有黄金屋"，发现的快乐、跨越千年与古人面对面约会的特权，任何金钱财富也买不到。这就足矣。获不获奖，考虑得不多，没有摘取国际奖项的思想准备。

考古工作者向来被人看成是土行孙，对名利态度无所谓，令各部门不安。外事无小事，配合颁奖安排的讲座宣传、与皇室贵族的见面礼仪、授奖仪式上的着装，从西班牙主办方，到中国驻西班牙大使馆、到省文物局，各个部门都在问：Are you ready?

不想当元帅的士兵，没有追求；不想获得赞誉的考古工作者，人品虚伪。只不过想获得赞誉的前提必须是恪守职业道德，谨慎工作；获得赞誉的基础必须是拥有认识地下美玉的本事。获奖的前提和基础、领衔进行的新发掘都还没有达到ready。

颁奖词是项目当选的理由。费利佩王子致辞说："我们知道在考古挖掘工作中，中国专家表现出了无限的耐心和认真的态度及精益求精的精神，在每次新的发现中都跳动深深的感动。我们对他们的奉献深表敬意，他们的工作给我们带来新的知识，而这些知识也许来自一个小小的陶片、玻璃片或金属块。这些小小的碎片，像一个复杂的拼图，成为专家确认历史事实的证据，专家们据此恢复历史原貌。"

这样对照，兵马俑发掘团队准备好了。

作为团队的代表，我身着从购物网站淘来的旗袍，来到西班牙奥维耶多大厅，接过费利佩王子颁发的证书。We are ready！

与繁华的物质世界相比，考古是一个创造知识、探索历史的沉默过程，它反对急功近利，反对浮躁，它需要专

获奖
2010年，在西班牙奥维耶多大厅，费利佩王子为团队代表颁发获奖证书。

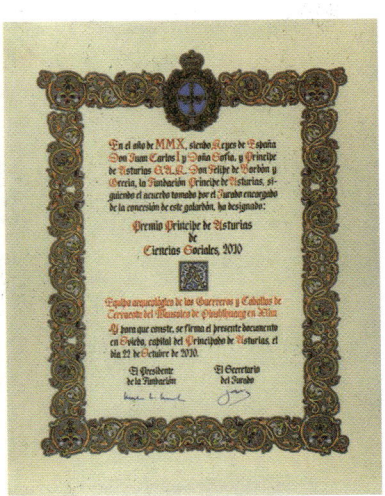

袁仲一先生（中）指导申茂盛、许卫红发掘工作

赵震跟拍陶俑清理

肖卫国拍摄陶马初步拼对成功

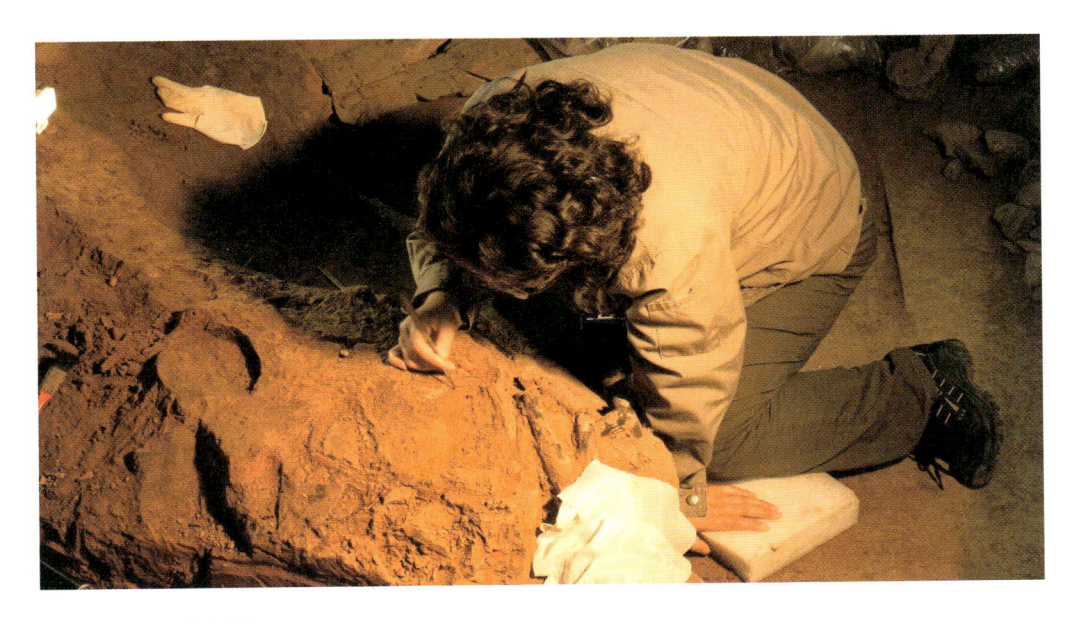

许卫红清理织物朽迹

合影

2013年发掘暂告一段落，我已准备调离，特意召集朝夕相处的伙伴们拍了这张合影。

注、执着、勤奋、淡定、坚守……当这些词语汇集，考古便是一种精神，考古人也便成为"最美的人"。所以，我代表兵马俑发掘团队以自以为很美的姿态，接过西班牙王子颁发的获奖证书及奖杯。

2012年10月，《秦始皇帝陵一号兵马俑陪葬坑发掘报告（2009—2011年）》稿件交给出版社，我深知自己已经完成本次考古发掘的使命。2012年年底，我的工作日记摘录唐代韦应物《答库部韩郎中》[①]诗后被封存，并以不是所有人都到场的"队福"照片，为我负责的一号坑第三次发掘画上了句号。

---

① 《答库部韩郎中》："高士不羁世，颇将荣辱齐。适委华冕去，欲还幽林栖。虽怀承明恋，忻与物累暌。逍遥观运流，谁复识端倪。而我岂高致，偃息平门西。愚者世所遗，沮溺共耕犁。风雪积深夜，园田掩荒蹊。幸蒙相思札，款曲期见携。"

后记一

可以这样说，这是秦始皇帝陵一号兵马俑陪葬坑坑第三次发掘报告的通俗本。我写作的目的，是希望所有人能读懂发掘的精髓，与发掘人一起分享赴约千年的特权。

2009年领衔发掘之始，我没有想过写一本这样的书，2012年完成发掘报告编写之后，我坚决要写成这本书，不顾家人和朋友的劝阻。

"你可以写，但要等10年以后，退休了再公开。"朋友善意地劝告。

有人的地方，就会有矛盾。共建和谐社会，是所有人的希望，有时是诳语。为了把50%非诳语的成分变成现实，全社会都在追求。5年发掘所走过的历程，可能也是如此。所以，有人劝阻："可写，但不可公开。"

NO！

其一，这是一本通俗版的发掘报告，如段首所定义。字里行间，难免一不留神就会有宣泄，但主体基调是分享千年之约的"三精"路程，所以得一吐为快。

其二，这是一本感恩集。考古发掘不是一个人的工作，5年的经历，虽经历过一些污秽，但省局、馆（院）、各部室的领导，20余位队友，女儿……同喜同忧，荣辱与共；陕西师范大学金普军、朱君孝，中国丝绸博物馆赵丰、周旸，西北大学凌雪，北京大学周双林……太多太多的高人，该出手时就出手。正是这种外界的力量，支撑着一驾马车始终前行，最终让学术版的发掘报告编写完成。送稿时，文物出版社的先生说："这些图画得真漂亮。"所以滴水之恩，涌泉相报，不写出另一版本的工作报告，如实记录工作中所承受的众多恩惠，良心不安。

必须说明，这种文体的"说说"我真不擅长。其中有言辞晦涩或认识错误之处，希望读者翻篇，一笑了之。

记得发掘初期，《东方早报》评论员说，现在（秦俑发掘）拿起了手术刀，我们要知道刀伸向何处，又要知道止于何处。

一号坑新一轮的发掘已经开始，常常想起评论员的这句话。考古从不为了探宝，只是为了完成一次穿越，完成一次与古人千年之约的对话。希望从业者都知道刀指向何处，又该止于何处。

本书的第一位读者，是我的女儿申珅。她给了我很多建议，一位"外行"角度的建议。在此，特别感谢上帝赐给我的这件"小棉袄"。

感谢队友们提供素材。恕不一一点名，以免挂一漏万，节外生枝。

后记二

2013年年底,我离开了秦始皇陵兵马俑发掘一线。撰写了厚如一块砖的发掘报告以及介绍发掘成果的通俗小册子,完成了考古领队的职责,我以为该走就走吧。

考古是为了复原历史真相,领队的职责不仅是挖出什么,还要回答说明了什么。我说清楚了吗? 10年间,离队时的轻松渐渐地消退,我好像背上了欠债的包袱。

尽管兵马俑发掘已50年,很多时候我们还在"看图说话":兵马俑坑有陶俑近8000件;兵马俑是秦始皇的地下军阵,陶俑手里拿着实战的兵器;秦始皇是千古一帝,有很多丰功伟绩……一份考古报告,没有解读,没有思考,没有引导,充其量是看图说话的素材堆砌。

好看兵马俑,不如看好兵马俑。我写科普作品《说说秦俑那些事》《考古有意思:秦始皇的兵与城》《寻秦迹:透过秦俑看秦朝》,介绍兵马俑考古,逻辑如"种草",只要公众看到,哪怕一时半会儿读不懂,终有一天也会想起来。

我好像从来没从兵马俑发掘离开过。今天是我的生日,本书终于可以交稿了。

感谢长期以来家人的陪伴。先生和女儿是我写作的伙伴,试读,提意见,补充资料,甚至亲自操刀代写部分内容。感谢北京鼎之文化传媒有限公司高连兴老师三年的耐心等待和责编精心的深加工。感谢三年间的我自己,面对重度焦虑伴抑郁的诊断书，我没被吓倒。值得庆幸的是，在疗愈的过程中，我知道了"自我关怀"，知道了"身体从未忘记"，知道了"了不起的我"，知道了"不完美才美"，知道了"非暴力沟通"……更值得庆幸的是，泡在心理学和考古学双频道，我似乎也挖掘到了看好兵马俑更多的证据——以人性的视角看秦朝。

许卫红

2024年7月24日于秦汉考古基地